改革开放40周年丛书

温州人经济研究中心

政府治理现代化

——国家与地方视角

王 勇 著

Modernization of Government Administration—From the view of central and local

浙江工商大学出版社
ZHEJIANG GONGSHANG UNIVERSITY PRESS

图书在版编目(CIP)数据

政府治理现代化：国家与地方视角 / 王勇著. ——
杭州：浙江工商大学出版社，2018.10
ISBN 978-7-5178-2982-9

Ⅰ. ①政… Ⅱ. ①王… Ⅲ. ①国家行政机关－行政管
理－现代化管理－中国 Ⅳ. ①D630.1

中国版本图书馆CIP数据核字(2018)第234351号

政府治理现代化——国家与地方视角
王　勇　著

策划编辑	郑　建
责任编辑	唐　红　谭娟娟
封面设计	林朦朦
责任印制	包建辉
出版发行	浙江工商大学出版社

(杭州市教工路198号　邮政编码310012)
(E-mail：zjgsupress@163.com)
(网址：http://www.zjgsupress.com)
电话：0571-88904980，88831806（传真）

排　　版	杭州彩地电脑图文有限公司
印　　刷	虎彩印艺股份有限公司
开　　本	710mm×1000mm 1/16
印　　张	18.75
字　　数	294千
版 印 次	2018年10月第1版　2018年10月第1次印刷
书　　号	ISBN 978-7-5178-2982-9
定　　价	49.00元

序　言

中国共产党十八届三中全会历史性提出"国家治理体系与治理能力现代化"的全面深化改革总目标，这使得中国政治学界一直以来"治理、到处是治理"的持续鼓吹终于第一次见诸党的文件，从而显现政治学与行政学相关理论研究工作极端重要的现实价值，也标志着善治取向的政府治理现代化改革实践及其理论研究任务全方位启动。聚焦于此，我国政治学者以及行政学者须对于政府治理现代化与善治的价值关联，善治为指归的政府治理现代化的内在逻辑、指标体系和实践诉求，以及中国式政府治理现代化改革较之西方国家的异同等命题做出严谨、持续的研讨，从而可以对于诠释、指导中国政府治理现代化改革实践有所助益。在此过程中，亦应注重理论的创新性、本土性与自洽性，响应习近平总书记在2016年5月18日《在哲学社会科学工作座谈会上的讲话》中的号召，争取与中国经济奇迹和大国崛起的巨大成就相匹配，形成可以与世界各国同行交流的中国话语和中国学派，扩展"中国道路"软实力，亦可给予其他发展中国家政府治理现代化进程重要启发。

有鉴于此，本书作者近些年来在治理与善治理论和中国问题的具体结合方面做出了一定的思考，在一些问题上形成了自己的研究成果。尽管题材和话语领域各异，然而浸透其中的善治取向和对政府治理现代化的发问与解答是不变的基调。累积到今天，终于可以形成"形散神不散"的串状知识体系，遂斗胆集结成书，交付出版，无论多么粗浅，终归是亲身研究所得；另外来讲，书中各章节内容均已在各类专业期刊上发表，说明这些内容或其中的片言只语终归有些自己的体会，这才能得到这些刊物的认可。

不足在于，各部分内容的逻辑性与体系性尚需在今后研究工作中进一步加强，文笔技巧和叙事能力需要改进，实证研究方面亦是短板所在。更显不足的是，对于善治取向的政府治理现代化的元理论分析非常不够，需要在今后广泛学习国内外同行的先进观点和方法，并且要深入政府管理一线，挖掘案例素材，认真研思来补足。特别要恳请读者在阅读过程中，针对本书中难以避免的诸多疏漏甚至错误之处，给予本人以批评和指点。

本书得以出版，尤其要感谢浙江省哲学社会科学重点研究基地"温州人经济研究中心"的大力支持！

王 勇

2018年4月23日

C 目 录
CONTENTS >>>>>>

C 目 录
ONTENTS ＞ ＞ ＞ ＞ ＞ ＞

C 目 录

CONTENTS >>>>>

善治指向的政府治理现代化：
新时代境遇与径路*

政府治理现代化：概念理解与新时代境遇

中国共产党十八届三中全会提出了"全面深化改革的总目标是完善和发展中国特色社会主义制度，推进国家治理体系和治理能力现代化"的观点，这被国内外学界乃至官方形象指称为"第五个现代化"。相比1954年提出的"四个现代化"，其是由一届人大提出，主要涉及经济与物力层面，国家治理体系和治理能力现代化则是由执政党重大会议提出，在中国政治体制下无疑更具政治性和权威性的色彩；内容上则体现出"五位一体"的系统设计，亦即要求"加快发展社会主义市场经济、民主政治、先进文化、和谐社会、生态文明"（见《中国共产党第十八届中央委员会第三次全体会议公报》）。缘此，国家治理体系和治理能力现代化实际上涵括了"四个现代化"的追求，却又不限于此，境界已大大提升，体现出更高、更广的战略意义。

国家治理体系和治理能力现代化又被不少学者简称为"国家治理现代化"，其可以被界定为从传统国家向现代国家转变过程中，多主体共同规范权力运行及维护社会公共秩序而形成和建构的制度规则、治理工具及执行能力；其状态特征体现为民主化、法治化、文明化和科学化的水平；过程特征则体现为政治、经济、社会、文化、生态、政党等多领域、多层次的治理结构的整体变革与协同一致。一个具备充足治理能力，具有与现代治理结构相匹配的职能边界的有效政府应当成为这个治理体系运行的基本组织框架[①]。对此，学者多予以认可和强调。

---

*原文发表于《观察与思考》2018年第7期。

[①]薛澜、李宇环：《走向国家治理现代化的政府职能转变：系统思维与改革取向》，《政治学研究》2014年第5期。

"针对国家治理现代化议题，无论是构建完善的社会主义市场经济体系与城乡一体化体制机制，推进社会主义民主制度与法治建设，还是加强文化体制机制与社会治理创新，推进生态文明建设，都离不开政府职能的转变与政府治理能力的提升。"① "政府治理在国家治理中处于核心地位，是整个国家治理体系中的一个最为重要的子系统。研究国家治理现代化，就必须研究政府治理现代化和政府治理改革与创新。"②甚至有学者认为，"国家治理现代化就是政府治理的现代化，国家治理能力实际上就是政府治理能力"③。所谓政府治理现代化，即为"在中国共产党领导下，形成政府、企业、社会组织和公民多主体共同治理，形成'一元主导、多方参与、协同治理、交互作用'的基本格局和体系结构，并且提升相关主体的治理能力"④。

由政府治理现代化上述地位及定义出发，其核心诉求在于实现政府职能的转变与转移，并且一定不是外围的、碎片状的和边边角角的调整，而是要实现政府管理形态的根本性变化，此即走向世界银行首倡的"善治"（Good Governance）。善治基本要素包括合法性、透明性、责任性、法治、回应性、有效性，若就这些方面而言，善治与善政（Good Government）没有明显差异，不过，如果简单地认为二者可以完全等同，也是不恰当的⑤。善治相较于善政的传统文化追求或政府模式，不局限于好政府，而着眼于整个社会的好治理，是公共利益的最大化，而不是政府利益或某个集团利益的最大化，基于这一追求，善治的基础与其说是在政府或国家，还不如说是在公民或民间社会。公民社会是善治的现实基础，没有一个健全和发达的公民社会，就不可能有真正的善治⑥。更宽广范围内，基于国家—市场—社会三分视角，善治要求形成政府与民间、公共部门与私人部门之间的互动⑦。

---

①唐兴军、齐卫平：《治理现代化中的政府职能转变：价值取向与现实路径》，《社会主义研究》2014年第3期。

②何增科：《政府治理现代化与政府治理改革》，《行政科学论坛》2014年第2期。

③刘建伟：《国家治理能力现代化研究述评》，《上海行政学院学报》2015年第1期。

④王浦劬：《国家治理现代化：理论与策论》，人民出版社2016年版，第150页。

⑤郁建兴、王诗宗：《当代中国治理研究的新议程》，《中共浙江省委党校学报》2017年第1期。

⑥俞可平：《治理与善治》，社会科学文献出版社2000年版，第11页。

⑦同⑥，第92—95页。

　　善治指向的政府治理现代化改革，通常被认为发轫于西方国家新公共管理运动，但善治的各项要素或关系特征同样逐步显现于1970年代末以来启动的中国政府改革历程中。尽管西方国家已经走完现代化进程，政治行政体制相对处于"稳定态"，政府治理改革更多地在管理层面展开，技术主义特征比较明显，而在中国这样的后发国家，改革的任务、方式及效果均显著地具有"发展态"特征，改革的政治性与行政性之间存在深度的勾连关系，从而改革的方式选择与目标达成之间，常常有深刻的政治稳定等因素的考量。因此，中国政府治理现代化改革，必须在保持改革、发展和稳定三者关系协调下展开，势必在改革的内容、方式与路径上呈现出不同于西方国家的特点[1]，但究其本质而言，中西方政府改革在善治的诉求和目标上实质是一致的：均体现为致力于拆卸传统政府单中心统治机器、加强市场与社会的自主力量。以西方国家来说，战后凯恩斯主义赢得广泛认同，政府福利职能随之急剧扩张，最终生成"大政府"模式，导致"政府失灵"，1970年代出现十分严重的财政危机、效率危机和信任危机，推动里根、撒切尔等保守人士上台发起新公共管理改革，通过民营化、引入市场竞争机制等举措让政府仅承担"掌舵"职能，"划桨"职能交由独立机构、私营部门或第三部门，进而打造"小政府、大社会"。而以中国来说，1978年之前，高度合一的党政组织将其分支机构延伸至社会每一个角落，进一步通过城市"单位制"和农村"人民公社"等体制安排，建立"全能政府"，造成"国家吞并社会"，经济与社会发展陷于停滞。1978年改革艰难启程，力图"重新发现社会"。以往那种全知全能式的政府形态，正在缓慢而艰难地退场。政府依次放开农民和企业，促其转变为自主的市场主体，认可与推广村民自治；2003年以来进一步实施审批制度改革，强调依法行政、科学行政和民主行政；公共服务引入外包做法；2011年起决定分类推进事业单位改革，2013年以来以至新时代，政府上下以壮士断腕的决心发起更大规模的行政审批改革，通过"打虎拍蝇"的反腐推动依宪依法行政等，所有这些举措均可认为指向善治，进而指向政府治理现代化，为国家治理现代化夯实最为关键的部分。

---

　　[1]金太军：《行政体制改革的中国特色》，《行政管理改革》2012年第10期。

　　然而，改革是一项长期的、艰巨的、繁重的事业①，惟其如此，推动和实现政府治理现代化、走向善治绝非易事。以十八大以来轰轰烈烈开展的新一轮政府改革来说，任务重，项目多，影响大，举世瞩目，一方面浓墨重彩致力于重构政府与市场关系，明确由市场对资源配置起"决定性"作用，要求"让一切劳动、知识、技术、管理、资本的活力竞相迸发，让一切创造社会财富的源泉充分涌流"，为此强调"必须毫不动摇巩固和发展公有制经济，坚持公有制主体地位，发挥国有经济主导作用，不断增强国有经济活力、控制力、影响力。必须毫不动摇鼓励、支持、引导非公有制经济发展，激发非公有制经济活力和创造力"。另一方面，在国家与社会关系上：要求"加快事业单位分类改革，加大政府购买公共服务力度，推动公办事业单位与主管部门理顺关系和去行政化，创造条件，逐步取消学校、科研院所、医院等单位的行政级别"；"加快实施政社分开，推进社会组织明确权责、依法自治、发挥作用。适合由社会组织提供的公共服务和解决的事项，交由社会组织承担。支持和发展志愿服务组织。限期实现行业协会商会与行政机关真正脱钩"②。所有这两方面共同指向善治的政府改革部署，目前均已取得显赫、喜人的成果。各自标志性成果分别是截至2017年2月共分9批审议通过取消和下放的国务院部门行政审批事项共618项，其中取消491项、下放127项③，直接效应已然呈现，根据中国城市竞争力研究会发布的2016全球最具行政效率国家排行榜，中国难以置信地位居全球第一④；各类社会组织增加迅猛，从2013年到2015年底仅仅3年时间，社会组织就以历史未有速度发展到66.2万家，预计"十三五"期间中国将会有100万家左右社会组织⑤。但是无论如何，推动善治指向的政府治理现代化改革确属不易，而这其中最大的障碍莫过于既得利益集团所设置的阻碍。李克强总理形容为"现在触动利益往往比触及灵魂还难"。之所以如此，源于"对于既得利益者

---

　　①《习近平强调：以更大的政治勇气和智慧深化改革》，《人民日报》2013年6月18日。

　　②《中共中央关于全面深化改革若干重大问题的决定》，《人民日报》2013年11月15日。

　　③国务院审改办：《2013年以来国务院已公布的取消和下放国务院部门行政审批事项》，《人民日报》2017年2月10日。

　　④黄学民：《"2016全球城市竞争力排行榜"全球发布》，http://www.zgswcn.com/2017/0104/755581.shtml。

　　⑤马庆钰：《促进社会组织发展的政策设计》，《学会》2017年第2期。

来说，他们不会放弃利益，无论如何都要保住利益才是根本。我们即使把道理说透了，他们也不会把利益拿出来。相反，他们会想出各种各样的借口，甚至明知荒谬、站不住脚的借口，来保护自己的既得利益。'触及灵魂'，只要思想想通了，就可以顺利执行；但是'触动利益'，即便是想通了，既得利益者也不会主动放弃自己的利益，哪怕这个利益是不合理的。所以，触动利益当然比触及灵魂还难"。[1]

上动下不动、改革落实难的问题在本轮政府改革过程中体现得可谓淋漓尽致。有学者感慨，"'简政放权、放管结合、优化服务'是全面深化改革，特别是供给侧结构性改革的重要内容，是推进经济体制改革、处理好政府和市场关系的关键所在，目前仍存在改革不到位、不配套、不衔接等问题。改革落地难，难在何处？这是个值得思考的问题"[2]。对此，另有学者概括为，"从经济视角看，让广大人民群众共享改革发展成果，推动大众创业万众创新难；推进供给侧改革，化解过剩产能难。从社会发展视角看，通过培育和发展公益类社会组织，转移政府社会服务职能，激发社会活力难；事业单位分类改革虽然迈出了第一步，但长期形成的行政化思维与体制机制范式制约，推动深化改革难"[3]。"简政放权"的核心举措是行政审批改革，尽管在这方面已取得了重要的阶段性成果，但结果并不容乐观。例如，国务院2013年以来共分三批清理规范298项国务院部门行政审批中介服务事项，但多级政策执行效果仍不理想，截至2017年7月，近一半的国务院部门未公布本部门清理规范清单。地方层面，虽然逾90%的省份公布了本级改革方案，但仅有约25%的地级行政区公布了本级方案，而且越往基层，改革执行越难。不单单这一方面，总体上，有调研显示，本轮行政审批改革还有不少地方该放的权力没有放，或是放虚不放实，放轻不放重，放责不放权，放小不放大，明放暗不放，放一不放二，上面放下面不放，或上面放，下面没有人接盘，责任更加不明了，部门、责任人之间的衔接、配套、统筹不够，依据不明，集中反映

---

①王长江：《触动利益缘何难于触及灵魂》，《人民论坛》2013年第21期。
②贾立政：《改革落地难，到底难在哪》，《人民论坛》2016年11月（中）。
③程萍：《哪些改革新举措最难落实》，《人民论坛》2016年11月（中）。

在"事情还是办不成"①。就此，基于善治视界，概括来评价我国政府治理现代化进程，诚如有学者指出："我国政府作为全能政府，除了履行政府管理推动经济社会发展的行政职责，还担当着市场主要投资主体、社会主要建设主体的角色，以运动员和裁判员的双重身份通过既参与经营又审批经营，代庖了许多应该由企业和社会组织自主决定的事项；并以行使行政审批权、僭越内部微观管理权为手段干预市场主体与社会主体的本职，造成市场规律对企业发展、经济建设的引导作用减弱，社会环境对社会组织发展、公共服务提供、行业组织自律的引导作用减弱，市场和社会发展缺乏必要的独立性与活力。"②

不过，值得欣喜的是，十八大以来，改革的呼声明显占有压倒性优势，新一届中央领导集体在改革这个大是大非的问题上，立场非常明确，十八届三中全会同时成立了中共中央深化全面改革领导小组，习近平总书记亲任组长，力求突破部门既得利益对于改革的"封锁"或"围猎"，加强改革的顶层设计与部门间协调。在多个场合，习近平均强调要坚定不移地推进合规的、让民众有获得感的改革，形成许多妙言隽语，成为广为流传的"改革金句"，例如"共同为改革想招，一起为改革发力""人民有所呼，改革有所应""既当改革的促进派，又当改革的实干家""改革有阵痛，但不改革就是长痛""改革关头勇者胜，气可鼓而不可泄"……十九大报告中，习近平要求"全党同志一定要登高望远、居安思危，勇于变革、勇于创新，永不僵化、永不停滞"③；在博鳌亚洲论坛2018年年会开幕式讲话中，习近平面向各国首脑宾朋郑重强调："在新时代，中国人民将继续自强不息、自我革新，坚定不移全面深化改革，逢山开路，遇水架桥，敢于向顽瘴痼疾开刀，勇于突破利益固化藩篱，将改革进行到底。"有言必有行，截止到2017年10月，习近平领导下的中央深改组在45个月里召开了38次会议，审议通过了200多份改革文件，不断为深化改革完善顶层规划，从而使得政府治理现代化

①蓝志勇等：《从"不破不立"到"以立促破"——行政审批制度改革的创新思考》，《理论与改革》2017年第1期。

②石亚军、高红：《政府在转变职能中向市场和社会转移的究竟应该是什么》，《中国行政管理》2015年第4期。

③《决胜全面建成小康社会，夺取新时代中国特色社会主义伟大胜利——在中国共产党第十九次全国代表大会上的报告》，《人民日报》2018年10月2日。

改革具备了极为重要的权力、权威支持，改革烈火熊熊燃烧，既得利益集团尽管存在，但已很少敢于公开拒斥改革，创新导向的改革锦标赛渐至取代GDP导向的政治锦标赛，改革创新的意识和能力成为新时代官员晋升的重要选拔标准。与此同时，2014年以来，国务院引入重大改革项目大督查与第三方评估工作，也对推动各地改革创新与落地起到了有力作用。

基于善治立场的新时代政府治理现代化径路

然而各项政府改革举措必须正本清源，前期改革的各个痛点、难点均表明"公共治理的改革已经历史地走到了前台"①，善治，乃是政府治理现代化须臾不可偏离的价值中轴，"政府只有通过不断地进行自身的改革和创新才能实现善治。中国治理改革的最终目标是实现善治"②。以2004年以来我国政府改革所确立的"服务型政府"导向来说，这诚为我国政府治理现代化进程中一个大大的进步。经过十余年的建设历程，十九大报告强调要"建设人民满意的服务型政府"，这一方面体现出顶层设计的连续性，另一方面则体现出对于服务型政府认识的深化。所谓"人民满意"，毋宁理解为申明服务型政府的善治指向。抛却善治的追求，非致力于扭转政府权力与社会权力失衡局面，在此前提下来谈服务型政府建设，外表华丽，实为"迷思"（Myth）。据此采取的各项举措，至多为工作技巧与策略层面的改进，更通俗意义上，一度有人认为"集中服务提供，改善服务态度，设立'政务超市''阳光大厅''一站式服务''审批中心'等的尝试，就是在进行服务型政府的建设"③。这样来理解和开展服务型政府建设，既可谓"隔靴搔痒"，亦缺乏耐力。服务型政府力推的审批制度改革即在很大程度上显示出这一情况，手握权力、社会较难制约的官员既得利益群体的阻碍使得审批改革举步维艰。服务型政府主张的社会改革亦然。由于服务型政府提出之初即立意于增进社会公平，缓解进入所谓"拉美陷阱"阶段密集呈现的社会矛盾，社会

---

① 汪玉凯：《公共治理改革已经走上前台》，《社会科学报》2013年1月31日。
② 《中国改革的最终目标是实现善治》，《经济观察报》2018年11月8日。
③ 井敏：《试析我国服务型政府认识中的几个误区》，《社会主义研究》2006年第4期。

改革乃是服务型政府建设的题中应有之义。但遗憾的是，迄今这方面的改革成果并不容乐观。虽然社会保障、医疗卫生、教育和房地产等方面的社会改革的政策话语早已经在台面上了，"全面建设小康社会"战略的提出更让人为之一振，但从公众满意度来说，差距仍然较大。普通民众对于服务型政府相关社会改革的获得感总体并不强，有一项数据分析应可以佐证：中国人的阶层自我定位呈保龄球状，超半数的人持有"低位认同"，且这一特征在各年度、各社会群体中稳定、普遍和显著地存在。更重要的是，和其他国家相比，无论是发达国家还是不发达国家，我国的"低位认同"特征都非常明显①。原因何在？正是上文所析，虽然这些年的各种社会改革理念和顶层设计不可谓不好，体现出中央政府的良苦用心，然而到了地方执行层面，由于地方官员较少以善治为明确的追求，往往力图在"大政府"模式框架内去解决社会民生问题，这样的结果只能是，解决多少、解决好坏，基本由各级政府部门自己说了算，自己做了主，如此服务型政府建设及其社会改革，就很难期望可以与公众需求精准对接，加之地方主政官员"任期弹性，随时迁调"②，助长了这一群体短期速成心理，在此情形下，服务型政府建设势必难以取得实效、长效。甚至在既得利益绑架下，改革变成对民众的剥夺，而非给予，这样的服务型政府，人民岂能满意？

有鉴于此，新时代政府治理现代化建设须坚定不移地以善治为指归，着眼于重塑国家——市场——社会三者关系，恰如吉登斯所言，"只要以上三者中有一者居于支配地位，社会秩序、民主和正义就不可能发展起来。一个多元社会若想维持，他们之间的平衡必不可少"③。基于这一道理，应对于政府"全身调理"，合理调配权力资源，有所为有所不为，着重通过以下五方面的努力，推动民营企业及公民社会发展壮大，增强其活力与创造力，进而与政府部门形成信任关系，实现合作共治，"这不仅是对市场失灵和政府失灵救治的需要，也是当代社会民

---

①陈云松、范晓光：《阶层自我定位、收入不平等和主观流动感知（2003-2013）》，《中国社会科学》2016年第12期。

②耿曙庞等：《中国地方领导任期与政府行为模式：官员任期的政治经济学》，《经济学（季刊）》2016年第3期。

③安东尼·吉登斯：《第三条道路及其批评》，中共中央党校出版社2002年版，第57页。

主化发展的要求使然"①。

（一）突破审批改革"雷区"，优化政府市场关系

著名经济学者厉以宁曾总结中国经济改革的三大成就：第一个是农村的家庭承包制，第二个是国有企业的股份制改革以及在此基础上形成的证券市场，第三个是民营经济的兴起。此三者亦可概括为一点：明确了农民、国企、民企等市场主体身份，调动了各自积极性，释放了活力。然而，一直以来，层层叠叠的行政审批要求驱之不去，乃至一段时期内呈现愈演愈烈之势，就像一张大网，把整个经济社会活动一下框住了②。这其中，尤数民营企业遭遇的行政审批掣肘及其后果最为严重。事实上，靠审批是无法审批出合格的市场主体的。本世纪之初《行政许可法》颁布后，吴敬琏就曾主张："政府应加快市场化的改革，废除行政审批制度，铲除'寻租'活动的基础。"③十八大以来，行政审批改革推进势如破竹，尽管如此，迄今仍可谓困局待解，亟待结合新一轮党和国家机构改革的开展，深入落实十九大"着力构建市场机制有效、微观主体有活力、宏观调控有度的经济体制"的要求，将行政审批改革向纵深和"雷区"推进，扫清企业部门尤其是民营企业发展的政策障碍，以此作为政府治理现代化改革可预期的成就之一。具体而言，一是仍应秉持《国务院关于第六批取消和调整行政审批项目的决定》所提"两个凡是"的原则精神推进审批改革，即"凡公民、法人或者其他组织能够自主决定，市场竞争机制能够有效调节，行业组织或者中介机构能够自律管理的事项，政府都要退出。凡可以采用事后监管和间接管理方式的事项，一律不设前置审批"。二是将浙江先行先试的"最多跑一次"改革经验全方位扩展至全国各级、各部门之中，打破部门间实体和电子壁垒，利用大数据和即时信息技术，实现后台职能整合、并联办理，达至审批事项"一个窗口进，一个窗口出"。三是建立健全营商环境评估机制，引入权威第三方开展各地营商环境评估工作，倒逼

---

①黄健荣等：《公共管理新论》，社会科学文献出版社2005年版，第4页。

②《行政审批改革 激发民资活力》，http://www.zgjrw.com/News/20121023/home/775532538000.shtml。

③《吴敬琏：改革须提防和扼制"权贵资本主义"》，http://money.163.com/economy2003/editor_2003/031031/031031_165410.html。

各地政府加快审批节奏，规范管理行为，改进服务水平。四是严格督查、评估工作，推动《国务院关于勉励和引导民间投资健康发展若干看法》文本落地，切实取消民营企业进入石油、铁路、高速公路、航空、钢铁等经营性和准公益性行业的准入审批，以行政备案制、行业自律管理、司法救济等途径实现对于民营企业的行为监管。

（二）正确对待国企垄断，改善民企市场环境

国企垄断不但加剧贫富分化，亦损害民企市场公平、降低市场效率，各界呼吁破除国企垄断的声音一直不绝于耳。但国企往往被赋予浓厚的意识形态色彩，其存在、发展乃至形成垄断被一些人视为公有制在社会经济中占主体的体现。《宪法》和《反垄断法》对此均有支持性规定。《宪法》第七条规定："国有经济，即社会主义全民所有制经济，是国民经济中的主导力量。国家保障国有经济的巩固和发展。"《反垄断法》第七条亦提出，国有经济占控制地位的关系国民经济和国家安全的行业，以及依法实行专业专办的行业，国家对其经营者的合法经营活动予以保护。对此，前全国工商联副主席保育钧生前曾提出修宪主张，要求明确国企应当干市场所不能解决的事情，比如公共基础设施、公益性的事业，不该有任何特殊保护；民营企业是平等的市场主体，民营企业家体现"三个代表"。小幅的"一个字改动"更可考虑，此即将宪法中对基本经济制度的表述，由"公有制为主体"改成"公有制为主导"，这样各方面都能接受，主体是个数量概念，主导是个质量概念[1]。亦有经济法学者期许"在将来修订《反垄断法》时，在第7条中增加下列规定并列为该条第1款：'除本法及其他法律另有规定外，本法适用于国有企业'"[2]。不过，修法破除国企垄断的做法，不仅现实阻力大，学界也难有共识，有学者就认为，"十八大以来，把深化国有企业改革的关键归为'破除国有企业的垄断地位，使国有企业逐步退出竞争性领域'，本质上是把国有企业改革导向私有化，是前些年'国有企业垄断论'的延续"。"市场经济条件下，垄断地位是竞争的结果，我们不能把国有经济的控制力和垄断地位

---

[1] 保育钧：《为国企垄断辩护毫无道理》，《中国民营科技与经济》2012年第Z2期。
[2] 李国海：《反垄断法适用于国有企业的基本理据与立法模式选择》，《中南大学学报》2017年第4期。

当作垄断行为去反，重点是要防止大企业利用垄断地位操纵市场、控制价格以排除和限制别的企业参与竞争的行为。"[1]就此，经济学者的观点或许更值得重视："向民间资本开放国有经济核心垄断领域，在股权配置过程中发挥市场作用，加快发展混合所有制经济，是优化国有经济结构和布局的客观要求。"[2]为改善民企市场环境，除去打破国企行政垄断方面的努力外，当前财税政策层面还应进一步做好清理规范涉企税费的工作，让民营企业真正有"获得感"，降低运营成本，提升市场活力。

（三）规范搞活社会组织，促进社会自主成长

长期以来，一方面民众对于政府作用过分依赖，另一方面，政府部门对于社会组织往往又持有深刻的革命记忆，以致将社会组织"敏感化"。基于这两方面原因，社会组织在中国的发展一直举步维艰。进入转型期以来，多元利益主体形成，社会矛盾多发，恰由于缺乏柔性社会组织的缓冲，往往使得即便普通的社会利益矛盾或者民事纠纷轻易也可以激化为民众与政府之间的直接对峙，乃至演化为大大小小的群体性事件。无论基于维稳策略考虑，还是民主民生立场，均应允许、鼓励社会组织的充分发展，使其可以以自治原则自我消化成员间矛盾，或者代表所属领域、行业和群体向政府部门进行有序的利益与意见表达，更可以与政府"合作生产"公共服务。于此，方可以形成"共建共治共享"的社会治理格局，亦能达致政府治理需求与民众自治需求的共赢，改革者亦可以与社会组织结盟对抗既得利益者对于改革的阻扰。2012年以来，政府对于社会组织的态度明显扭转，在"放管服"改革背景下，社会组织作为"社会力量"的组成部分，且因其"非分配约束"特征而受到重视，相比营利性组织，政府越来越愿意选择社会组织作为合作伙伴，共同完成公共服务的供给。困境却在于，政策执行受内外诸因素影响而可能出现扭曲，社会组织在获得更多公共服务参与机会的同时，也饱

---

①宋笑敏：《"国有企业垄断论"的本质透析——基于新时代中国特色社会主义国有经济思想的审视》，《海南大学学报》2018年第1期。

②杨继生、阳建辉：《行政垄断、政治扁佑与国有企业的超额成本》，《经济学研究》2015年第4期。

受独立性被侵蚀、承接力不足、公信力低下等困扰[1]。根本症结在于，近年来，尽管政府部门放开了对于行业协会商会类、科技类、公益慈善类、城乡社区服务类等四类社会组织的直接登记制度，然而相关的规范化与法治化管理仍显滞后。以行业协会发展来说，脱钩改革后面临产权不明带来的动力不足、脱钩后被少数人控制的风险、对行业协会监管的缺位风险等挑战[2]；再以公益组织发展来说，直接登记过程中类别认定成为突出难题，一些明显与某类社会组织字面意义吻合的社会组织容易得到认定和登记，反之则较难。此外，各地"一站式"综合审批改革也造成对于公益组织的审批与管理职能的分开，增加了不必要的行政环节[3]。概括而言，我国社会组织发展进一步的制度环境建设与完善刻不容缓，包括登记注册制度、税收优惠政策、资金筹集制度、监督制度和法律体系等方面的内容。登记注册制度决定了社会组织能否具备法人身份，法人身份是社会组织发展的前提；税收优惠政策和资金筹集制度决定了社会组织能否持续运营，是社会组织发展的关键；监督制度决定了社会组织的公信力，是社会组织发展的基础；法律体系决定了社会组织的可持续发展，是社会组织发展的保障[4]。

（四）改进社会治理方略，提升社会权利能力

维稳是古今中外任何政府应然的职能之一。但维稳存在刚性维稳与法治维稳之分。周永康主政政法部门期间，形成遗祸无穷的刚性维稳体制。其以行政权力控制为基本手段，以"不出事"为行为逻辑，"为了秩序而追求秩序，将法化约为一种静态的政治秩序的维持工具，忽略了法的自由价值、正义价值和法治思维下法的至上地位和权利本位的法律观的基本要求"[5]。在刚性维稳体制下，各种社会问题

---

①苗红培、樊庆军：《政府购买公共服务中社会组织的角色、困境与出路》，《东岳论丛》2018年第4期。

②卢向东：《"控制—功能"关系视角下行业协会商会脱钩改革》，《国家行政学院学报》2017年第5期。

③任永峰等：《河北省张家口市直接登记社会组织问题浅析》，《中国社会组织》2017 年第8期。

④陈成文、黄开腾：《制度环境与社会组织发展:国外经验及其政策借鉴意义》，《探索》2018年第1期。

⑤霍宏霞、霍晓霞：《从"刚性维稳"到"法治维稳"——论当代中国维稳模式的变革》，《人民论坛》2014年第20期。

均被视为社会稳定的威胁从而设法加以制止、消除，在此过程中，甚至不惜使用暴力，使得暴力维稳成为刚性维稳的另一代名词。这导致的结果，一是社会大众"噤若寒蝉"，公众正常的、合宪的意见表达也可能被阻断，沦为"政治哑巴"；二是不仅言论层面，公众其他法定权利和自由也同样缺乏保障，某些情形下，基本的人身自由、财产自由被肆意侵犯；三是作为结果，地方政府与社会之间呈现高度不信任的状态，政府部门陷入"塔西佗陷阱"，执政党执政声誉和安全遭遇威胁。在这些方面，前苏联、东欧国家曾经提供了非常深刻的经验教训[1]。根本之道，应以司法力量主导的法治维稳取代由行政权力主导的刚性维稳，由此即可以认识十八大以来党中央启动的司法改革深意所在。经由司法的法治途径维稳，不仅完全符合"全面推进依法治国"的战略意图，更可以保障和捍卫社会公众的法定权利与行动自由，并可以构造政府与社会的制度性信任；根本意义上，有助于促进"社会管理"模式向"社会治理"模式的顺利转型。增进社会权利能力与行动自由另须丰富其经济资源：一是进一步削减各类社会主体税负，尤其是工薪阶层和中产阶级，减轻其税负更显政治意蕴，有助于强化其作为体制中坚的作用；二是实现社会保障体系的全覆盖与均等化，提高全民工资收入水平，打赢精准扶贫攻坚战等，经由这些努力，"走财产占有社会化、群众化、分散化和均衡化的道路，形成强大的、有产的劳动阶层"[2]；三是反向勒紧政府"裤腰带"，进一步提高各级人大预算工作委员会专业构成和业务水平，并加强与审计工作的衔接，强化人大预算监督职能，促进公共预算透明、公开、细化，对政府部门非税收入尤其要加强审计监督。

（五）鼓励公共服务外包，强化公私伙伴关系

善治强调社会力量的崛起，一方面可以对政府公权力运行构成体制外制约，弥补体制自身监督力量的不足；另一方面亦可以实现社会与政府部门愈多合作，形塑公共服务供给的多中心体制，由此提升公共服务效率，臻于公共利益最大化。应然意义上，社会力量之所以能够参与公共服务，源于社会是一个多样性的

---

① 李华：《苏联"刚性维稳"的代价与教训——基于四起重大群体性突发事件的分析》，《西伯利亚研究》2015年第2期。

② 厉有为：《关于政治体制改革若干问题的思考》，http://www.chinareform.net/html/category35/92/20121026/10153.html。

构成，在公共服务各个领域、各个环节上，均具有对接、参与的条件或能力；更主要的是，如萨瓦斯强调，公共服务的提供与生产有着明显且重要的区别，提供环节须由政府来承担，生产的任务则可以通过契约外包等途径交由各种社会力量来完成①。由此，推进公共服务外包是善治的一个重要进路。十八大以来，我国各级政府愈发重视引入公共服务外包。2013年国务院专门颁布了《关于政府向社会力量购买服务的指导意见》，对于政府购买服务的意义、总体方向、操作规范和组织机制予以明确说明。政策支持下，公共服务外包发展迅猛，从城市绿化、垃圾处理等基础性服务领域逐渐扩展至能源供应、医疗保健、养老等高层次公共服务领域。我们亦应看到困境所在，当前公共服务外包所显示的突出问题，一是外包行为管理缺乏规范性；二是发包部门与承包者缺乏平等性；三是外包对象选择缺乏竞争性；四是外包合同某些条款缺乏操作性。就此，仍须在健全公共服务外包法律体系、优化外包合同设计、推进非盈利承包主体发展及加强政府对于外包行为的监管责任等方面做出持续努力和改进②。除此之外，还应注意到基于对服务外包伙伴关系动态性变化的认识，找寻并设计匹配的治理机制。有研究发现，"以支持型为代表的短期伙伴关系匹配于较完善的正式契约治理，以依赖型和结盟型为代表的中期伙伴关系匹配于有一定弹性的关系契约治理，而以联盟型为代表的长期伙伴关系则匹配于心理契约和超市场契约治理"③。

善治指向的新时代政府治理现代化：范式再造与策略机制

如何循着以上改革径路，臻于善治和政府治理现代化？新时代场景下，还应深入思考政府治理现代化范式再造与策略运用的问题，从价值与技术层面两个方面相应做出努力（如图1）。

---

①E·S.萨瓦斯：《民营化与公私部门的伙伴关系》，中国人民大学出版社2002年版，第68—107页。

②葛琳玲：《政府公共服务外包的"放"与"管"》，《人民论坛》2018年第7期。

③苏娜、刘东：《服务外包伙伴关系治理匹配机制研究》，《上海经济研究》2018年第2期。

价值层面 ········ 服务型政府 → 参与型政府 → 政
的范式再造

技术层面   完善改革容错免责机制   府
的策略运用
                 形成改革愿景分享机制   治
                 建立改革公众参与机制   理
                 引入改革利益补偿机制   现
                 确立改革循序渐进机制   代
                 健全改革法治规范机制   化

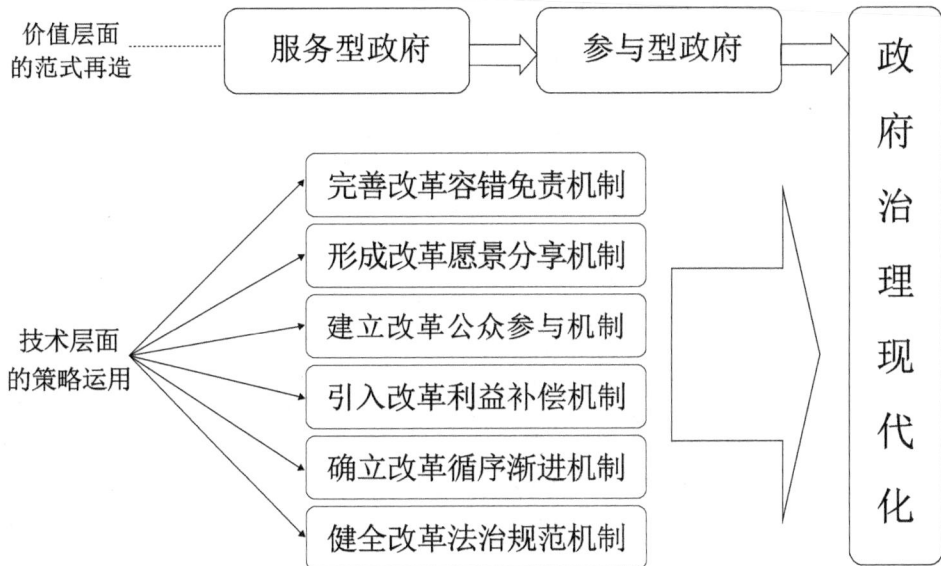

图1 政府治理现代化的两个层面

（一）价值层面的范式再造：推动服务型政府向参与型政府嬗变

以上善治指向的政府治理现代化逐项改革径路设想，尽管意涵和重点不一，但实质上殊途同归：提升民企与社会权力，相应缩小公权力作用范围，实现善治所强调的政府、市场、社会三者相互制衡与合作。归根结底，这有赖于社会力量在公共政策过程中获得更多的参与机会。"参与可以说是一种价值，这种价值属于政治民主的意识形态范畴"[1]，没有参与，公众就没有话语权，遑论进行有效的利益表达和抵制公权力在社会领域的扩张。参与另有各种好处：可以促成协商民主，依靠话语沟通实现官民谅解与妥协，达成信任与合作，建构公共政策过程中的"公共能量场"（Public Energy Field）；可以"依赖大众途径保证责任"[2]；可以集思广益，减少体现无知与浅薄的非理性公共决策侵害公共权益的行为；可以使社会公众获得被尊重感，进一步增强投身公共事务、行使自决权利的

---

①盖伊·彼德斯：《官僚政治》，中国人民大学出版社2006年版，第378页。
②同①。

信心。总之，"参与政策的协商不仅具有公共政策制定的工具价值，而且具有公民个人内在的价值"①，唯有参与，方可增进民间力量、反向制约政府力量，或者提升民间力量与政府合作的能力，进而保障和增进善治。正是在这一意义上，过去十多年一直推行的服务型政府建设就不能仅仅满足于外围的技巧性努力，更应从战略上高度重视和切实保障社会公众自主参与权，走向参与型政府②，政府在其中仅仅实施转化领导，这种领导不是试图掌控社会新的发展方向，而是被当作延伸到整个团体、组织或社会的一种职能，转而强调官民共同愿景的确立、分享以及对价值观的充分关注③。通俗来讲，服务型政府1.0版本"为民做主"色彩浓厚，作为服务型政府2.0版本的参与型政府则致力于实现"由民做主"。应予以肯定的是，新时期执政党对于社会主义协商民主空前重视与强调，中央深改组专门出台了《关于加强社会主义协商民主建设的意见》；中共十八届四中全会亦明确要求，把公众参与、专家论证确定为重大行政决策法定程序，这些情况显示决策层对推动服务型政府向参与型政府跃变已形成清晰认识，并已转换为重大政策部署。但仍需进一步将政策过程各阶段中的协商民主与公众参与做实，尤其要重视相关制度建设，避免沦为"流水账"。从健全协商民主的宏观层面来说，首先，应加强社会主义协商民主的理论研究，处理好自身的合法性问题；其次，应健全协商民主的法律制度规范，完善协商民主的程序规范；再次，应在协商民主实践中进行公民教育和民主训练④。而从公民政策参与的微观层面来讲，当前须重点解决的问题：一是由国务院或全国人大常务委员会制定类似公民参与公共政策的条例或法律；二是加大公民参与政策议题设定与政策执行评估的广度和深度，延伸和扩展公民参与公共政策制定过程的环节；三是增加公民或代表与政府及其政策制定部门之间的现场对话；四是加强地方政府对公民参与公共政策的现

---

① 全钟燮：《公共行政的社会建构：解释与批判》，北京大学出版社2008年版，第29页。

② 王勇：《善治视界的我国政府改革检讨与新十年展望——兼议从服务型政府走向参与型政府》，《山东科技大学学报》2012年第5期。

③ 登哈特夫妇：《新公共服务——服务，而不是掌舵》，中国人民大学出版社2004年版，第134—149页。

④ 于涛：《协商民主制度化发展中的秩序性问题》，《国外理论动态》2016年第10期。

实回应性①。

（二）技术层面的策略运用：化解改革阻力，增进改革动力

推进政府治理现代化，凸显善治，为此促进服务型政府进一步转向参与型政府，贵在落实。应尽力化解改革阻力、增强改革动力。一是完善改革容错免责机制。十九大报告提出"坚持严管和厚爱结合、激励和约束并重，完善干部考核评价机制，建立激励机制和容错纠错机制，旗帜鲜明为那些敢于担当、踏实做事、不谋私利的干部撑腰鼓劲"。根据这一要求，中共中央办公厅已于近日印发了《关于进一步激励广大干部新时代新担当新作为的意见》，各级各部门应围绕《意见》要求，结合自身情况，进一步完善实施细则，做到思想导向正确、容错范围清晰、操作程序规范、运行机制公开、保障措施有力②。由此，真正实现"把干部在推进改革中因缺乏经验、先行先试出现的失误和错误，同明知故犯的违纪违法行为区分开来；把上级尚无明确限制的探索性试验中的失误和错误，同上级明令禁止后依然我行我素的违纪违法行为区分开来；把为推动发展的无意过失，同为谋取私利的违纪违法行为区分开来"③。二是形成改革愿景分享机制。改革者对于改革不应"一头热"，应探底改革目标群体意愿，共商改革愿景；愿景一俟确立，应设法提高对于愿景的叙事技巧与传播能力，使其尽可能赢得改革目标群体的主动认同，据此，缓释改革阻力，更深意义上，推动政府部门不断实现文化再造，"使改革本身成为推进政府不断发展的一种恒久文化"④。三是建立改革公众参与机制。改革者须懂得向公众借力，通过引入公众参与和讨论，"使得'体制内改革'转变成'体制外改革'，'关门改革'转变成'开放式改革'，'政府主导型改革'转变成'民众主导型改革'，让公开的民意成为改革的动力和主导力量。实现以上转变的核心是'赋权'，即立足国情，通过制度创新，以适

---

① 孙彩红：《公民参与城市政府公共政策的实证研究——基于五个城市政府网站数据的分析》，《行政论坛》2018年第1期。

② 王高萍：《加快构建容错纠错机制》，《学习时报》2017年9月11日。

③ 《习近平在省部级主要领导干部学习贯彻党的十八届五中全会精神专题研讨班上的讲话》，《人民日报》2016年5月10日。

④ 吴志华：《美国公务员制度的改革与转型》，上海交通大学出版社2006年版，第39—55页。

当形式逐步赋予公众决定官员乌纱帽的权力，借此保证官员眼睛向下，增强对民众需求的回应性"①。四是引入改革利益补偿机制。为推进改革的顺利实施，同时防止反弹，对于改革所导致的利益损失可采取多样形式的经济利益补偿，以及通过为被改革对象提供发展机会、荣誉称号等非经济报酬给予心理补偿。五是确立改革循序渐进机制。改革者以及改革支持力量应改变"心智模式"，避免对于改革的设想过于浪漫、激进，不注重做改革加法而只做减法，从而轻易与被改革对象陷入对立状态，应能相对理性地看待改革，给予更多的耐心；更可以利用网络、新媒体等途径与改革对象主动开展对话，以及与同情改革的官员结盟，避免"四面出击"，用不断取得的小幅的进步，让改革对象渐渐顺应和适应改革，最终换来改革的大步前进。六是健全改革法治规范机制。将改革形成的阶段性成果、有代表性的创举，及时加以推广，发挥改革的示范效应，与此同时，注重将具有可推广性、可复制性的改革创举在法律文本上固定下来，从而将改革置于制度化轨道。

①周志忍：《论行政改革动力机制的创新》，《行政论坛》2010年第2期。

"大数据"驱动的 "数据化国家治理"研究
——"以人民为中心"视角[*]

"数据化国家治理"缘起

党的十九大强调要"不断推进国家治理体系和治理能力现代化,坚决破除一切不合时宜的思想观念和体制机制弊端"。当前,对于国家治理现代化(即为"国家治理体系与治理能力现代化")的意涵诠释,存在"过程"说、"工具"说、"结构"说、"要素"说、"结果"说等几种观点倾向[①]。由于治理(Governance)区别于统治(Government),被认为"是由出自政府但又不限于政府组织体系的存在着权力相互依赖关系的多个行为主体,以自主、自治管理的方式为社会和经济问题寻求答案的过程"[②]。由此,"结构"说或许更契合国家治理现代化的本质规定,即如俞可平对于国家治理体系所下定义——"它包括规范行政行为、市场行为和社会行为的一系列制度和程序,政府治理、市场治理和社会治理是现代国家治理体系中三个最重要的次级体系"[③],以此为认知基础,国家治理现代化可以相应理解为此三个次级体系现代化的总和及互动状态。

近年来,随着互联网、物联网、传感器、云计算等数字化存储、传输技术的飞速发展,人类步入数据化时代,社交媒体上的公共表达、网络搜索、消费记录等信息都被数字化记录和存储,构成海量、多样的大数据。所谓大数据,即为

---

*原文发表于《电子政务》2018年第5期。

[①]王钰鑫:《回顾与前瞻:近年来我国国家治理现代化研究述评》,《科学社会主义》2016年第1期。

[②]俞可平:《治理与善治》,社会科学文献出版社2000年版,第34—35页。

[③]俞可平:《推进国家治理体系和治理能力现代化》,《前线》2014年第1期。

"难以用常规的软件工具在容许的时间内对其进行内容抓取、管理和处理的数据集合"[1]。高德纳咨询公司（Gartner Group）将大数据基本特征概括为"3V"，即数据量大（Volume）、数据类型繁多（Variety）、流动速度快（Velocity）。另有人士在描述大数据特征时加入了价值密度低（Value）和真实性（Veracity）两个词。2008年，英国《自然》杂志出版大数据专刊；2011年，国际数据咨询公司（IDG）发布研究报告；同年，美国《科学》杂志也推出大数据专刊。大数据被认为是继实验科学、理论科学和计算科学之后的"第四范式"——"数据密集型科学"[2]。目前其已进入商用、政用和民用三大领域。在商用领域，麦肯锡全球研究所（MGI）的报告《大数据：创新、竞争和生产力的下一个前沿》和瑞士达沃斯世界经济论坛设立的"大数据，大影响"专题都具有重大影响，前者将大数据提升到生产力高度，后者提出"数据资产"概念；在政用领域，尤其醒目的是，美国奥巴马政府发布"大数据研发计划"，提出"数字主权"概念，与领土权、制海权、制空权并列对待；在民用领域，维克托·迈尔-舍恩伯格等人的《大数据时代》一书提出"大数据思维"概念，将大数据应用延伸至生活与工作[3]。

也正由于此，大数据技术事实上已牵涉到了国家治理体系的方方面面，通过"技术驱动"—"数据驱动"—"场景驱动"的迅速变革，大数据被认为有助于更敏锐地洞悉事件本质，产生更为准确、更富智慧的决策[4]，从而，国家治理现代化理应将大数据视为必须高度重视和善用的宝贵资源。"如果说工业化时代的基础设施是铁路、公路、航空、水电等，那么在后工业化时代，大数据、云计算、物联网等将成为新的基础设施。未来，谁掌握了大数据，谁就主宰了世界历史的舞台。"[5]而中国国家治理现代化开发、利用大数据资源更具有利条件，目前我国已成为产生和积累数据量最大、数据类型最丰富的国家之一，发展大数据有着集中力量办大事的优势。但"重要的是如何处理它"[6]，根本上须使得大数据服务

①邬贺铨：《大数据思维》，《科学与社会》2014年第1期。

②张海波：《大数据驱动社会治理》，《经济社会体制比较》2017年第3期。

③张海波：《大数据与信访治理》，《南京社会科学》2017年第10期。

④朱琳等：《全局数据：大数据时代数据治理的新范式》，《电子政务》2016年第1期。

⑤耿亚东：《大数据对传统政府治理模式的影响》，《青海社会科学》2016年第6期。

⑥弗兰克斯：《驾驭大数据》，人民邮电出版社2013年版，第6页。

于国家治理现代化全局之需。为此，国务院于2015年8月通过的《关于促进大数据发展的行动纲要》中强调，要建立"用数据说话、用数据决策、用数据管理、用数据创新"的管理机制，逐步实现国家治理能力现代化；党的十八届五中全会进一步提出实施"国家大数据战略"。在此顶层设计下，大数据日益应用于政府治理、市场治理与社会治理，大数据与国家治理体系开始显现良性互动关系。

体认这一趋势，国内相关分析文献不断涌现。可以梳理为：一是宏观探讨大数据与国家治理现代化的关联。认为大数据理念和技术将对各级政府的决策理念、决策组织结构、决策机制、辅助支持系统等产生影响，提高国家治理的科学化水平[1]；"大数据×"促使国家治理权力结构优化[2]；大数据影响舆论引导机制的转变，使政府将"民意"作为一种强大的国家治理工具[3]；大数据帮助下可以形成协商治理这一新型国家治理形态[4]；也有文献指出大数据在思维方式、治理理念、信息安全、个人隐私等方面存在问题，这是国家治理现代化必须直面的现实挑战[5]。二是分头讨论大数据与国家治理各次级体系现代化之间的关联。在政府治理现代化方面，大数据可以推进政府智慧治理[6]、政府"循数"治理[7]，降低政府治理交易成本等[8]；在市场治理现代化方面，指出发挥大数据价值作为一项新的机遇

---

[1] 梁志锋等：《基于大数据的政府决策机制变革国家治理科学化的一个路径选择》，《湖南社会科学》2017年第3期。

[2] 陈潭、杨孟：《"互联网+"与"大数据×"驱动下国家治理的权力嬗变》，《新疆师范大学学报》2016年第5期。

[3] 张志安、曹艳辉：《大数据、网络舆论与国家治理》，《社会科学》2016年第8期。

[4] 章伟、曾峻：《大数据时代的国家治理形态创新及其趋向分析》，《上海行政学院学报》2015年第2期。

[5] 曾小锋等：《大数据时代国家治理现代化：现实挑战与路径选择》，《南京政治学院学报》2016年第1期。

[6] 杨冬梅：《大数据时代政府智慧治理面临的挑战及对策研究》，《理论探讨》2015年第2期。

[7] 任志锋、陶立业：《论大数据背景下的政府"循数"治理》，《理论探索》2014年第6期。

[8] 宁国良等：《交易成本的视角：大数据时代政府治理成本的控制》，《湘潭大学学报》2015年第5期。

备受企业关注，由此将形成大数据治理[①]；在社会治理现代化方面，强调大数据时代的到来改变了原先社会治理的思维和方式，利用大数据技术可以有效地解决社会治理中存在的问题，延展社会治理的广度和深度[②]；推动"云治理"这一大数据时代社会治理新模式的形成[③]，实现信访办理向信访治理转变[④]。

可见学者对于国家治理现代化与大数据之间的逻辑联系保持了高度敏感，相关讨论持续升温，但总体而言，大数据与国家治理的内在逻辑联系究竟是什么，仍不甚明了，大数据甚至被当作一项无所不能、却又不明就里的迷思（Myth）对待。而从国家治理实践来说，各级官员对于大数据亦存在认知不足或偏差的情况，一方面如学者评价，"数据治国"战略思维总体仍显缺乏[⑤]，另一方面，对于大数据有时仅作为一项经济产业对待，其对于国家治理现代化的全局意义则被虚置。

在笔者看来，大数据的深刻意义在于可以推动政府治理、市场治理和社会治理向着精细化、智能化、可视化方向发展，从而再造国家治理实践形态，凸现"数据化国家治理"，在此情形下，相关决策愈多要基于大数据及其技术分析结果做出，而并非单纯依靠决策者个人经验和直觉，从而有益于精准对接国家治理各次级体系中公众对公共服务、私人服务和社会服务（可以概指为"公众服务"）的需求，籍此彰显国家治理体系须"以人民为中心"的本源诉求与底色，正如党的十九大报告所阐述："必须坚持人民主体地位，坚持立党为公、执政为民，践行全心全意为人民服务的根本宗旨，把党的群众路线贯彻到治国理政全部活动之中。"

---

①郑大庆等：《大数据治理的概念与要素探析》，《科技管理研究》2017年第15期。

②庄国波、陆晓燕：《大数据时代精细化社会治理中安全问题研究》，《理论探讨》2017年第6期。

③李振、鲍宗豪：《"云治理"：大数据时代社会治理的新模式》，《天津社会科学》2015年第3期。

④张海波：《大数据与信访治理》，《南京社会科学》2017年第10期。

⑤李江静：《大数据对国家治理能力现代化的作用及其提升路径》，《中央党校学报》2015年第4期。

数据化国家治理："以人民为中心"视角

大数据已成为各界人士耳熟能详的语汇，几乎"被玩坏了"。但无论对数据持多么神秘、高深的看法，大数据本质上都是信息，大数据驱动的核心在于信息驱动。仅在这一点上，大数据为国家治理现代化带来了"福音"，笔者尝试提出的"数据化国家治理"，其有可能形成并突显意义的基点即在于此。从"以人民为中心"出发，国家治理现代化须确立人的面向的、从"大水漫灌"转变为"精准滴灌"的"精细化治理"理念①，致力于提升各类公众服务的精准供给能力，解决"人民日益增长的美好生活需要和不平衡不充分的发展之间的矛盾"。大数据驱动的"数据化国家治理"正为此创造了可能，借助巨量、真实、多样的信息优势，运用全样而非抽样统计的方法，致力于追寻相关性从而让数据发挥推荐价值，从而使越来越多的数据挖掘趋于前端化，此即可以提前预测和提供服务对象所需的各种服务，由此具体到"数据化国家治理"各个次级体系，数据化政府治理有助于精准对接公共服务供需；数据化市场治理有助于精准沟通私人服务供需；数据化社会治理有助于精准平衡社会服务供需。

（一）数据化政府治理：打造精准、亲民的公共服务供需关系

政府治理现代化是国家治理现代化的关键组成部分。从"建设人民满意的服务型政府"这一主旨出发，政府治理现代化根本上应立意于提升公共服务能力，打造精准、亲民的公共服务供需关系。西方国家传统官僚制行政恰在这一问题上经常显现"二律悖反"情形：一是公共服务供给过量。此即参与竞争性选举的政党，无论左派还是右派，都因为无法抵抗普选制下利益团体与选举的压力，过度允诺公共福利以讨好选民②，缘此，推动官僚制政府在一些特别易于实现的公共服务上"大书特书"。官僚制机构垄断了公共服务供给，垄断者缺乏有效利用资源

---

① 胡鞍钢、杭承政：《论建立"以人民为中心"的治理模式——基于行为科学的视角》，《中国行政管理》2018年第1期。

② 臧雷振、徐湘林：《政府质量：国家治理结构性指标研究的兴起》，《公共行政评论》2013年第5期。

的动力，且不会因绩效不佳而受到惩罚[①]，这一情况也加剧了其过量供应公共服务的问题。二是公共服务供给不足。这一方面是因为传统官僚制行政排斥价值理性和公众参与，恰如其鼻祖马克斯·韦伯强调："价值合理性总是非理性的，而且它越是把行为以之为取向的价值上升为绝对的价值，它就越是非理性的，因为对它来说，越是无条件地仅仅考虑行为的固有价值（纯粹的思想意识、美、绝对的善、绝对的义务），它就越不顾行为的后果。"[②]由此，公众，尤其话语能力屡弱者往往被阻隔于公共政策过程之外，被动接受官僚制机构执行行为与结果，从而其所需要的公共服务往往供给不足。另一方面，官僚制行政以"红丝带"束缚官员，各种繁文缛节导致"许多人处于被他人的压迫和剥削之中，除了生活所迫切需要的最低限度的必需品，很少有人有积极性生产得更多"[③]，如此，也加剧了公共服务供给不足的情况。

不仅在西式民主和官僚制下，公共服务供求难以建立平衡关系，在中国，这一情况也时轻时重地存在着，改革开放前尤甚。那时中国社会形成城市以单位、农村以人民公社为基本载体的导源于计划经济的公共服务供给体制，一方面受公共财力的限制，另一方面，也源于"致命的自负"——政府过高估计自身的理性程度，认为可以将公共服务和社会产品的供需计算出来，由此导致公共服务供求难于建立匹配关系，公众公共服务需求长期被压抑，公共服务供给维持在较低水平上。改革开放以来，市场逐步繁荣，公共财力不断增加，并且政治层面民情吸纳机制不断健全，从而使民众公共服务需求不仅持续释放，而且越来越具备了供需平衡的可能。然而很长时间内，在发展主义导向下，发展是"硬道理"，但"国家的发展权并没有转化成为社会的民生权"[④]，导致公共服务供给仍旧滞后于需求；另一方面，政府部门习惯于"既掌舵，又划桨"，对公共服务进行总体性、垄断性安排，相关决策又往往从经验或教条出发，由此，体现显见政绩的经

---

①E·S.萨瓦斯：《民营化与公私部门的伙伴关系》，中国人民大学出版社2002年版，第116页。

②马克斯·韦伯：《经济与社会》（上卷），商务印书馆1997年版，第57页。

③文森特·奥斯特罗姆：《复合共和制的政治理论》，上海三联书店1999年版，第210–211页。

④郑永年：《要预防房地产泡沫转化为社会泡沫》，《中国发展观察》2010年第5期。

济性基础设施经常供给过量，体现民生的社会基础设施则总体供给不足，使得经济飞速发展的同时，民众却缺乏"获得感"。

传统政府治理下公共服务所存在的过量与不足两种供需失衡问题，中外概莫如此。求解这一问题，有赖于民主体制的完善与"官僚制"的再造。但政府治理在技术层面的革新同样不可小视。正如斯托克强调，"治理理论认定，办好事情的能力并不在于政府的权力，不在于政府下命令或运用其权威。政府可以动用新的工具和技术来控制和指引"[1]。大数据技术的引入正有助于政府治理精准地实现公共服务供需平衡。大数据并非数据的简单堆叠，而是对各种碎片化、多样化、低价值密度的数据通过交叉复现、质量互换、模糊推演等手段进行科学的关联分析，进而找出公共需求的一般规律或连带效应，在此基础上予以精确的满足和供应，于此，推动政府治理形态从侧重于"以政府为中心"的1.0到侧重于"以国民为中心"的2.0，进一步推进至侧重于"以每个人为中心"的3.0[2]。无论是公共服务机制、公共服务质量还是公共服务环境，拜大数据所赐，均可以实现质的飞跃。并且，伴随数据挖掘水平的提高，政府开始有条件提供更为个性化和精深化的公共服务。比如在医疗卫生服务领域，相关部门完全可以从多个渠道获取个人健康信息、病历、职业、行为习惯等多项数据，形成一个综合的个人健康状况数据体系，据此提供个性化的智慧医疗服务；在城市管理领域，例如杭州市依托大数据安装的"城市大脑"，可以把城市交通、能源、供水等基础设施全部数据化，连接城市各个单元的数据资源，打通"神经网络"，并连通"城市大脑"的超大规模计算平台、数据采集系统、数据交换中心、开放算法平台、数据应用平台等五大系统进行运转，对整个城市进行全局实时分析，自动调配公共资源，智慧满足公众对于城市管理的各种公共服务需求。运行一年来，"城市大脑"已经接管了杭州128个信号灯路口，试点的22公里长中河—上塘高架路平均延误率降低15.3%，高架路出行时间节省4.6分钟[3]。

---

[1] 格力·斯托克，华夏风：《作为理论的治理：五个论点》，《国际社会科学杂志》1999年第1期。

[2] 俞可平：《论国家治理现代化》，社会科学文献出版社2014年版，第57页。

[3] 吴崇远等：《22公里长中河上塘高架 车行时间节省近5分钟》，《钱江晚报》2017年10月12日。

（二）数据化市场治理：构造精准、利民的私人服务供需关系

大数据条件下亦可以形成"数据化市场治理"，此即借助大数据技术，企业可以尽可能完整、综合地收集市场供求数据，同时运用数学方法分析和建模，预测事件发生的概率，由此减少企业经营决策的盲目性，更为精准地对接市场上公众对于私人服务的需求，实现私人服务供求关系大体平衡、稳定。

数据革命最早是在商业领域爆发，以大数据技术应用为核心的网络环境全面形成，逐步瓦解传统产业和商业模式，代之以一批体现新业态的新兴服务型企业，基于数据环境诞生的电子平台型企业为其典型。随着云计算和移动互联网技术的发展，这种平台型企业及其经营模式不断向餐饮、交通、金融乃至产业链上游的制造领域延伸，并且平台型企业都在利用自身数据优势，以互联网应用服务为切入点抢占大数据制高点，大数据反过来也不断勘实、强化平台模式的扩展。作为大数据时代的一种经营模式，平台型企业的出现，不仅仅是改变了买卖双方的交易模式，而且创建了一种全新的网络化现代综合服务体系。特别是平台型企业在对接私人服务供需方面有着卓越的能力。一个成功的平台型企业绝非仅是作为供给渠道或纯粹的中介服务，它更像是拥有强大吸引力的旋涡，开启了多边市场间从未被挖掘的功能，从而打造出潜能强大的"供需生态圈"。这个生态圈就类似于一个服务生态系统，构建逻辑就在于不同的行动主体基于自发感应和响应，以平台企业所构建的机制、技术和共同语言为依托，为了资源共享、价值共创而互动，形成松散耦合型时空结构，阿里巴巴、京东、亚马逊等电商平台即非常典型地呈现出这一特点。这种结构的一大优势就在于能够在平台大数据智能分析基础上细分、重组市场，针对用户需求准确开发和链接供需。例如淘宝平台的垂直细分市场几乎囊括了所有需求品类，从而通过捕捉大量的数据进行分析，可以引导平台电商合理安排与调整供给行为，帮助消费者快速、有效地锁定自身所需；京东智能家居营销平台"京东微联"针对个人健康情况，记录运动、睡眠等信息进行完整的数据收集，可以为消费者提供个性化、场景化服务，创造极简品质的生活。消费者置身平台企业"供需生态圈"，依托其垂直细分市场的智能功能，也具备了鉴别产品优劣高下的能力，在愿意承担的价格区间，他们可以在全平台范围内寻求最好的商品，综合比较商品性价比，例如品牌、外观、品质、口碑、调性等等，而这对于平台生产者也形成了倒逼作用，驱使其为了被消费者准

确相中及"五星点赞"而竞拼。由此,平台企业更有助于长尾类目企业打破市场垄断脱颖而出,因其能更好地满足消费者个性化需求。

缘此,呈现一种"数据化市场治理":藉由平台型企业大数据分析所揭示的供求匹配状态,引导和帮助入驻企业降低成本、提高效率、开发新品、做出更明智的业务决策等等,从而可以维护生产与就业的稳定;从"人民本位"出发,更可以实现市场供给对于私人服务需求的精准对接,让公众私人服务需求获得更大程度、更为准确的满足,公众在购买私人服务过程中,消费者的尊严、谈判能力、意愿表达能力、选择能力等也不断提高。不仅如此,平台型企业拥有的大数据还可以支持政府治理与社会治理。例如百度、1号店、阿里巴巴等平台型企业就与政府签订了大数据合作协议,只要不涉及国家安全、商业秘密和个人隐私的"数据清单"都可以彼此开放,从而实现数据资源在政府、市场与社会之间的自由流动,为政府治理与社会治理提供参考。比如根据淘宝的大数据分析报告,可以判断消费趋势变化,进而为政府治理回应不同群体生活诉求提供决策参考;自由行服务平台蚂蜂窝旅行网曾发布《2017春节出游趋势报告》,通过分析超过1亿自由行用户的预订数据,以及问答、点评、关键词搜索和攻略下载等用户行为数据,预测了2017年春节中国旅行者的出游趋势,政府治理亦可以依此及时部署交通等方面的应急策略;再如消费者电商平台搜索大数据分析在反恐与社会治理方面也显示意义,正如马云演讲中指出:"一个人买高压锅很正常,一个人买钟也很正常,一个人甚至买一个火药也正常,买个钢珠也正常,但是一个人合在一起买了那么多东西,就一定不正常了。"[1]

(三)数据化社会治理:塑造精准、便民的社会服务供需关系

社会治理的关注重点在于民生,社会治理现代化的发展方向在于社会服务。所谓社会服务(Personal Social Service),属于公共服务的一部分,系由政府或社会组织为公民提供的非现金形式、具有社会福利性质的个人或社区服务。社会服务的对象主要是社会弱势群体;社会服务的目标是改变其贫弱状态,保障生存发展权益的平等落实;服务内容包括养老服务、青少年心理健康与成长服务、

---

[1] 麦柯:《Splunk 捞金又败家,凭什么它是大数据第一妖股?》,《电脑报》2016年11月14日。

残疾人康复与就业服务等非现金服务①。

　　社会服务供求关系同样须克服供需不对称的问题，避免供给不足或无效的情形。对此，大数据一样可以有所作为，型塑"数据化社会治理"。习近平总书记曾指出，"随着互联网特别是移动互联网的发展，社会治理模式正在从单向管理转向双向互动，从线下转向线上线下融合，从单纯的政府监管向更加注重社会协同治理转变"②。由此，既肯定了社会治理智能化的发展趋势，实质也肯定了与智能化密不可分的大数据技术在社会治理中的应用价值。而实践层面已经如火如荼地进行。目前，我国已公布了三批智慧城市试点，打造交通、物流、医疗、环保、建筑、农业等全方位的智能服务体系。"智能化意味着精准分析、精准治理、精准服务、精准反馈。各类社会治理主体通过获取、存储、管理、分析等手段，将具有海量规模、快速流转等特征的大数据变成活数据，广泛应用于社会治理领域，更好地服务不同社会群体，将成为政府和社会组织实施精准治理、智能治理的重要法宝。"③

　　以关爱留守儿童来说，就很有必要建立和运用大数据。政府部门可以对留守儿童进行摸底排查，建立全面且权威的数据系统，这有助于提高对留守儿童的政策精准度和帮扶效率。此前，令人尴尬的是，仅就17岁以下留守儿童规模而言，现今广被援引的依然是依据2010年第六次人口普查的样本数据推算出来的6100多万这个数字。我国不同地区差异很大，更需要全景式数据，以便因地制宜解决问题④。养老服务也可以引入"互联网+大数据"。一是政府部门建设覆盖国家到地方各级行政机构的行业管理信息化平台，从而掌握老龄大数据，便于对全社会养老事业集中分析与调控管理；二是供应商通过物联网、互联网技术升级老龄产品，养老机构利用信息化应用和智能化产品升级养老服务，形成依托数据的互联网老龄产业集群；三是作为养老服务消费者的老年人学习和利用互联网，加强自

---

①王磊、周沛：《社会治理体制现代化：社会服务伙伴关系演化、本土化及治理之道》，《社会科学研究》2015年第4期。

②《加快推进网络信息技术自主创新　朝着建设网络强国目标不懈努力》，《光明日报》2016年10月10日。

③杨雅厦：《应用大数据提升社会治理智能化水平》，《光明日报》2017年4月10日。

④张东锋：《以精准之策解留守儿童之困》，《南方日报》2016年3月29日。

理能力，丰富业余生活[①]，同时不断产生、丰富养老大数据。再如残障人士社会服务方面，2015年以来，甘肃省残联即以大数据、云服务等信息化手段推进残疾人事业，开发集残疾人基础信息、保障服务、需求状况、服务管理"四位一体"的智能化信息服务管理平台，通过平台的个性化服务功能，甘肃各级残联可以实现以残疾人需求为导向，分解年度任务和分配项目资金，制定"一人一策"的帮扶计划，在基本生活保障、康复托养、特殊教育、就业创业、精准扶贫、权益维护、志愿服务、文化体育等方面实施精准托底服务[②]。

社会服务要从民众需求和感受出发，把改善人民生活、增进社会福祉作为社会治理的基本目标。为此，必须改进社会服务提供机制与方式，重塑政府角色，推动党委领导、政府主导、社会参与的社会治理新格局的形成与运行，达成政府与社会的协商共治[③]。事实上，大数据技术应用于社会服务同样对此提出了要求，并且提供了可能。一方面，大数据驱使社会治理形成一个开放包容的多中心治理系统。原因在于"数据化社会治理"对于分散化的社会服务需求信息需要进行极其繁琐的采集工作，虽然政府在数据采集方面有诸多常规渠道和得天独厚的优势，但可能要付出极高昂的成本，并且也很难通晓有关社会治理与社会服务的各种专业性、地方性知识，因此，社会组织和公民个人的广泛参与就成为"数据化社会治理"的必然要求和趋势，而且可以预见"未来无数通过计算机以及智能终端设备连接互联网的人们，他们都正在推进大数据往开放协作方向发展"[④]。有鉴于此，实践中应运而生"数据众包"模式收集有关社会治理和社会服务需求的海量数据。其大致做法是，将数据采集工具分发给个人，由每个个体完成数据采集任务，再将这些孤立的数据进行链接和共享。例如以帮扶弱势群体来说，各地社工在社会服务过程中积累了大量服务数据和工作资料，这些一手信息作为资料保

---

①屈芳、郭骅：《"互联网+大数据"养老的实现路径》，《科技导报》2017年第16期。

②《甘肃建残疾人工作大数据 启智能化"一人一策"帮扶》，http://www.chinanews.com/gn/2017/05-08/8218368.shtml。

③陈振明：《社会控制、社会服务与激发社会活力——社会治理的三个基本维度》，《江苏行政学院学报》2014年第5期。

④悠虎：《指数社会的蛋白质？英特尔另类解读大数据》，http://bigdata.chinabyte.com/308/13222808.shtml。

存在档案盒或硬盘，却没有被充分开发和应用。对此，政府部门、行业协会、评估组织乃至社工机构，完全可以通过"众包"途径，将各地社工数据链接，并进行归总分析，不仅能够高效地检索信息、共享资源，也可发挥其问题发掘、实践指导、理论研究等功用[①]。

数据化国家治理：反思与因应

"治理失灵"的问题同样存在[②]，国家治理亦然，由于各次级体系——政府治理、市场治理与社会治理均可能存在信息不对称所致供需失衡的问题，从而"国家治理失灵"的情况就可能出现。有鉴于此，国家治理现代化须寻求破解这一问题的良方。恰在这一点上，大数据技术送来曙光，其突出效用即在于能够将大量结构复杂、类型众多的异构数据结合在一起，构成有各种组合可能的数据集合，而通过强大且持续扩充的云计算能力则可以将作为知识生产来源的大数据的数量级别大幅升级，于此，就可以对政府治理、市场治理、社会治理主体做出理性补给，增进各自在公共服务供给、私人服务供给与社会服务供给上的预见性、准确性和回应性。大数据亦可以在政府治理、市场治理、社会治理三者间互联共通，互相充实各类公众服务需求信息。综合判断，大数据确有利于走出国家治理失灵，体现和臻于"以人民为中心"的国家治理现代化。

尽管如此，大数据及其所彰显的技术理性亦暗藏风险。一方面，大数据+国家治理所致"数据化国家治理"固然大幅突破了政府治理、市场治理及社会治理的信息与理性限度，为实现国家治理现代化提供了前所未有的技术基础；但另一方面，亦须警惕数据"拜物教"和"数据专政"现象，大数据有可能误导决策者。有学者认为，"大数据的最大价值还并非在于大样本或全样本，而在于基于多源异构数据的涌现（Emergence），通过数据之间的关联涌现出规律，从而与社会科学研究的归纳分析和演绎分析区别开来"[③]。却也由于此，大数据技术的运用放

---

①王光普：《让大数据成为社工的得力助手》，《中国社会工作》2017年第3期。
②俞可平：《治理与善治》，社会科学文献出版社2000年版，第72页。
③张海波：《大数据驱动社会治理》，《经济社会体制比较》2017年第3期。

弃原始数据的精确性,强调数据量的多和杂;放弃因果关系的判断,强调相关关系;放弃知其所以然(为什么),强调只需知其然(是什么)。这些都在很大程度上挑战我们人类先前的许多思维成果和固有思想方法,挑战最大的是数据信息缺乏效度和信度[①]。"大数据时代数据的价值就像沙子淘金,数据量越大,里面真正有价值的东西就越少"[②],因此极易形成数据超载与有效数据不足并存的悖论情形,或者干脆如舍恩伯格和库克耶判断,"数据量的大幅增加会造成结果的不准确,一些错误的数据会混进数据库"[③]。

大数据驱动的"数据化国家治理",其"集量成智"的分析模式长于捕捉拥有"互联网资本"、有能力在网络上作出表达或流露痕迹的公众需求,即为公众显性需求,以其为大数据主要来源与分析对象,却易于忽略网络世界表达能力缺失或者难于充分表达的边缘群体的隐性需求。这一情况体现出大数据时代的"数据鸿沟"。以我国来说,CNNIC调查报告显示,截至2017年6月,我国非网民规模仍有6.32亿,上网技能缺失、文化水平限制、上网设施限制等等是他们与网络基本绝缘的最主要原因。尤其是在边远农村地区,基础设施不完善,无网络覆盖,人们根本无法感知到大数据时代带来的生活变化,逐渐变成新的"数字弱势群体"。"数字弱势群体"与现实中的弱势群体在一定程度上吻合,其较难通过网络技术渠道来清晰表达诉求,导致他们相当程度上游离于"数据化国家治理"的决策视野。

数据化政府治理、数据化社会治理,亦或数据化市场治理本身,都十分倚重电子平台型企业所提供的大数据与分析技术。但一方面,平台型企业人为设定的数据挖掘标准和分析技术与大数据本应具备的客观性、中立性之间不免存在矛盾或张力;另一方面,平台型企业的突出优势在于掌握记录消费行为的浩瀚数据及对之提炼与再组织的能力,显然,真正具备这一优势的机构或公司屈指可数,多

---

①高小平:《借助大数据科技力量寻求国家治理变革创新》,《中国行政管理》2015年第10期。

②刘智慧、张泉灵:《大数据技术研究综述》,《浙江大学学报》(工学版)2014年第2期。

③舍恩伯格、库克耶:《大数据时代:生活、工作和思维的大变革》,浙江人民出版社2013年版,第47页。

为那些掌握了数据云存储与分析能力的数据垄断企业，"得数据者得天下"，这在一定程度上容易造成这些数据垄断企业"绑架"政府亦或操控市场的局面，造成信息权力寻租、信息权力滥用等问题，反过来干扰政府治理、社会治理与市场治理对于各类、各层次公众服务需求的准确把握与供给。

数据化国家治理场景下，数字成为各类决策的依据，亦有可能导致决策者见数不见人。活生生的社会现实与社会个体被量化、填充于各种数据之中，而其各种社会属性与人文追求则可能被屏蔽，也即大数据技术理性的膨胀和扩张，会排斥和吞噬价值理性与人文关怀，造成大数据技术异化。马尔库塞曾分析技术的异化后果："人类历史上每一次技术变革都带来了物质财富极大的增长，技术理性的强化与蔓延，现代技术只是关心那些可以衡量的东西以及它在技术上的应用而不再去问这些事物的人文意义，只问如何运用技术手段去工作，而不去关心技术本身的目的……在这种状况下形成的发达工业社会不可能是一个正常的社会，而只能是一个与人性不相容的社会。"①以大数据技术来说，毫无疑问也存在异化的问题。由于人本身亦可数据化，我们在利用大数据技术研究人本身时，与研究其他客体基本上就没有任何区别，这是否就将人降低为"物"了呢？一言一行都在别人掌控之中，我们是否已经被设计着？我们的自由意志是否已经受到某种程度的严格限制？总之，大数据技术异化从根本上来说就是，到底是大数据技术控制和规定我们，还是我们控制和规定大数据技术？②

所有这些情况均说明，过分依赖数据和技术，就可能反向增加国家治理风险，而且一旦出现技术运行停止或中断，亦可能导致常规国家治理体系陷于瘫痪。但"数据化国家治理"更值得忧心的或许是"社会数字化"所导致的各种负面效应。"社会数字化"即为通过对公民个人信息的全方位采集，整个社会成为综合治理信息的"高速公路"，数据的触角延伸至社会治理的"末梢神经"。每一个个体处于各种不同的数据群中，不再是孤立的个体，个体既是数据的终端，也是数据的起点和数据链条的联结点，个体间从传统的弱联结走向强联结。这种"社会数字化"的一个后果就是公民在强大的"数据收集机器"面前几乎毫

---

①马尔库塞：《单向度的人》，上海译文出版社1989年版，第34页。

②陈仕伟：《大数据技术异化的伦理治理》，《自然辩证法研究》2016年第1期。

不设防，也无法设防，所有个人信息都成为社会数据化的客体，造成社会全知性（Ommiscience）的可能，但从安全风险、意识形态操纵，再到个人隐私等方面，公民将无不受其困扰，形成对所有公民进行监视的"数字圆形监狱"。尤其在隐私权保护问题上，公众似乎签订了这样的"浮士德契约"，"我享受大数据技术带来的服务便利，但是我却无可避免地要让渡我的隐私权"。这种"信息性的隐私权"，阿兰·威斯汀将其理解为"个人、群体或组织的这样一种主张：他们自行决定在什么时候、以何种方式、到什么程度，把有关自己的信息透露给他人"①。犬儒主义的看法是，在大数据时代，公民此项权利的侵蚀是一种必然。果真如此？"被遗忘权"是否该被确认？在个人行为被高度数据化的社会中，也许个人只有在"被遗忘权"获得认可和执行时才能承受日益狂乱的技术社会的压力。人人都应有免于恐惧的自由，是信息社会最起码的安全准则，也是"数据化国家治理"的底线。

毋庸置疑，大数据的技术变革热潮已经以"迅雷不及掩耳之势"席卷了国家治理体系各个领域，使其增益良多，推演为"数据化国家治理"，为国家治理现代化提供了技术上的可能。但若抱持"唯数据论"，也可能将国家治理拖入"大数据陷阱"，导致种种非意料结果。回归"以人民为中心"的基本立场，对于"数据化国家治理"所致风险，应遵循以下三个基本路径：

（一）以协商民主增进"数据化国家治理"下各方利益主体的公共理性

大数据技术突破了政府、市场和社会作为治理主体的理性限度，却引致"技术理性"在当代社会泛滥，不断压制"公共理性"，突出表现为如前所述各类公众服务供给较难关照弱势群体需求，供给行为本身也日渐被贬低为技术性工作。为此，须将大数据技术这种机械性、程序性的治理手段进行软化和人性化。引入协商民主则可以提供制度基础，其通过各方利益主体围绕公众服务供需展开平等协商，更可能达致或重申公共理性，抑止大数据单向度技术理性带来的危害。并且大数据时代，协商之所以能够成为可接受且必需的民主政治形式，也正是由于其各项程序设计可以充分尊重、考虑各种利益主体，经由积极有效的对话过程实

---

①胡咏：《从敞视、单视到全视》，《读书》2008年第1期。

现相互间妥协，从而更有利于弱势群体需求获得表达机会和实现可能。所幸，大数据时代既可能制造异化和加剧社会不公，却也有着这些方面独有的内在特质，从而使"数据化国家治理"完全有可能实现与协商民主的联手，以后者来规引自身，建构与增进公共理性：第一，大数据时代为各类主体的话语表达提供了多元化平台，这极有利于协商民主的开展；第二，无论治理亦或协商民主均强调共同体中最大多数成员的平等参与和自由互动，大数据时代为这种平等互动创造了技术条件；第三，协商民主的目标是在实现共同体成员最大利益的情况下尽可能地减少对其他人的损害，而这种最大程度共同利益的基础是共识的达成或生产，大数据时代提升了共识达成或生产的可能性；第四，大数据时代的开放性和包容性有利于不同类型规则之间的调适与整合，这也十分有益于协商民主的运行①。

（二）以法治保障实现数据化国家治理下数据资源的社会共享共赢

数据共享是"数据化国家治理"体系运行的基本前提。习近平总书记讲话中就强调，"推动实施国家大数据战略，加快完善数字基础设施，推进数据资源整合和开放共享，保障数据安全，加快建设数字中国"②。反观现实，大数据背后所蕴含的技术显然是普通民众无法轻易获得或能熟练驾驭的，其知识门槛相当之高。因此，即便大数据拥有者开放和公开数据，但背后的数据采集方法、数据的算法依然存在很大的操作空间，导致民众无法从中获取稳定且可比、可信的测量数据。这也意味着大数据已成为一种新的权力配置手段。而这其中，政府和平台型企业巨头无疑是大数据及其分析技术的垄断者，因此要实现全社会范围内共享数据资源，很大程度上需引入和健全法治保障：一则要通过大数据立法，建立与完善政府部门大数据强制性披露制度与部门间数据共享制度、平台型企业及社会组织大数据公益性披露制度，从而打通公私"数据显贵"所构造的数据壁垒，实现政府部门、平台型企业与社会力量之间的数据通达与共享；二是要完善大数据司法体系，依托互联网法院，对于凭借大数据技术垄断地位肆意操控公共服务、私人服务与社会服务供给

---

①章伟、曾峻：《大数据时代的国家治理形态创新及其趋向分析》，《上海行政学院学报》2015年第2期。

②《审时度势精心谋划超前布局力争主动 实施国家大数据战略加快建设数字中国》，《光明日报》2017年12月10日。

的行为，明确法律责任、追究责任后果。为"数据化国家治理"确立法治的另一深意则在于，大数据给人类社会带来的最大隐患即为公众无隐私、透明化，大数据红利为数据权力方所得，公众却在隐私权保护上沦为大数据时代的输家。完善"数据化国家治理"下公众隐私权保护的相关法律就显得迫在眉睫，这并不止于"被遗忘权"被明文规定与操作化，从而建立数据"退出"机制，还须设置明确的数据禁区，提高司法理性，以防止个人隐私受到侵害①。

（三）以伦理力量愈合数据化国家治理下可能造成的社会裂痕

"数据化国家治理"下，数据财产与数据红利的不均衡配置势不可免会造成或加剧社会分化，特别是信息弱势群体与信息强势群体之间的关系，成为现实的实体性伦理关系。重要的是如何控制社会分化不至于激化，以至推动信息弱势群体与信息强势群体间伦理关系从合作转向对抗，造成严重的社会裂痕。由于"人们行为选择的大部分的行为空间是由非正式制度来约束的"②，为此，引入伦理力量更可以产生深远、广泛的影响，而这同样有助于解决大数据提取与分析技术有可能造成公众被异化以及隐私权受侵害的问题。此种伦理力量显然不同于农业社会具有天然排异特征的习俗型伦理，亦或工业社会将道德主体客体化的契约伦理，而是与大数据所代表的后工业社会相适应的的合作型伦理。在此伦理导引下，"每一个人都成为有道德的行动者。而且，因为他们是有道德的行动者，所开展的就是合作行动，用合作行动建构起了人类社会治理的一种全新的模式——合作治理"③。"数据化国家治理"所可能造成的社会裂痕，正需要确立这样的伦理体系来做出矫治或预防，在这一伦理体系中，政府仅是一个重要行动者，还需要其他利益相关者的密切协作，比如大数据机构及科研人员、互联网服务商、用户，以及非政府组织等，在合作治理过程中，各方共同遵守这些伦理原则：①人道：大数据须服务于人、关怀人、尊重人。②无害：人们不能使用信息技术给其

---

①许珍、梁芷铭：《大数据法律：国家治理能力现代化的"关键一招"》，《宁夏社会科学》2016年第3期。

②道格拉斯·C.诺思：《制度、制度变迁和经济绩效》，上海三联书店1994年版，第140页。

③张康之：《论合作治理中行动者的非主体化》，《学术研究》2017年第7期。

他网络主体造成伤害。③同意：数据提取应让利害关系人充分知情并了解潜在风险，自主决定是否授权。④公正：大数据条件下信息权利的实现总是不平等的，必须依靠公平正义原则对其加以规制。⑤共济：人们在从大数据技术应用中受益的同时应做出一定程度的努力，关注社会中那些"最少受惠者"①。

　　"在经济和社会转型期，国家治理现代化的目标对中国共产党提出了新的挑战和要求，即要找到一个适合时代需求的现代国家治理模式。"②当代"互联网+"革命中横空出世的大数据技术恰为此提供了可能，大数据与国家治理日渐融合而为"数据化国家治理"，可以实现在国家治理各个次级体系中，精准对接各项公众服务供给与需求，从而在真正意义上，有助于落实国家治理现代化须"以人民为中心"的基本价值原则。而从中国国家治理现代化进程来说，大数据与国家治理联姻，造成"数据化国家治理"，另有其深刻的历史意蕴。事实上，正如黄仁宇在《万历十五年》一书中反复阐述，中国缺乏"数目字管理"传统，亦如胡适以"差不多先生"喻指中国人缺乏精确、细密的习惯，这使得我国在步入近现代以来，科技发展与社会管理均大大落后于人，国家政权建设与社会整合亦受其影响频遭困境，导致我国从农业时代"四方宾服、万国来朝"的强国迅速沦落为工业时代"处处挨打、人人可欺"的弱国。如今，后工业时代我国国家治理体系建构若能紧紧把握大数据革命这一难得机遇，推动大数据技术与国家治理各次级体系发生深度"化学反应"，则国家治理现代化将指日可待。

　　虽然如此，大数据技术也并非"完美无缺"，其可能伴生诸多消极后果，诸如人格异化、数据权力与数字红利不公正分配、公民成为隐私难保的"透明人"等深刻问题，大数据运用于各种决策也绝非"万无一失"，数据失真或者数据分析失真的情况均可能存在。概而言之，对于"数据化国家治理"乐见其成的同时，也应保持足够的警觉与反思精神，通过协商民主的引入、法治体系的完善、伦理力量的建构，综合发力，努力驯服"数据化国家治理"，使其始终不偏离"以人民为中心"的健康轨道。当然，这也寄希望于大数据技术自身的升级换

---

①安宝洋：《大数据时代的网络信息伦理治理研究》，《科学学研究》2015年第5期。
②黄建军：《国家治理现代化视阈下党的执政能力建设论略》，《求实》2017年第7期。

代，从而在技术运行方式上不断体现"人本"追求，在技术运行向度上则可以不断彰显"民生"考量，尤其可以对碎片化民意做出更为细致、全面的收集与分析，进而在公共服务、私人服务、社会服务等供给上，差别化设置品类与功能，对应满足包括弱势群体在内的各类群体服务需求。事实上，实现这一目标也并非"痴人说梦"。由于很多行业已觉察到大数据不可或缺的价值，例如物流业提出"数据就是生命"，制造业希望借助大数据提高效率、改变质量，电商希望借助大数据更好地掌握受众需求、进行个性化推荐……这说明大数据所带来的乘法效应已经在以互联网行业为代表的各个行业中蔓延开来，并衍生出更大量、更具分析应用价值的数据。越来越多基于大数据收集、管理、分析的应用将走向和贴近我们每个群体、每个个体的生活[①]。

---

①悠虎：《指数社会的蛋白质？英特尔另类解读大数据》，http://bigdata.chinabyte.com/308/13222808.shtml。

从"指标下压"到"利益协调"：大气治污的公共环境管理检讨与模式转换[*]

我国由于走赶超现代化的道路，工业化、城市化发展迅速，短短数十年时间，城市大气污染尚未摆脱煤烟污染阶段时，就迎来硫酸盐与二氧化硫为主的污染，后又加速进入最新的光化学烟雾污染阶段，形成当下极其严重的复合型污染，对其防控已成为"改善民生的当务之急，是转方式、调结构的关键举措，也是推进生态文明建设的重大任务"[1]。笔者意在从学理层面反思现行公共环境管理，将其概括为"指标下压"型模式，剖析其对于大气治污显现的各种结构性难题，进而主张做出变革与调整，走向"利益协调"型模式，相应阐述其理念、机制和相关策略设计。

现行"指标下压"型环境管理模式：特征及困境

当前我国对于各种环境问题的处理，习惯采用的是计划与命令取向的"指标下压"型环境管理模式，其由中央政府重点依靠行政命令手段，自上而下逐级部署和分块包干，落实既定环境指标。中央政府作为国家利益总代表，往往被认为是"仁慈"的化身，而且掌握强大的统治权威，由其实施"指标下压"型环境管理与公众的情感自然契合。从直观来理解，"指标下压"型管理也符合层级分工与行政效率的原则。尽管如此，"指标下压"型管理因其如下三方面主要特征，实践中存在诸多难以逾越的困境，对于大气治污经常失灵。

---

*原文发表于《政治学研究》2014年第2期。

①《李克强主持召开国务院常务会议 研究部署进一步加强雾霾等大气污染治理》，《中国环境报》2014年2月13日。

（一）环境指标的压力型管理与动员型管理

"指标下压"型环境管理的核心特征（图2）。所谓压力型管理，乃是分权式改革对于传统计划体制"路径依赖"的结果——由中央政府掌握的财政权和人事权逐级下放，以调动地方政府积极性，同时保留中央给地方规定的各项计划指标，力促地方完成，如此形成压力型管理：由于层层下达给各级政府的计划指标，其完成情况伴随各种惩戒措施，尤其重点指标未能实现，就会被"一票否决"，视其全年工作成绩为零，不得给予先进称号和奖励，各级政府就在这种评价体系的压力下运行①。

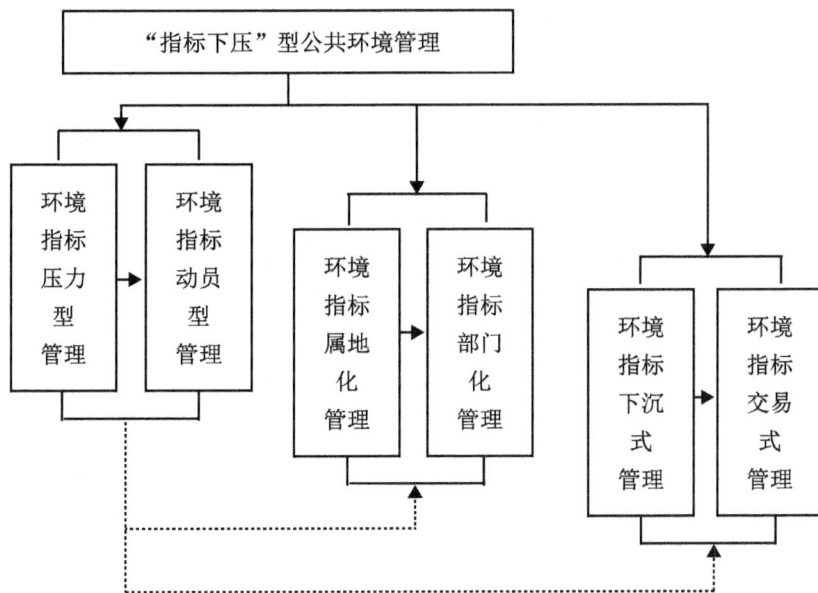

图2 "指标下压"型环境管理特征

压力型管理实质为集权取向的目标考核制度，中央政府单方面订立视同"政治任务"的各项工作指标，之后分解给各省（市、区），再依次分解到每一级

---

①荣敬本、崔之元等：《从压力型体制向民主合作型体制的转变》，中央编译出版社1998年版，第28页。

地方政府。这些指标除了关键的GDP指标、计划生育指标、维稳取向的社会管理指标外，还包括大气环境、水环境、节能减排等方面的环境指标。近些年来，在科学发展观约束下，仅有GDP指标要求饱受批评，环境指标相应增多、趋重，"十二五"相比"十一五"，多出两个"实施总量控制"的新指标，即氮氧化物和氨氮，分别为空气污染物和水污染物中的"大户"。

如此，就进一步形成和呈现压力型环境管理，其以环境指标为手段，简洁明了，操作性强，便于上级抓住重点考核下级，便于下级掌握重点开展工作；指标以量化形式呈现，亦显其有公正性、科学性可言。除此之外，压力型环境管理一定程度上平衡了集权与分权：中央负责订立环境指标和做出考核，而指标如何实现，给予地方更多明示或默许的选择权。但压力型环境指标管理存在的问题亦很明显：

首先，中央一齐下达的各种指标实质有软硬之分。硬指标完不成可能遭致"一票否决"，关系官员升迁的GDP、财政收入、社会治安、计划生育等指标，官员日常工作往往倾心于这些方面；压力型环境管理实施的环境指标则多被视作软指标，对于官员仕途去留仅起参考作用，甚至反作用[1]，难于为官员重视。当然，"十一五"期间，由于决策层和民众愈益强调生态文明，在两头密集的话语压力下，各级官员对于完成环保指标始付出较多精力，取得差强人意的结果，治理大气主要污染物SO_2超额完成4.29%[2]，反观"十五"则远不及此：SO_2排放量非但没有完成削减任务，反而比"九五"末期有所增加[3]。尤其近一段时间，中央领导人一再要求"不以GDP论英雄"，报道称各省随之纷纷调低今年GDP指标[4]。虽然如此，

---

①一项联合研究统计表明，一个中国地市政府环保投资占当地GDP的比例每升高0.36%，市委书记升迁机会便会下降8.5%（参见黄益平：《改变地方政府行为》，《财经》2013年第32期）。

②李善同：《中国经济可持续发展之路》，http://yy.health.gmw.cn/2011-09/16/content_2645053.htm。

③刘世昕：《谁拖了"十五"环保的后腿》，《中国青年报》2006年4月13日。

④《24省份书记兼任人大主任 四川政协主席暂空缺》，《北京晚报》2013年2月16日。

由于当前主流话语仍为"发展是解决我国所有问题的关键"①，据此而言，一段时间内尚难以对各级政府加强环保工作持以更乐观的预期，另一层原因则是"补救环境伤害的昂贵措施，通常在政治上都不具有吸引力，因为后者顶多是在很久以后才能得到回报"②。追求GDP指标，相对而言便于衡量，且可以立竿见影，易于为地方官员带来各种政治收益。

其次，指标尽管由上级单方面设定，但在常态条件下，下级官员拥有一定的讨价还价的空间，可以与上级展开序贯博弈，软化压力型管理的指标控制力。在上级下达环保指标后，只要时间容许，下级官员首先可能采取正式谈判博弈，此即借助合法、合理的逻辑，通过正式程序、发去正式文本与上级谈判，诉说难处，请求降低指标；正式博弈有可能奏效，但大多是一次性博弈，上级或接受或拒绝，谈判就此结束。为使谈判更有意义和效率，下级有动力与上级另行展开非正式谈判博弈，此即动用各种非正式社会关系，将一次性的正式谈判博弈软化为与上级的"轮流出价博弈"，弱化上级的可置信威胁，以及拖延时间③。

不过，一旦某一时期来自高层或外部的压力骤然加大，上下级部门紧密捆绑时，上级就可能将常态的压力型管理转为非常态的高密度压力型管理——动员型管理，推动下级全力以赴落实环境指标。在此情形下，下级同上级无论是正式还是非正式的谈判，余地都大大压缩了④。这是否意味着动员体制更能实现上级所定环境指标和政策意图？诚然，其短期效果已一再为实践证明，但成本极其高昂，短期内需要投入大量人财物与注意力资源，并会干扰甚至中断其他工作，因而难以长久。例如2007年10月，国家环保总局牵头华北各省市成立空气质量保障工作协调小组，实施大气污染联防联控，各地铁腕改造锅炉，淘汰老旧车辆，搬迁关停企业，严格施工管理等，通过这些短期内高强度动员措施，终于使得2008年北京奥运期间大气质量良好，办成"绿色奥运"。然而奥运过后很快出现反弹，京

①见《十八届三中全会公报》。

②李侃如：《治理中国》，中国社会科学出版社2010年版，第283页。

③周雪光、练宏：《政府内部上下级部门间谈判的一个分析模型——以环境政策实施为例》，《中国社会科学》2011年第5期。

④同上。

津冀重新迎来漫无休止、变本加厉的雾霾天气。此外，从上下级博弈来分析，动员体制吊诡之处还在于，当上级施加的压力过强时，下级有可能使用"弱者的武器"，做出"准退出"选择，此即采用微妙的抵制方式，例如暗中调整、消极抵制，从而导致"集体无行动"[1]，或者隐秘选择数字造假，又或者大张旗鼓地采取各种"表现型政治"手法，临时应付上级的环境指标考核。

（二）环境指标的属地化管理和部门化管理

属地化行政逐级发包制是经济学者对中国历古以来央地关系一种很有见地的概括[2]。这一概念由"属地化管理"和"行政逐级发包制"拼合而成。属地化管理是指平民百姓日常事务均服从隶属地政府管理，平民跨区联系亦以隶属地政府为"接口"，并被严格限制。这一管理安排利于地方性事务处理和控制流民，其在漫长历史上渐渐演化为管理常态，建国至今仍予以承继，因其对于威权治者组织与稳定社会同样极有意义。行政逐级发包制与属地化管理相辅相成、合而为一，此即从中央到地方把具体的经济、行政事务逐级发包给每个行政下级（属地），下级设立与上级的对口部门，实现"职责同构"，便于承接上级发包事务，为此既担负了无限责任，也在属地内被赋予巨大的自由裁量权。隐含逻辑是，发包制可以一定程度上节约中央政府的监督成本。

环境指标的压力型管理，换个角度来看，正是传统属地化行政逐级发包制在现时期的延续和植入。这一制度中，"'逐级'说明其集权的一面，因为权力是由中央向下发包的。'发包'说明其分权的一面，中央有很多具体的事务管不了也不管"[3]。环境指标压力型管理运行机理与其对应一致：环境指标逐级部署给每个地方政府，施以压力促其完成，这体现集权；同时又允许地方官员对于如何落实指标拥有相当程度的裁量权，这体现分权。属地化行政逐级发包制凝聚了数千年古人精妙的管理智慧，其在今天政府环保事项上演化为环境指标压力型管理，

---

[1]周雪光、练宏：《政府内部上下级部门间谈判的一个分析模型——以环境政策实施为例》，《中国社会科学》2011年第5期。。

[2]周黎安：《转型中的地方政府：官员激励与治理》，格致出版社/上海人民出版社2008年版，第57-69页。

[3]周黎安：《中央和地方关系的"集权—分权"悖论》，http://www.aisixiang.com/data/16019.html。

意义应予肯定。但在市场经济下却衍生另一些十分有害的后果。属地之间相互分割的传统习惯依然存在，形成区域公共管理学者所谓"行政区行政"，发包制则另外凸显了辖区及其官员自主利益追求，进而导致在跨界环境问题治理上，互不合作、让他方投入自己受益的"搭便车"行为逻辑盛行，造成以邻为壑、损人利己的负外部性现象大量衍生。

以"环首都雾霾圈"[①]为例：①三地紧邻，互相制造污染。据测算，北京大气污染物25%以上源自周边，尤其河北[②]；反过来，北京将首钢移至河北，默许废旧塑料垃圾流入周边小县，发展出酸洗塑料、废旧塑料炼油、废旧塑料燃烧发电等产业，加剧了河北大气污染。②辖区大气治理相互懈怠。北京周边地区部分官员对企业违规排污放松管理，部分由于对北京存有怨气，认为周边地区为确保北京产业升级，自己只能"留着"污染企业，甚至产生了"我就是要直排，不想帮北京治污"的极端心理。而从北京来说，尾气污染被指主城区雾霾主因，但北京为了保护本土汽车品牌，又不愿让比亚迪等外地品牌新能源汽车进京[③]。③缺失治污经济补偿。河北大气治污对于京津冀三地雾霾治理意义重大，但一些作为重点污染源的河北小县基本属于"吃饭财政"。环境治理对其而言负担沉重。中央财政通常只给县级环保治理专项资金30%的投入，70%的配套资金还得地方去筹集。在此情形下，按理应由财力宽裕的京津对其做出生态补偿。遗憾的是，目前京津地区尚未制度化采用类似做法。

指标属地化管理进一步又演展为指标的部门化管理。对于软性环境指标的落实，地方政府通常视为防御性职能，底线逻辑在于"不出大事"；追求GDP指标则属于进取性职能，对于地方官员考核至关重要，因而地方政府往往督促各部门"倾巢出动""全民招商"。笔者对浙江某市市直部门的调研也发现，各部门乃至教育、工青妇均有或明或暗的招商引资任务，一旦这方面成绩良好，部门领导仕途将更为顺利。环保指标的落实却非如此。由于和实现GDP指标构成张力，虽

①网民揶揄北京、河北、天津、山西等地的说法。
②孙秀艳：《防治大气污染 京津冀如何联手》，《人民日报》2013年6月8日。
③《"环首都雾霾圈"谁之责？"达标"企业滚滚黑烟》，《经济参考报》2013年7月16日。

然环保需要发改、工商、水利、农业等多部门协作，地方政府宁愿将相关工作限于势单力薄的环保部门承担，使得环保指标的属地化管理进一步展现为部门化管理，不言而喻，环保部门无法协调平级多个部门行为。从GDP考量出发，地方政府亦要求环保部门放松管理企业尤其纳税大户排污行为，一旦造成恶劣环境后果，则又名正言顺推出环保部门担责①。另一方面，民众近年来对于大气、流域等方面的环境治理呼声强烈，基于对政府部门的直观理解，环保事务当由环保部门管，因此对于环保部门期待良多，批评激增；再者，由于主流意识形态转换和社会期望值加大，近年来中央环保部门屡屡以"环境风暴"形式，对于地方环保部门提出更高的工作要求；如此，地方环保部门就被置于中央、地方政府和民众三重压力之下，其现实行为选择通常体现为三者的集合解（图3）。

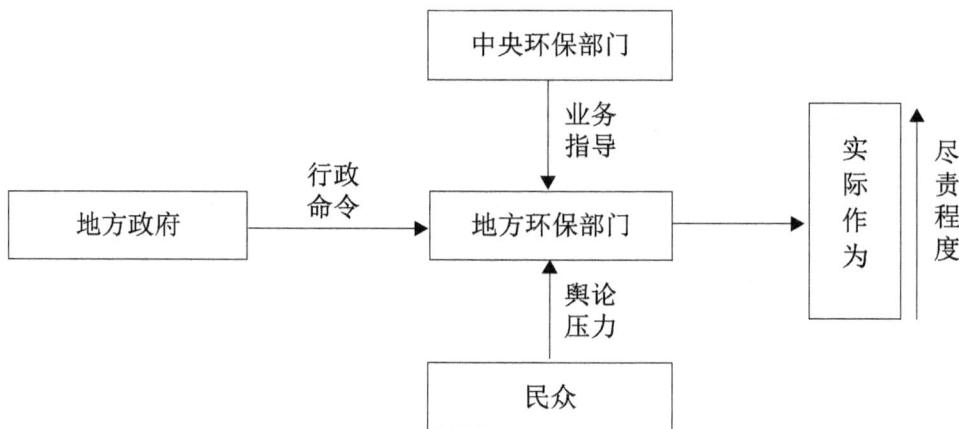

图3 地方环保部门的三重压

但这是否意味着三者压力总可以建立一种平衡解，兼容中央、民众和地方政府利益？这通常很难。中央环保部门对于地方环保部门仅有业务指导职能，形成

①例如紫金矿业福建上杭财政收入贡献近60%。上杭县政府"知恩图报"，在紫金矿业每一次遭遇环保事件时，上杭县政府都及时地站出来收拾残局。紫金企业负责人陈景河告诉记者："围墙内的事情，企业自己负责；（围墙）之外的事情，由政府负责。"有媒体评价："上杭就是紫金，紫金就是上杭。"2010年7月3日紫金发生重大污染事故，最终处理结果为，龙岩环保局长被责令辞职，上杭环保局长被行政撤职（《紫金污染事件暴露环保制度性缺陷》，《法制日报》2010年8月16日）。

有限的政治压力，民众对于地方环保部门则主要构成舆论压力，地方政府可以对环保部门直接发布行政命令，决定其人事任免和部门福利，形成环保部门强大的现实压力。环保部副部长潘岳亦曾公开承认：地方保护主义下，地方环保局很多人坚持原则，但往往是"挺得住的站不住"。不少地方局长要通报当地的污染，居然只能给中央环保部门写匿名信①，事实上，即便中央环保部自身也难以抵御地方政府的阻力，遑论地方环保部门。例如2011年美国驻华大使馆监测PM2.5引发广泛关注后，一位接近环保部的学者告诉媒体："其实环保部3年前就开始推动PM2.5的测量，但是地方阻力很大，因为这和地方政绩考核是挂钩的。这几年，地方政府的强烈反对使得国家环保部始终没有将PM2.5纳入空气质量标准监测。"②地方政府强大压力之下，有地方环保官员坦言："我们的工作是做减法的，做得越多，领导越不满意。"③

（三）环境指标的下沉式管理与交易式管理

压力型环境指标管理虽然赋予每一行政层级以压力，但"上级压下级，一级压一级"，环境质量改善、生态文明建设的重担最终还是落在基层环保部门肩上，此为环境指标的下沉式管理。对于身处一线的基层环保人员来说，由于隔了多个行政层级，中央政府的政策与指标压力对其而言仅属于间接压力；直接上级（县区领导）的压力对其更有决定意义，比如有基层官员直抒胸臆："权力掌握在领导手中，人民给不了我们权力。得罪了百姓，他们顶多骂我们几句，得罪了上级领导，我们的前程就没有了。"④由于上级领导对于经济发展高度重视，环保工作通常为二、三位的考虑，即便生态文明当前已为中央政府高度强调，然其象征意义仍较为浓厚。鉴于此，基层环保执法人员往往自然吐露心声："领导引进的项目、坚持要上的项目，尽管有些是高污染、高耗水的造纸、化工、冶炼、采油和纺织印染等，可咱环保部门那点权力怎么能拦得住。咱们毕竟是寄人篱下，

---

① 郄建荣：《写匿名信通报污染太无奈 环境执法亟须垂直管理》，《法制日报》2007年9月21日。

② 王佳：《PM2.5阴霾：地方官员政绩观作怪》，《中国经营报》2011年12月10日。

③ 冉冉：《"压力型体制"下的政治激励与地方环境治理》，《经济社会体制比较》2013年第3期。

④ 毕诗成：《为人民服务何以成了为领导服务》，《杂文选刊》2009年2月上旬刊。

有多少领导干部的前程与这些污染企业挂着钩，咱不得不睁只眼闭只眼，明哲保身。"①而为了确保地方发展大计，直接上级甚或与基层环保人员上下联手应付上级检查。如此"共谋"行为"已经成为上下级政府甚至中央政府的'共有常识'（Common Knowledge）"②。

另一方面，从基层环保人员自身来说，其疏于环保管理，很大程度上也是由于缺乏可支配的执行资源。作为身处低阶的"街层官僚（Street Level Bureaucrat）"，权力匮乏自不用说，人财物等执行资源也严重不足。分税制改革以来，逐渐导致令基层尴尬的结果：中央和上级将财权上收，事权则不断下放，愈多出现"上级请客，下级买单"的现象。政治意趣在于，事权下放利于中央将政府管理可能引发的社会矛盾下移，将经济资源上收则可以增强中央调控能力，概言之，可以起到"保护中央，保护政治"的效果。但也造成地方政府"巧妇难为无米之炊"：担负巨大公共责任，可资发展的资源却很稀缺，分到基层环保部门手里的事业经费更是所剩无几。在一些地方基层环保部门甚至成为财政预算"黑户"，本应由其支配的环境治理专项经费，亦时常被挪用于基层政府管理他途③。

鉴于此，基层环保部门通常只有靠"自收自支"生存，这一方面导致镇村环保机构和人员配备不足，例如燃烧秸秆等大气污染行为缺乏人手管理；另一方面则易于造成环保执法行为的异化，乃至"以罚代管""养鱼执法"成为常态，出现如此怪象：污染企业"扎堆"的地方，环保部门衣食无忧；污染企业被大量关停的地方，环保人员连工资都发不出。河南某县环保局长透露，"县环保局目前有157人，其中行政编制11人，财政全供事业编制24人，剩下的133人均为自收自支人员。他们吃什么？只能吃'排污费'，如此，治污不过变成一句敷衍民众的空话罢了"④。

---

①林自力：《谁能理解环保局创收的"苦衷"》，http://env.people.com.cn/GB/8220/43040/3542807.html。

②周雪光：《基层政府间的"共谋现象"——一个政府行为的制度逻辑》，《社会学研究》2008年第2期。

③《环保厅赵挺副厅长在苏中、苏北农村连片整治工作推进会上的讲话》，http://www.jshb.gov.cn/jshbw/rdzt/nchjlpzz/ldjh/201107/t20110722_177548.html。

④《创收余地真大！环保局100多人吃"排污费"》，《羊城晚报》2013年4月17日。

由此，基层环保工作虽则有环境指标要求，事实上却造成一种交易式管理，"上紧下松"成为"指标下压"型环境管理的最终样态。交易式管理体现于对排污企业通常不过多干预，形成互相理解的交易性默契，导致环境常规管理的缺位。例如环保部去年6月对河北、山西钢铁、焦化企业的抽查即显示，八成存在超量排放污染气体行为，对此现象环保部领导认为地方上肯定了解，但却查而不处，纵容企业环境违章行为[①]。《经济参考报》记者在河北6个区县暗访发现，尽管国家三令五申生态文明建设，去年更发起多轮环保整顿行动，部分村镇污染企业仍然"顶风作案"，黄烟黑烟直排云霄向北京方向涌去……[②]面对这一情况，如前所言，中央和上级环保部门也会选择突击检查的动员型管理手段，比如环保部从去年10月到今年4月启动重点针对京津冀的大气污染专项执法检查，主要涉及钢铁厂、电厂、化工厂、水泥厂、建材厂等。这样的突击检查应可以取得一时之效，但研究表明，"权力越集中，治理力度越大，基层政府面临的执行压力越大，其经营各种关系网络的冲动越强"[③]。此即上述基层人员与上级"共谋"、应付了事的可能性越大。并且从企业来说，也摸准了基层环保执法松弛、难以持久的特点，在治理大气污染方面，与环保人员"打游击"：只在应付上级检查时才开启环保设备，平日里设备闲置或不持续运行[④]。如此，基层环保管理就经常处于失效、无为的状态，导致大气污染越发严重，社会公众对于环保部门便愈加失望和埋怨，环保工作难以取得其理解、支持和参与，沦为"独角戏"和"绝唱"，这更使得大气污染陷入越治越难治的境地。

---

①《大气污染治理 企业违法处罚不力后患多》，http://news.cntv.cn/2013/09/13/VIDE1379044081182165.shtml。

②《"环首都雾霾圈"谁之责？"达标"企业滚滚黑烟》，《经济参考报》2013年7月16日。

③周雪光：《基层政府间的"共谋现象"——一个政府行为的制度逻辑》，《社会学研究》2008年第2期。

④孟书强：《大气治污，企业为何积极性不高》，《中国企业报》2013年7月23日。

"指标下压"型环境管理模式进一步检讨：理念—制度维度

（一）理念层面，"指标下压"型模式体现和受制于政府上下强烈鲜明的发展主义取向

"二战"后，致力于后发现代化的发展中国家大多形成发展主义的意识形态。变迁至80—90年代的第三代"发展主义"，强调工业化为目标，在持续发展的意愿下，由国家主导、驾驭甚至替代市场，实施基于国家精英的官僚理性之上的强有力政府干预和国家计划等[①]。第三代发展主义及其打造的发展型国家的积极效应，造就了东亚国家的经济奇迹，其在中国表现得尤为淋漓尽致，展现为4个本土化特征：①笃信"发展是硬道理"的意识形态；②强调政企紧密合作、利益互得的国家合作主义；③实施经济计划、行政垄断和重重审批所体现的经济国家主义；④公民社会处于国家控制之下的威权政治[②]。

发展主义推及于环境管理领域，鉴于其4个方面的特征，不难想象，势不可免地推动了"指标下压"型环境管理模式的形成，但也严重妨碍了该模式效用的发挥：

首先，发展主义尤其是其③④特征，必然导致以行政命令和计划指标控制的方式来实施"指标下压"型环境管理，指标考核所体现的"数目字管理"，以及自上而下的压力型管理和动员型管理的轮回使用成为该模式运行常态，并且系统性排斥民间组织和公众对环保工作的参与；

其次，特征②形塑了各地政商间大多情况下的亲密连带关系，醒目表现为地方政府纷纷以招商引资为第一要务，争相出台用地、工商税收等方面的优惠政策，致力于为企业"办实事"，倾情打造"亲商"政府，由此使得环保部门难于执法和落实环境指标，亦助推了基层环保的"交易式"管理；

复次，特征②的形成很大程度上又源于特征①，发展主义最为强调特征①，这源于转型社会实现赶超型现代化的质朴要求；源于"人权首先是生存和发展

---

①郁建兴：《发展主义意识形态的反思与批判》，《马克思主义研究》2008年第11期。

②王勇：《科学发展观意涵：基于政府决策维度的认知》，《四川行政学院学报》2011年第5期。

权"的主流界定；亦源于威权政治以经济绩效换取政治合法性的内在诉求，技术官僚精英治理下，发展又通常被狭义地理解为GDP增长，后者由此被确定为政府的中心工作和关键"硬指标"，在科技和产业一时落后的情形下，如此谋取的"发展"，势必以环保工作的溃退和让步为条件，使得"指标下压"型环境管理模式无论采取前述怎样的管理安排，均内蕴着无法排解的运作困境。

（二）制度层面，"指标下压"型模式缺失政府体系内外纵横协调机制

发展主义理念的固持和片面化，形成"指标下压"型环境管理模式及其前述特征，进一步导致该模式对于大气治污经常一筹莫展的制度图景：

纵向上，中央难以有效协调和监管地方环保行为，央地间协调机制缺失。

"指标下压"型环境管理模式得以奏效的前提是中央对于地方政府及其环保部门落实指标情况有清晰的了解，并有足够的权威和手段作出纠偏，藉此方可以有效协调与监管地方政府及其环保工作。然而这一前提通常很难具备：

第一，中央环保部门多数时候只能依赖非常规性的抽查、暗访及常规性的地方正式汇报材料来了解地方政府完成环境指标的情况，所获得的信息往往是不完全的，基层甚或可以与直接上级"共谋"提供虚假信息，从而易于造成中央"罚金太高或太低，制裁了合作者而放过了背叛者等"[1]；

第二，中央环保部门监管权力不充分，环保工作与发展主义的天然张力使得中央政府赋予环保部的实际权能有限，作为监管对象的地方政府，其权力却自改革开放以来迅猛扩张；

第三，中央环保部门监管手段单一，通常只能靠有限的行政权力、领导人员的个性与情感力量及阵发性的动员型管理来督促地方完成环境指标，使得监管工作充满博弈与妥协，以及缺乏长效，而由于环境指标的软性特征，其完成多与地方官员升迁不相关乃至负相关，亦使得中央环保部门的垂直监管匮乏正激励手段。

横向上，地方政府间、地方部门间以及政府与企业、公众间缺失治污协调机制。

地方政府间横向协调机制不健全。分权式改革使得属地化逐级发包制演展至极致，为防止造成过度的地方主义，中央行使关键的人事控制权，构造官员晋升

①埃莉诺·奥斯特罗姆：《公共事物的治理之道》，上海三联书店2000年版，第24页。

的锦标赛①，既可以促使地方政府专注于发展竞争，又可以节制地方政府自行其是、尾大不掉的行为。但"指标下压"型管理却造成很坏的影响：地方政府间各自为战，拼资源、拼经济，共同污染了大气环境，并越界相互构成影响，但基于属地利益差别，纷纷采取"搭便车"的行为逻辑，逃避治理责任，共同陷入大气治污的"囚徒困境"。

地方环保部门和同级其他政府部门缺乏制度化协调。环保工作难于为地方政府重视，地方环保部门在地方政府体系中不免处境尴尬，无力协调同级部门理解、配合环保工作，通常只能依赖上级的高位推动取得一时一地的不连续支持，麻烦还在于，地方环境治理权并不为地方环保部门专有，而是"九龙治污"："工业污染归环保局，农业污染归农业部，污水处理厂归建设部，水管理归水利部，海洋污染归海洋局，沙尘暴治理归林业局，如此等等。责、权、利不统一，互相牵制，行政成本极高。"②

政府部门与企业以及社会公众缺乏治污协调。环境指标的下沉式与交易式管理，默许和放纵了企业排污行为，现行排污费征收标准的相对宽松，环境指标的间歇性运动式管理造成污染治理的不可置信，也助长了企业排污的侥幸心理，要之，基层环保部门与企业无法实现治污的理性合作，这也使得普通民众对于环保部门吝于信任，降低了其制度化参与环保的热情，转而较多采取非制度化的环境维权举动，据统计，过去5年里，中国大规模群体性骚乱大多与环境维权有关，因环境污染导致的伤害与恐惧，已成为中国社会动荡的首要因素③。之所以如此，也是因为现行"指标下压"型环保管理鲜少给予公众以通畅信息以及制度化渠道参与环保事务，导致民众常以批评者而非合作者面目现身环保。

反观大气污染，由于下述特征，对其防控尤须政府上下、内外加强协商合作，完善纵横协调机制：

---

①作为一种行政治理的模式，是指上级政府对多个下级政府部门行政长官设计的一种GDP为主要标准的晋升竞赛（参见周黎安：《中国地方官员的晋升锦标赛模式研究》，《经济学研究》2007年第7期）。

②郄建荣：《写匿名信通报污染太无奈 环境执法亟须垂直管理》，《法制日报》2007年9月21日。

③刘鉴强：《环境维权引发中国动荡》，http://www.ftchinese.com/story/001048280。

第一，大气污染易于跨界扩散和流动。大气污染物进入大气后随着大气风速、风向、温度、湿度、气压、大气稳定度等变化，发生运动和扩散。这虽可降低当前区域内的污染物含量，但污染物漂移至别的区域，会对其他区域造成污染。比如在珠三角地区，火电厂产生的氮氧化物等污染物浓度攀升扩展，由于空气是流动的，不仅在广州等城市里，在农村也出现了较为严重的空气污染。长三角、京津冀、长湘潭、成渝地区也出现类似情况。为此，改善空气质量必须由区域内多个城市同心同步、联防联控，城乡群策群力，否则改善大气环境质量只能是一句空话。[①]

第二，如上述，现阶段我国大气污染已然呈现复合型特征。各地以煤为主的能源结构未有根本变化，煤烟型污染仍为主导性污染，城市大气环境中的SO_2和可吸入颗粒物污染则一直较为严重；同时机动车保有量不断扩张，尾气污染持续加重，这些一起构成当前复合型污染。而这正表明了大气污染责任主体的多元化。虽然工业企业制造了大部分粉尘污染，愈多拥有私家车的居民以及公车众多的政府部门亦难逃干系，是大气污染重要责任主体。鉴于此，政府部门理应健全相关机制，广泛吸纳工业企业与社会公众联合治污，彼此改进能源消费行为。

第三，大气污染治理难度巨大。京津冀、长三角、珠三角地区二氧化硫、氮氧化物和烟尘排放量均占全国的30%，单位平方公里污染物排放量是其他地区5倍以上，有些地区每年出现霾的天数在100天以上[②]诚如上述，这些地区大气污染如此严重，部分是由于汽车消费近年来迅猛增加，造成尾气大量排放；但很大程度上也源于一些经济落后区域，长期形成了高能耗的产业结构，为促其产业转型，来自中央和邻近地区的奖助和生态补偿不可或缺，中央亦须倾听下情，拓宽纵向协调管道，与产业落后地区的政府部门充分研商污染治理指标分配，而非延续以往，主要靠行政命令施压于地方。

第四，大气污染信息的分散性。"由于生态环境的系统性和流动性，污染行

---

①贺震：《赛后蓝天如何保持？》，《中国环境报》2013年8月21日。
②《个别城市每年雾霾超200天》，《东方早报》2013年3月16日。

为被发现既存在概率低的可能，又存在一定时差。"①换言之，污染信息高度分散，难于准确、全面、及时收集，大气污染或许最为典型，地方政府即便抛开自利性考虑，下力气治理污染，但由于污染信息的分散性，对于辖区一些隐秘、偏僻的污染行为也难免疏于防范，通常只得选择"理性无知"，消极治理，如此又将对于其他地区污染管理形成示范效应。考虑到这一原因，加强地方政府与社会力量的协调合作，由分散的社会公众充当污染信息源与污染监督者，以及健全地方政府间污染信息互通机制，对于有效防控大气污染非常必要。

走向"利益协调"型环境管理模式：理念与机制再造

概言之，大气治污尤其需要形成和增进政府内外各种协调关系，现行"指标下压"型环境管理模式却往往对此无能为力。笔者主张代之以"利益协调"型模式。作为对前者的批判和反对，"利益协调"型管理以"包容性治理"理念取代极易与生态构成抵牾的发展主义理念，在此指引下，着力建构政府内外各种协调机制，软化公共环境管理层级命令体制以及地区间、部门间的僵化分工体制，增进利益相关各方协商交流和利益互换，从而最大程度激发各自合作意愿，形成大气治污的共同行动。"利益协调"型模式理念、机制（及其相关策略）设想如下：

（一）理念层面，区别于发展主义，强调和增进"包容性治理"

"所谓包容性治理，是指各种利益相关者能参与、影响治理主体结构和决策过程，公平分享政策结果、治理收益和社会资源，各种利益相关者的权益能得到尊重和保障的公共治理。"②其理论向度重点有三：

（1）包容性增长。胡锦涛同志在2010年第五届亚太经合组织人力资源开发部长级会议上如此阐述和强调包容性增长："实现包容性增长，根本目的是让经济全球化和经济发展成果惠及所有国家和地区、惠及所有人群，在可持续发展中实现经济社会协调发展。"由此可知，包容性增长本质上与科学发展观契合，强调

---

① 金太军、唐玉青：《区域生态府际合作治理困境及其消解》，《南京师大学报》2011年第5期。

② 李春成：《包容性治理善治的一个重要向度》，《领导科学》2011年7月上旬刊。

了人与自然权利的共进，强调各方利益的妥协、互给，强调坚持社会公平正义和以人为本。

（2）整体性治理。此为后新公共管理改革所倡导，旨在矫治地方主义、部门主义等"碎片化（Fragment）"病症，以及排斥公众参与的政府单边主义倾向。整体性治理可以定义为以公民需求为治理导向，以信息技术为治理手段，以协调、整合和责任为治理机制，对治理层级、功能、公私部门关系及信息系统等碎片化问题进行有机协调与整合，为公民提供无缝隙且非分离的整体型服务的政府治理图式[①]。

（3）协商民主。"是指政治共同体中的自由、平等公民通过参与立法和决策等政治过程，赋予立法和决策以合法性的治理形式。其核心概念是协商或公共协商，强调对话、讨论、辩论、审议与共识。"[②]协商民主与生态民主具有某种天然的亲和性，其倾向于把共同利益放在核心地位，而且它还能够容纳乌尔里希·贝克所说的有责任的现代性[③]。

兼及、融合上述三方面理论向度的"包容性治理"，根本而言就是主张与发展主义旨趣相异的人本理念和生态关怀，体现于大气治污，即强调打破政府部门的等级主义、地盘主义、部门主义，以及总体上的单边主义，转而要求政府内外利益相关方以公共利益为根本诉求，以十八大提出的"生态文明·美丽中国"为崇高目标，相互敞开胸怀，健全协商渠道和协调机制，实现利益与理念交换，激发和形成大气治污的集体行动。

（二）制度层面，从包容性治理出发，建构和完善政府内外纵横协调机制

1. 建构中央与地方政府间纵向协调机制

短期内中央政府可以另行加强诱导性政策工具的使用，从而在"指标下压"管理的刚性之外增添更能为地方接受的柔性色彩。一是加大对于地方的专项资助力度，中央政府已表态"十二五"期间向大气污染重点区域投入1000亿，相比命

---

①蔻丹：《整体性治理：政府治理的新趋向》，《东北大学学报》2012年第3期。

②毛里西奥·帕瑟林·登特里维斯：《作为公共协商的民主：新的视角》，中央编译出版社2006年版，第139页。

③陈家刚：《风险社会与协商民主》，《马克思主义与现实》2006年第3期。

令手段，专项资助可以激发地方对于大气治理投入更多兴趣和精力；二是注重信息引导与规劝，例如环保部近期更新《环境空气质量标准》，发布新版"环境空气质量指数"，决定于2016年全国范围内执行，为此将加强相关监测力量，一天20小时披露各地空气质量情况，此种做法无形中施加于地方政府治污压力，却无明显的强制之感。

诱导性政策工具之外，中央更须基于协商、平等、互利原则从下述三方面系统改良指标管理，增进地方政府对于指标的自觉认同与执行，藉此形成和强化中央与地方纵向协调机制。

（1）指标的民主化。由于我国各地资源禀赋、产业结构、科技水平、生态素质等均存在差异，中央向地方下达环保指标，对此应有考虑，注重在订立过程中与地方磋商，可建立央地人员、全国人大环境与资源保护委员会、专家学者等共同参与的大气治理委员会，采取民主协商的决策方式，提供有利于地方利益表达的机构平台。以山东为例，计划经济时期国家将化肥产业较多布局于山东，如今山东一年生产1400万吨化肥，一半销售给全国各地。但山东每年给化肥厂的电费补贴就要40亿元，节能减排的指标却也要山东来承担，地方官员提出这并不合理[1]。类似这种情况，中央应能给予地方机构平台充分表达难处及诉求，体现于最终订立的环保指标中，此即指标的民主化。

（2）指标的契约化。中央和地方可以契约方式而非目标责任书的强制方式订立环保指标。契约中明确双方权利、义务关系。从中央来说，有权要求地方完成经双方事先民主协商达成的指标，实施对于地方完不成指标的问责措施，诸如责令地方官员引咎辞职、剥夺升迁机会、给予地方的环保专项经费和奖励资金相应减少或要求退回。其义务同时也是地方享有的权利为，一是在官员考核机制方面相应做出变革，"纠正单纯以经济增长速度评定政绩的偏向，加大资源消耗、环境损害、生态效益、产能过剩等指标的权重"[2]，进一步健全绿色GDP政绩考核制度。二是对地方完成预定指标加大奖励手段的运用。例如中央去年表态投入华北50亿大气治理资金，20亿投向河北，即为"以奖代补"方式，令人耳目一新。为

---

[1]苏畅：《地方游说"十二五"环境指标》，《财经国家周刊》2011年第1期。
[2]《中共中央关于全面深化改革若干重大问题的决定》。

保障契约履行，可由全国人大环境与资源保护委员会、最高法院分别行使仲裁与审判职能。

（3）指标的意义化。"指标下压"型管理下，中央单方面下达地方的环境指标，对于地方体现出外在性和强制性，缺少内在的意义性：指标的完成需要付出巨大努力，然而完成之后却很少可能有助于地方主要领导的仕途晋升。基于此，利用信息优势，地方往往会在落实指标时出现委托代理理论所谓败德（Moral Hazard）或逆向选择（Adverse Selection）行为，亦即消极、欺骗行为。对此，中央政府意识形态功能须相应加强，与用强制手段相比，运用意识形态的权威手段进行统治要经济得多[1]。中央政府现阶段应进一步提升"生态文明·美丽中国"意识形态的地位，乃至形成"生态是硬制约"的统一认识和要求，与"发展是硬道理""维稳是硬任务"的经典信义大体取得对等地位，一起见之于官员，环境指标则可以相应硬化，如此，中央下达的环境指标对于地方官员而言，将可以产生意义性，增进其贯彻落实指标的自觉性。

2. 建构地方政府间以及部门间横向协调机制

环境指标属地化行政逐级发包管理有其传统智慧和意义所在，但却阻碍了邻近地方政府间相互达成大气治污联合行动，需要做出重要调整和改进，与此同时，要努力增进各地方政府体系内环保部门与其他部门的治污协调。

加强大气治污属地间合作，构建区域性地方政府间联盟。在承认属地间行政界别和利益区分的前提下，引入各种正式与非正式的制度安排，加强相互间磋商、合作，形成松紧适度的区域性政府间联盟：一是定期举办邻近地方政府间区域性大气治理论坛，吸纳中央政府人员、NGO、企业和公民代表一齐参与，打造大气治理"公共能量场（Public Energy Field）"[2]，在辖区私益考虑之外，共同发现大气治污"公益"所在，强化彼此行动共识，亦可形成对于地方政府的舆论

---

①罗伯特·达尔：《现代政治分析》，上海译文出版社1987年版，第77—79页。

②此为后现代公共行政话语理论核心语汇，系指为"一些人"提供了真诚、合乎情境且有实质性贡献的话语谈判场所，反对官僚的话语独白，亦反对讨论中的无政府主义（见查尔斯·J.福克斯、休·T.米勒：《后现代公共行政——话语指向》，中国人民大学出版社2002年版）。

压力。二是打造区域大气治理电子信息平台，实现违法与执法信息相互公开，共同交流大气治理经验，并设立与公众的互动板块，回应公众举报、询问及治污要求。三是建构相邻地方政府组成、特邀中央政府代表参加的区域性大气治理协调组织。这也是欧美国家一致显示的经验。以美国来说，其在不同层面设立"空气质量管理特区"或"专业治理委员会"，综合负责和协调跨界治理事宜，包括空气跨界治理规划与行动、空气污染范围的确立、空气质量检测、空气质量发布、治污技术推广、跨界污染市场交易等，由此，例如在洛杉矶和加州南部地区，保证了大气跨界治理的顺利开展①。国内目前京津冀、长三角、珠三角等重点区域围绕奥运会、世博会、亚运会召开已做出了城市间大气治污联防联控的初步尝试，近期各区域内城市鉴于持续雾霾天气和相互影响的加强，更激发出了进一步协作的愿望。例如2014年初长三角大气治污协作机制醒目启动，首轮会议上，明确了"会议协商、分工协作、共享联动、科技协作、跟踪评估"五项工作机制，宣示重点职能：研究解决区域内大气治污重大问题；协调推进大气治污政策落实；通报交流区域大气污染防治工作进展和大气环境质量状况；推进区域内大气环境预报预警、应急联动、联合执法和科研合作②。对照国外经验，应进一步健全跨界大气治理协调组织，三省一市共同给予其稳定的权威、综合职能与经费支持，以及考虑设立区域性大气法院为其运行提供司法保障。

（2）以区域性政府间联盟订立和区域性大气治理协调组织的成立为基础，改变发包制面向单一地方政府的做法，中央与区域性大气治理协调组织共同协商，打包订立、下达环境指标。由后者基于科学数据，采取平等协商途径，体现历史原则（考虑各地产业结构形成的客观历史原因）与公平原则（考虑各地产业结构转变难度），将指标以配额方式分配至各成员政府。成员政府间可以在将要设立的国家排污权交易中心内进行异地排污权交易，相互买卖配额，以市场方式调剂余缺，释减一些地方政府客观形成的排污压力，同时鼓励各个地方政府尽可能减少排污。

（3）打破属地产业割据，制定区域性产业规划，配套建立府际生态补偿机

---

①陶希东：《"大上海"空气跨界治理设想》，《东方早报》2013年3月5日。
②《长三角大气污染将联防联控》，《新京报》2014年1月8日。

制。以京津冀来说，为有效管控雾霾，三方须能以区域性大气治理协调组织为互动平台，定期会晤和磋商，中央政府亦可以形成三个地区主要领导人的轮换和交流机制，进而促成区域性产业规划的出台，打破属地因素对于产业的分割，以大气生态阈值为界线，在区域范围内统筹规划和提升产业。为此，作为主要污染源地的河北必然需要淘汰相当一部分落后产能，建立配套的生态补偿制度跟进实施，可考虑在区域性大气治理协调组织下设立生态补偿委员会，按照出境大气质量，由京津乃至中央对于河北做出资金、实物、智力、政策等形式的补偿。

（4）增进地方环保部门与同级其他部门横向协调关系。一方面须加强环保部门与同级其他部门的协作，另一方面须实现拥有环保事项的各部门间的职能协调，改变地方"九龙治污"的局面。从前一方面来说，当前主流认识是实行环保部门直管，增强其自上而下的权能，反向形成对于同级部门的压力，推动环保指标的完成。这一思路实质上还是继续强化"指标下压"型管理，并且削减了地方政府权力，只会造成环保部门与地方政府的对立，进一步削弱后者对于环保工作的配合与支持。从后一方面来说，通常一个不假思索的选择是实行大部门制改革，将其他部门环境管理事项统统转移给环保部门。但这样做也有问题：大部门制的环保部门职能增多，人员与机构随之增加，管理与协调成本必然加大，这会减缓其行动能力；更主要的是，大部门制改革本身也很难实现，会遭到环保事项转出部门的强力抵制。综合这两方面，实现地方环保事务的部门间协调，务实的选择是成立各部门一齐参与的跨部门协作组织——环保委员会，由地方主要领导召集，采取成员协商议事的方式，致力于分享生态文明共同愿景，设法减少经济项目对于环境的破坏性影响，推进信息共享与联合执法。委员会会议吸纳民间人士和专家学者参与，全程向公众直播，造成舆论对参与各方的外在压力，推动合作。

3.建构地方政府与企业、社会力量的横向协调机制

（1）建构政府与企业治污协调机制。一是建立基层环保部门与企业理性合作机制。企业违法排污的收益各不相同，基层环保部门对企业实施罚款为主的交易式管理，本身即内蕴着不公平，应设法扭转，建构基层环保部门与企业理性合作机制：首先，要基于环境指标下沉式管理现实，对基层环保机构人财物倾斜配置，推动其走出交易式管理泥沼。其次，推动基层环保部门更多采用非罚款的排污权交易、环境税费、削减污染补贴、使用者收费、押金—退款制度、环保电价

等经济工具，激励企业主动减少排污。再次，统一要求各级政府部门健全绿色公共采购制度、完善企业污染信息登记入库和披露制度，以及由环保部门授发产品"大气污染合格标签"，以此形成对于企业排污行为的外部市场压力，替代罚款为主的交易式管理。复次，进一步修改相关法律，加大企业违法成本，同时推进环保执法司法化，此即环保部门更多经由司法诉讼途径处理企业违法排污行为，压缩交易式管理发生的空间，提升企业对于环境执法的认同度，增强减排的法律自觉。二是扶持、推广同样体现政企治污协调的大气污染治理（设施）民营化做法，此举亦可以满足大气治污对于资金的高强度要求。三是进一步推动行业性协会的发展，支持其对于成员企业实施污染自律管理，配合政府进行环保工作。

（2）建立政府与社会公众治污协调机制。首先，须完善相关立法，保障公民有权要求地方政府及其环保部门公开大气环境质量及其限期达标情况、突发大气环境事件、大气环境行政许可、行政处罚、排污费的征收和使用情况等信息，从而为公众参与治污提供必备前提。其次，精细化引入和助推各个环节的公民参与：一是观念参与。政府宣传部门与媒体以及环保NGO（非政府组织）合作，形成宣传和教育合力，鼓励和指导居民形成各种低碳环保的生活方式，移风易俗，减少鞭炮燃放、秸秆燃烧和烧烤。二是预案参与。通过设立审议机构、健全听证制度、依据民意调查制定政策等措施，公众在大气治污相关环境法律法规制定过程中以及有关项目建设开发之前就能参与和发挥影响。三是过程参与。社会公众通过媒体、社会活动、环境纠纷处理和市民选举等方式，实现对政府和企业的监督[1]。四是行为参与。通过非行政举措诱使公众理性减排，非自觉参与政府大气治污管理，比如国务院《汽车产业调整与振兴规划》规定对1.6升以下排放量的汽车购置税减半的政策，实施以来，鼓励了各地公众小排量汽车的消费。五是结果参与。重点是完善公民主体的环境公益诉讼制度，以及实施直接受害人补偿制度。

综上所析，现行公共环境管理可以概括为"指标下压"型模式，其关键特征为环境指标的压力型管理与动员型管理的交替运用；进一步演展为环境指标的属地化管理和部门化管理、环境指标的下沉式管理和交易式管理两方面特征。"指标下压"型模式对于短期环境治理常显其效率优势，然体现并受制于发展主

---

①刘峰等：《发达国家治理大气污染的经验》，《中国经济时报》，2013年7月29日。

义理念，潜含着难以摆脱的运行张力；制度层面则又造成各种治理力量的断裂，中央、地方和基层之间，政府与企业、社会公众之间，呈现出对于大气治污的体制性隔绝，彼此形成深厚的"柏林墙"乃至对立关系，由此必然造成该模式对于具有跨界性和复合性特点的大气污染治理的结构性失灵。为有效管控大气污染，"指标下压"型管理须能走向"利益协调"型管理，后者虽非对前者的彻底否定，而仅可以理解为一种批判性扬弃，并异于前者，其以"包容性治理"理念为指引，致力于综合采用以实现多元参与、话语协商和利益共容为主旨的各种策略手段，改良自上而下的环境指标管理，建构环境指标执行的地方政府间、部门间、政企间联盟关系，以及注重引入社会公众的参与，藉此建立和完善政府内外各种协调机制，更广泛意义上以及更大程度上激发、形成政府内外各种力量对于大气治污的整体合力——毫无疑问，这才是大气治污的根本希望所在。

后工业化不确定性治理向度的
服务型政府若干思考[*]

后工业化不确定性治理与服务型政府的缘起

很多人相信，后工业化时代已经来临。与晚近科技革命推动工业社会的形成如出一辙，后工业化的兴起同样源于技术因素——信息革命的惊人力量。借助信息技术的作用，后工业化影响深刻，仅就政治层面而言，后工业社会使得倚重信息传播技术的政治营销成为政党政治的新形态[①]；行政层面使得电子政务取向的虚拟政府创新蔚为潮流；而从介于政治与行政的中间层面来说，正如简·芳汀所言，"因特网引发的制度重组标志着……政府制度转型的开始"[②]。或如迈克尔·尼尔森早些年前准确预料，计算机技术和信息交流技术的发展将极大地影响政府的结构和职能。信息技术和网络经济的发展将深刻地改变公众的期望和政府的工作体制[③]。总之，在后工业化场景下，政府治理变革和体制转型已成为各国不可阻遏的共同趋向。那么，转型的方向何在？

为此就需考量后工业化条件下不确定性丛生的特定景象。正如费勒尔·海迪给出的分析，"有关后工业社会或者后现代社会的这些预言，撇开它们的细节不

---

*原文发表于《天府新论》2012年第5期。

①赵可金、曾庆峰：《政治营销:后工业社会下的美国政党政治》，《美国问题研究》2008年第1期。

②简·芳汀：《构建虚拟政府—信息技术与制度创新》，中国人民大学出版社2004年版，第6页。

③纪丽萍：《价值理性视角下的电子政府与网络政府》，《南京政治学院学报》2007年第4期。

谈，其共同点就是变迁已经有序地开始进行。这个变迁过程正在把现代化的、发达的和工业化的社会带入一个就像它们早期所面临的创伤和分裂的时期那样，或者就像当今现代化中、发展中和工业化中的社会所面临的创伤和分裂一样，它们都具有同样的不确定性结果"①。国内较早推出服务型政府概念的张康之教授同样强调指出："总的说来，我们处于其中的这一后工业化进程，表现为社会的复杂性和不确定性因素的增长，……人们日益感受到，组织活动开始处于一个不确定性的环境之中……；其一，我们的社会出现了危机事件频发的情况，有些学者甚至说我们进入了一个'全球风险社会'，它说明人类在工业社会发展起来的组织形式已经不能有效地应对后工业化进程中的各类问题，因而让这些问题在日常性的活动中被掩盖了起来和积累了起来，最后以危机事件的形式爆发；其二，在组织形式方面，近代以来人们一直致力于组织的理性化建构，强调组织结构的稳定性、组织运行机制的统一性、组织活动和管理方案的可操作性，但是，近些年来，在处理一些重大的、紧迫的和一次性的任务时，往往通过设立任务型组织来承担这类特殊任务，而且这种事例在迅速地普遍化，它表明人们开始对近代以来发展起来的科学化、理性化的常规组织功能发生了怀疑，或者说，常规组织在不确定的环境下已经不再能够充分发挥其功能了。"②

鉴于这一情形，后工业化在社会以及治理结构上要求发生改变，必须以"网络结构"取代传统政府管理型造的"中心—边缘结构"③，唯有如此，方可以集中全社会力量，群策群力来矫治和驯服层出不穷的不确定性。于是可以发现，20世纪后半期，尤其是进入80年代，如火如荼的信息革命拥抱后工业化到来之后，出现萨拉蒙所谓的全球"结社革命"，第三部门取得迅猛发展，在新公共管理运动中，与私营部门等社会力量一道被越来越多地吸纳到公共服务过程中，承接一些"生产"环节的职能，政府不再是公共服务供给的唯一主体，社会整体朝向一种多中心方向发展，进而就形成后工业化时代的"网络结构"，深远意味在于，既

---

① 费勒尔·海迪：《比较公共行政》，中国人民大学出版社2006年版，第150页。

② 张康之：《论不确定性条件下的组织活动》，《理论探讨》2008年第5期。

③ 康之、张皓：《在后工业化背景下思考服务型政府》，《四川大学学报》2009年第1期。

可以改进公共服务效率，更可以实现后工业化条件下对于四处衍生的不确定性及其所致社会风险的有效治理。

如何确保"网络结构"合作治理体系的形成？显然对于政府管理也有着全新的要求，此即政府决不应再高高凌驾于社会之上发号施令，而是要懂得与各种各样的社会治理力量平等合作。在"网络结构"中，政府既不可能仅仅扮演统治者的角色，也不可能只扮演管理者的角色，而是应该更多地作为一个合作伙伴出现。统治是一个单向支配的过程，统治者无时不在贯彻着统治意志而施行着对被统治者的支配。管理有所不同，尽管管理也表现为一种支配行为，但管理者会更多地借助于法律和规则去达成支配的目的，会在一些具体问题上听取甚至接受管理对象的意见。合作则更为不同，它是一个互动的过程，不再存在来自某个"中心"地带的稳固的支配性行为，合作在行为上所表现出的互动也会要求进入合作过程的每一方都努力去扮演服务者的角色，以服务的精神和理念去引领各方的行为选择。同时，服务精神和理念要想能够一贯地落实到行为上，又取决于这种精神和理念物化为制度以及组织载体的状况。需要指出的是，合作治理体系的生成并不意味着政府的消失，政府仍应作为合作治理体系的主导力量。但是，合作过程的互动性以及合作体系中各方力量的相互制约，必然会使政府发生质的改变，此即转变为服务型政府[①]。

服务型政府 ≠ 公共服务型政府

由此，可以参悟后工业化时期我们为何需要以及必然出现一个服务型政府，这在当前正有着很重要的认识论意义。事实上，考虑到当下中国政府加强社会管理、推进社会改革的背景因素，服务型政府经常被片面理解为政府公共服务职能的释放，缘此，服务型政府有时又不假思索地被称作"公共服务型政府"，正如谢庆奎教授明确断言："'服务型政府'与'公共服务型政府'这两个概念并不是对立矛盾的，可以同时使用，在完全建立社会主义市场经济体制之前都应该是

---

①张康之、张皓：《在后工业化背景下思考服务型政府》，《四川大学学报》2009年第1期。

建立服务型政府的阶段，下一个阶段就是大力提倡公共服务型政府。"迟福林教授显然也持以相同观点："在改革攻坚阶段，准确把握'公共服务型政府'的本质内容很重要。以公共服务体制为重点，建设公共服务型政府是一场深刻的'政府革命'。政府转型已经成为'十一五'时期改革攻坚的中心和重点，以建立公共服务体制为重点是推进政府转型的主要任务。"①

如果沿用上述思路，将服务型政府仅仅视作政府公共服务功能的放大，而将其与"公共服务型政府"概念混用，甚至在更庸俗意义上，一些人认为"集中服务提供，改善服务态度，设立'政务超市''阳光大厅''一站式服务''审批中心'等的尝试，就是在进行服务型政府的建设"②。如此，我们是无法确切领会建构服务型政府的深切意义的。毋庸置疑，任何时代的政府都需要也一定会提供公共服务，至多在不同时期，存在着政府公共服务职能发挥程度不一的问题，例如西方古典自由主义时期，政府公共服务职能较为有限；新自由主义思潮占据正统之后，政府公共服务职能开始迅疾扩大；20世纪80年代以来，保守自由主义取得主导地位，公共服务开始引入多元力量，实施民营化战略职能，但政府公共服务职能并未见削弱，反而应理解为能力更强、手段更加多样了。因此，政府提供公共服务是近现代以来政府恒定的职责，而这也是根植于近现代以来各国民主体制的纷纷确立，无论是先发的资本主义民主制下，还是后发的社会主义民主制下，恰如科恩强调：政府部门所代表的政治社会均应"以取得有利于全体成员的一切为目的，特殊目的也只能在这一总的服务机能中产生"③。政府部门从而均须担负公共服务职能，并且将增进社会公平作为义不容辞的责任，就像弗雷德里克森所告诫："无论在理论上还是实践上，公共行政对公平和平等的承诺，都应该与对效率、经济和效能的承诺同等重要。遵循公平与平等原则能够把我们时代的人民紧紧联系在一起，同时也使我们与未来一代的联系更加紧密。"④

依此观之，从政府必须加强和完善公共服务的视角来提出"服务型政府"概

---

① 《服务型政府的几种理论观点争鸣》，《人民论坛》2006年第5期。
② 井敏：《试析我国服务型政府认识中的几个误区》，《社会主义研究》2006年第4期。
③ 科恩：《论民主》，商务印书馆1988年版，第259页。
④ 弗雷德里克森：《公共行政的精神》，中国人民大学出版社2003年版，第204页。

念，亦或"公共服务型政府"，在学理层面是缺乏说服力的，甚至可谓同义反复："政府"概念本身即内蕴着公共服务的规定性。而且可以追问，是否相应也存在着一个"非服务型政府"，此即无法或根本不愿意担当公共服务职能的政府？事实上，不用说近现代以来民主社会下，即便是在以阶级斗争为主要职能的统治型政府下，这样的"非服务型政府"也是无法存在的，恩格斯就曾断然指出："政治统治到处都是以执行某种社会职能为基础，而且政治统治只有在它执行了它的这种社会职能时才能持续下去。"①从加大公共服务职能的角度使用"服务型政府"或"公共服务型政府"概念，唯一可以给予理解的是其中潜含的对于我国各级政府先前公共服务职能严重缺失的深刻检点与批评。

　　基于以上分析，时下有关服务型政府的各种探讨，首先须能正本清源，明晰这一概念发生的确切场景应为后工业化情势，其间不确定性或复杂性因素显著增多，而这一情况如前所述"至少部分是由于当代生活中的技术导致的"②，此即较多源自后工业化信息技术的飞速发展。应对这些令社会险象环生的不确定性，就需整合全社会力量共同参与，形成多元合作治理的"网络结构"。在这一结构体系中，政府主要实施一种共享领导，不但鼓励公民参与划桨——政策的执行，而且推动民众参与掌舵——提供政策咨询，协助政策项目设计。也正由于政府并非诸事亲力亲为，仅仅起到"鼓手"引领旋律的作用，在这样的服务型政府下，平等参与公共事务的各方在决策行为中方可以采用把公开性、平等和包容性最大化的协商手段，最终就可能实现各自利益相对均匀的分割，社会公平由此得以体现和增进，而这恰是服务型政府的精髓所在。一些学者乐于借鉴西方理论资源尤其是登哈特夫妇创立的新公共服务理论推及于我国服务型政府建设，但总有生硬之嫌，因新公共服务理论意在强调公民权及社区层面的公民参与行为，要求政府必须坚持转化领导，这种领导不是试图掌控社会新的发展方向，而是被当作延伸到整个团体、组织或社会的一种职能，转而强调共同愿景的确立、分享及对价值观

---

　　①《马克思恩格斯选集》，人民出版社1995年版，第523页。

　　②B·盖伊·彼德斯：《官僚政治》，中国人民大学出版社2006年版，第16页。

的充分关注①。显然，这与很多学者如上抱持的以强化公共服务为主旨的"服务型政府"可谓大相径庭，但若基于后工业化场景及其不确定性合作治理诉求的角度来理解新公共服务理论，与我国正要建构的服务型政府就可以顺利实现话语对接，后者也才可能真正从前者汲取重要启示。

多元治理与精英政治并行不悖

后工业化信息技术日新月异地发展，使得以土地、劳动和资本为生产要素的传统工业经济，逐步让位于以知识和信息为主要资本品的"知识经济"。率先对于后工业化做出预想的美国未来学家丹尼尔·贝尔，对此很早即有深刻洞见。其认为"工业社会是机器和人协作生产商品。后工业社会是围绕着知识组织起来的，其目的在于进行社会管理和指导革新与变革"；而"对于组织决策和指导变革具有决定性意义的是理论知识处于中心地位——那就是：理论与经验相比占首位"。"实际上，理论知识正日益发展成一个社会的战略源泉，而大学、研究机构和知识部门等汇集和充实理论知识的场合则成了未来社会的中轴结构。"从这一研判出发，贝尔确信，专业和技术人员将会惊人增加，他们是构成后工业社会的关键集团②。

贝尔由此揭示了后工业社会技术精英治理的基本命征，这也正为20世纪80年代以来"专家治国"逐渐流行各国政坛所印证。而这似乎与上文强调的后工业化境遇下服务型政府要求实现不确定性多元合作治理的主张相左，后者明显体现出大众政治取向。然而，其与一定程度的精英政治之间很可能是并行不悖的关系。正如有学者指出，认为体现公民本位的服务型政府必定是个软政府，这是对于服务型政府的一个误读③。由于公众并非一个匀质的集合体，各自需求和认识水平并

---

①登哈特夫妇：《新公共服务——服务，而不是掌舵》，中国人民大学出版社2004年版，第134—149页。

②丹尼尔·贝尔：《后工业社会的来临——对社会预测的一项探索》，商务印书馆1985年版，第34页。

③井敏：《试析我国服务型政府认识中的几个误区》，《社会主义研究》2006年第4期。

不一致，即便是社会公平，不同阶层或个体的评价标准和结果也会千差万别。而且西方国家公众普遍存在一种"财政幻觉"，"经常低估自己的纳税额"，"最终结果是促使政府增加服务，人们相信这些是免费的，或至少物有所值"[1]，如此就往往造成公共服务过量供应的情形，或者政治家和官僚片面迎合公众短期利益，导致公共服务供给并不能真正符合社会共同体的根本需要。鉴于这些原因，后工业社会下，服务型政府期许实现对于种种不确定性的多元合作治理，但同时也应认可由具有知识与技术特长、更为了解公共信息的政府官员对于社会公众和其他多元主体发挥必要的引导作用。正如库珀指出，"公共行政，从它的几个特征来看，我们可以说它是一个教育问题。无论是市政议员、国家政府官员、某行政部门首长……作为公共行政管理者，都必须具有良好的表达能力，以便向人们说清楚问题的现状、未来的走向以及可能采取的措施"[2]。

进一步说，信息技术突飞猛进地发展，以及全球化进程史无前例地加快，这些造成了后工业化条件下不确定性空前增多。以当今最为严峻的气候变化问题来说，其本质上同样体现为科技发展使得人类改造自然能力大大增强的结果，而其所致的不确定性十分巨大，正如2005年诺贝尔经济学奖得主托马斯·谢林所列举：如果置之不理，有多少二氧化碳会进入大气层？为此，全球气温平均来说将要升高多少？又会怎样进一步转变为各地的气候变化？山上的积雪会不会变成水，在灌溉收益之前积雪层是不是就会融化？这种气候上的变化对生产力会产生什么影响，特别是在农业、渔业、林业，以及舒适度和健康等方面？生态系统和脆弱的物种将会发生什么变化？民众、企业、政府和团体要怎样去适应气候变化？当然，还要考虑不同的减缓策略的潜在成本有多大。最后，当气候变化变得剧烈，地球会在50、75或100年后变成什么样？[3]面对这些林林总总、飘忽不定的不确定性，十分需要政府吸纳多元治理主体共同做出研究和应对。然而对于普

---

[1] E·S·萨瓦斯：《民营化与公私部门的伙伴关系》，中国人民大学出版社2002年版，第26-27页。

[2] 菲利普·J·库珀：《二十一世纪的公共行政：挑战与改革》，中国人民大学出版社2006年版，第2-3页。

[3] 曹荣湘：《全球大变暖：气候经济、政治与伦理》，社会科学文献出版社2010年版，第48-49页。

通民众而言，诚如澳大利亚学者希尔曼与史密斯所析，"在我们（指民众）的个人需要和欲望与认识到我们个人必须做些什么来减轻威胁这两者之间，存在着利益冲突，我们像许多被告知诊断出癌症的病人那样，我们理解这种诊断却忙于否认……这种冲突是政府的花言巧语之后紧随着紧张症的原因。政治家们不仅需要应付我们大家都经历的个人利益冲突，而且他或她还要对付重选、大多数人的消费冲动这样的职业性矛盾。重选依赖于经济增长和经济繁荣，而这正是气候变化和我们的可用资源迅速消耗的根本原因。根本的政治悖论在英国首相布莱尔的观点中表达出来，2005年2月，在达沃斯经济论坛上，他表达的意思是，如果我们想拿出一种气候变化的解决方案，就意味着经济增长或者生活水平的大幅下降，这种解决方案是否正义并不重要，只不过不会有人同意这种方案。换句话说，民主存在着大问题"[①]。

简言之，后工业化下实现不确定性的多元合作治理势所必然，然而将其过于简单化理解，同样是十分有害的。普通民众由于在利益立场上的狭隘与分散，加之对于各种公共信息的了解相对欠缺，从而对于气候变化及其所致不确定性的感知与思考能力总体不佳，因此，以建构多元治理为由，认为后工业化条件下一切均须仰赖利益各方的共同认可来做出决策与采取行动，就可能造成在气候变化这样严峻且紧迫的问题上，布莱尔这样的政治家毫无作为，贻误时机。希尔曼与史密斯醒目地将此归结为气候变化挑战下的"民主的失灵"。基于此，就须充分意识到后工业化呼唤多元合作治理的形成，但适度的精英政治不可或缺，尤其是位居决策层的政治精英，其所体现的对于不确定性及社会风险超乎寻常的捕捉、分析与决断能力，这将构成后工业化条件下服务型政府异常宝贵的治理资源。当然，作为问题的另一方面，政治精英也须尽力加强自身的战略修养，注重形成这样的前瞻性思维："'向前看'；识别问题与机遇；尽量重新组织问题，将消极面转化为潜在的积极面，从而为发展打开新通道；要抓住、塑造和发展这些机

①大卫·希尔曼、约瑟夫·W.史密斯：《气候变化的挑战与民主的失灵》，社会科学文献出版社2009年版，第3页。

会，确保它们转化为现实。"①

服务型政府的道德领导力与女性视角

贝尔预言了后工业化的到来，其同样注意到技术主导下的这一时期，由于经济的发展更多地依赖于科技进步，需要不断开辟新的技术领域。而新的发明、创造具有"不确定的性质"。如何有效化解不确定性？贝尔主张有意识、有计划地推动技术变革，控制技术发展，重视技术鉴定，以减少经济发展的不确定性；并且在决策过程中，以现代系统理论为基础的新的"智能技术"，即体现于自动化装置、计算机程序，基于某些统计资料或数学公式的一套指令性规则系统，取代人的直观判断成为决策选择的支持系统②。

贝尔应对后工业化时期不确定性的设想，实质上并未走出工业社会官僚制的惯性思路和治理模式，此即力图以规则系统提供的确定性来对付外部世界的不确定性。工业社会下，由于技术进步以及社会经济交往面的扩大，在此情形下，工业社会的不确定性较之农业社会已显著增强，现代官僚制行政从而应运而生。官僚制最为引人注目之处在于对效率的推崇，而如何增进效率，根本的途径则是确立法理型权威，做出一种规则至上的理性设计，例如等级化的办公体制、条例规章化的办公程序、专业化的工作任务、非人格化的运作、工作过程有记录并存档、工作人员实行薪金制、有运作资源的保证。规则而非人的因素占据了主导地位，这样的官僚制行政极有意义之处，除可以明显改进效率之外，还在于规则实际上构造了确定性，据此就可以有效降低和消化工业社会的不确定性，具体机理则在于：规章化的办公程序，尽可能降低了对环境条件和决策结果预测的主观随意性；一致性的办公准则，增进了各层次、各部门决策结果的一致与协调；永久性档案的设立，增加了官僚们的知识，使得即使是年轻的官僚也有足够的经验将

---

① 加里斯·摩根：《驾御变革的浪潮：开发动荡时代的管理潜能》，中国人民大学出版社2002年版，第5页。

② 丹尼尔·贝尔：《后工业社会的来临——对社会预测的一项探索》，商务印书馆1985年版，第42页。

陌生的问题熟悉化；森严的办公体制与规则本身就是一定范围内的规律总结等①。

遗憾的是，希图继续以理性规则和计划去应对不确定性充斥的后工业社会，而这些不确定性已远远超出于工业社会、几乎成为社会常态特征，如此就未免显得捉襟见肘了②。"让决策者与不确定性或风险斗争只能是徒劳的，即使决策者通过集中各方面的智慧而充满与不确定性和风险斗争的热情和信心，也会在昙花一现的成功之后遭遇挫败。一次又一次地唤回信心其实仅仅达到了自我欺骗的效果。"③鉴于这一情形，如前所言，单单依靠政府的努力或无济于事，更重要的是发起全社会的治理力量，建立一种更具开放性和平等性的多元合作治理。维系这一网络式治理结构的深层次力量已非先前官僚制行政娴熟运用的各种理性规则，而是信任等道德要素的力量。正如拉森的判断，"治理的网络方式"强调了"声誉、信任、互惠及相互依存"。或者干脆如弗朗西斯等所言，"如果说价格竞争是市场的核心协调机制、行政命令是等级制的核心机制的话，那么信任与合作则是网络的核心机制"④。在社会学者看来，信任、声誉、互惠等道德指标正可以形容为一种极其重要的"社会资本"，由此应可认为后工业化条件下建构服务型政府，对于官员而言，最应注重的即是作为"代表性公民"，用"乐善好施的爱国主义精神"（弗雷克里克森语），引领社会资本建设，实现一种难能可贵的、有利于增进社会公平与团结的道德领导力。

服务型政府尤须考虑引入女性视角来改造公共行政，以便更好地落实道德领导力。长期以来，被规则的技术理性限定的官僚体系，仅仅作为男性话语的产物，男性通常被认为经验丰富，体现出刚毅、力量及侵略的品性，更重要的是，基于西方思想的深远传统，男性气概与科学的严谨和客观等同起来⑤，从而理应由

---

①武玉英：《变革社会中的公共行政——前瞻性行政研究》，北京大学出版社2005年版，第21页。

②黄建刚、李百齐：《"合作型信任"视域中的诚信政府》，《探索与争鸣》2008年第12期。

③张康之：《历史转型中的不确定性及其治理对策》，《浙江学刊》2008年第5期。

④俞可平：《治理与善治》，社会科学文献出版社2000年版，第95页。

⑤戴黍、牛美丽：《公共行政学中的批判理论》，中国人民大学出版社2008年版，第43页。

其主导公共领域；而女性则天然是伦理、情感、无序和混乱者，与理性、克制、勇敢和秩序无关，因而是不适合过公共生活的，换句话说，是应该被政治所排斥的。鉴于此，传统官僚制行政在其诞生伊始即形成一个彻头彻尾的男性版本，无处不体现出男性特征：规则的理性和刚性设计；效率至上的追求；排斥参与的高层决策；单向度的命令式执行；宏大叙事的政策议题；雷厉风行的领导作风……诚然，官僚制行政凭借这些男性特征对于推动大工业时代许多宏伟图景的实现确实起到了重要作用，以至可以认为"现代文明的进步和官僚制的完善，是携手并进的"①。然而如上所言，与工业社会相联系的官僚制行政在后工业化条件下，对于大批量出现的不确定性治理明显力不从心，从亟待加强的道德领导力角度来审视，例如：规则导向的非人格化作业，未免显得冷冰冰而不近人情；决策权收紧，高层与街层官僚及公众之间缺乏平等、真诚的话语沟通，民情表达不畅；官员尤其决策层关注的话题过于华丽，却往往忽略了很多十分紧迫而实在的民生议题；领导风格强势，情感内敛，气质淡定，却难以打动有血有肉的行政对象，取得后者的真心认同和支持。

男性话语构造的官僚制行政所有这些弱点，归结为一点，即是道德领导力极为匮乏，相比较而言，女性视角的引入正可以对此做出弥补。天生的母性和对弱者的同情、自我牺牲的精神、美德守护者的角色意识、发达和外露的情感力量、富有耐心和乐于倾听、对于底层政治的兴趣和细致观察能力，所有这些可以归属于女性的典型特点，在传统官僚制下并不被看好或有意忽略，但在后工业化条件下，对于公共行政部门行使一种道德领导力，实现不确定性的多元合作治理却可以起到十分重要的作用。女性主义视角的引入，一是要做出一种"去官僚制"的有益尝试，将女性上述特点有机融合进传统公共行政，凸显情感因素的力量，重

---

①文森特·奥斯特罗姆：《美国公共行政的思想危机》，上海三联书店1999年版，第38页。

视社会公平，拓展弱势群体生存空间，加强社区层面的参与行为和政策论辩；二是完善宪制设计，鼓励更多富有亲和力的女性官员直接走向前台，与男性分享愿景，合作共事，形成性别混合型组织，有研究充分表明，这样的组织将是充满生机和富有成就的[①]，更有益于形成服务型政府的道德领导力，实现后工业化时期对于不确定性的多元合作治理。

[①]戴黍、牛美丽：《公共行政学中的批判理论》，中国人民大学出版社2008年版，第46页。

从"掌舵"到"共享领导"：
当代西方政府角色的嬗变*

新公共管理"掌舵"的政府角色及其缺陷

（一）新公共管理的政府角色："掌舵"而非"划桨"

20世纪末，基于对福利国家所致政府管理危机的深刻反思，西方各国新公共管理改革轰轰烈烈地发生了。改革的主要蓝本即是特德·盖布勒和戴维·奥斯本所著《重塑政府》一书，该书系统地构造了一种"企业家政府"的治理模式，其具有十大特征：①起催化作用的政府：掌舵而不是划桨。②社区拥有的政府：授权而不是服务。③竞争性政府：把竞争机制注入到提供服务中去。④有使命感的政府：改变照章办事的组织。⑤讲究效果的政府：按效果而不是按投入拨款。⑥受顾客驱使的政府：满足顾客的需要，不是官僚政治的需要。⑦有事业心的政府：有收益而不浪费。⑧有预见的政府：预防而不是治疗。⑨分权的政府：从等级制到参与和协作。⑩以市场为导向的政府：通过市场力量进行变革。

上述中盖布勒和奥斯本最引人瞩目之处应是对政府角色的定位：把掌舵（Steering，政策制定）职能与划桨（Paddling，服务与执行）职能分离，政府主要担负掌舵者角色，而非划桨者角色。事实上，传统凯恩斯式的官僚制政府陷入低效的根本症结就在于忙于划桨而忘了掌舵，做了许多做不了、做不好、舍本求末的事情。正如德鲁克在其名著《不连续的时代》中所抒发的同感："任何想要把治理和实干大规模地联系在一起的做法只会严重削弱决策的

---

*原文发表于《经济社会体制比较》2010年第6期。

能力。任何想要决策机构去亲自实干的做法也意味着干蠢事。"①至于掌舵的主要途径,盖布勒和奥斯本等新公共管理倡导者认为即是要从"Government(统治)"转向"Governance(治理)"。萨瓦斯的说法更为形象:公共服务的提供(Provision)与生产(Production)之间有着明显且重要的区别,做出提供某种公共服务的决定(掌舵)仍由政府来承担,但生产的任务(划桨)则可以以契约外包、特许经营、放松管制、补助、凭单、志愿服务、自我服务等民营化途径交由私营企业、志愿组织甚至个人来完成,通过这样的机制安排,政府与私营部门以及志愿组织在公共服务供给过程中结成一种伙伴关系,形成多中心治理②。

不仅如此,拆卸凯恩斯式的大政府或谓之"巨人政府(Giant Government)",从而分解掌舵与决策职能,既可以像这样促使政府职能在横向上向社会转移,也可以在政府体系内部推进一种纵向的多中心治理。以奥斯特罗姆夫妇为代表的制度分析学派坚持了这一主张。其强调以分权和自治为主要手段,建立一种回归民主制行政的地方政府体制,其鲜明特征是,并不欢迎一个金字塔型的巨人政府,而是让数目众多的地方政府并存于诸如大都市区域,且它们的管辖权相互重叠,而这绝非坏事,反而因为设造了一个地方政府间的自由竞争市场③,公众故而可以"以足投票"来激发地方政府的责任心和效率。然而,以治理的视域来考量,地方政府乃至整个政府体系效率因此改善的原因还在于,中央政府与地方政府之间也实现了掌舵与划桨的分离:中央政府不再事必躬亲,而是更专心于掌舵,特别是对整个国家实施前瞻管理和战略管理的任务;地方政府则可以在相互间竞争性市场中偏重划桨职能,像一个精明的企业家那样通过必要的投资和产业调整活动谋求辖区居民利益的最大化,或者坚定而灵活地执行高层的方针政策。

概言之,透过盖布勒和奥斯本以及其他新公共管理倡导者的著述,可以看到,新公共管理对于政府角色的定位即是掌舵而非划桨,进而推进治理的形成。一方面,若将政府视作一个整体,就是指无论中央政府亦或地方政府,只要有可

---

①戴维·奥斯本、特德·盖布勒:《改革政府》,上海译文出版社1996年版,第64页。

②E.S.萨瓦斯:《民营化与公私部门的伙伴关系》,中国人民大学出版社2002年版,第68-107页。

③尼古拉斯·亨利:《公共行政学》,华夏出版社2002年版,第371-372页。

能，都应在公共服务中形成与加强同私营部门、第三部门的签约伙伴关系，在此前提下凸显"主业"——制度的供给与创新职能；另一方面则是指，政府不同层级也应在角色定位上各有侧重，中央政府重点处理事关国家前途与大局的公共事务，地方政府则可以在一定程度上基于辖区独特的资源禀赋积极增进辖区居民福祉以及贯彻高层决策。

（二）新公共管理政府角色定位的缺陷

新公共管理对政府角色的定位——掌舵而非划桨，对于消解传统全能政府体制、走出政府效率困境意义重大，新公共管理改革的实践亦证明了这一点。例如西方各国广泛实施的民营化（Privatization）最能体现掌舵与划桨分离的原则，民营化总体效果如何？无法一概而论。但是仍有充分的证据表明，只要实施得当，民营化能大大改善绩效，不管是合同外包形式，还是出售的形式，效率的提高和效益的增进已成定律[①]。

但是，新公共管理者对掌舵与划桨分离的鼓吹还是遭遇了不少诟病。很多研究者相信掌舵与划桨分离的设想不可避免存在着以下缺陷：

1. 参与价值的隐去

"参与可以说是一种价值。"[②]传统公共行政摒弃价值理性包括参与价值的嵌入，故而对公众参与公共政策的制定表现出极度冷漠的态度，这既使得公共政策往往偏离公众需求而难以为继，亦造成对公民权的莫大伤害。新公共行政最先注意到这一问题，强调应特别重视回应和参与，从而强化当事人在机关事务运作上的参与[③]。新公共管理从治理理念出发实质上是提供了一种"参与式国家"的治理模式，对公民参与和国家与社会间的关系表示关心[④]。然而，一个有趣的悖论是新公共管理最大的缺陷也正是对公民参与的忽视。正如登哈特所言，在新公

---

① E.S.萨瓦斯：《民营化与公私部门的伙伴关系》，中国人民大学出版社2002年版，第177页。

② B.盖伊·彼得斯：《政府未来的治理模式》，中国人民大学出版社2001年版，第61页。

③ 罗伯特·B.登哈特：《公共组织理论》，中国人民大学出版社2003年版，第123页。

④ B.盖伊·彼得斯：《政府未来的治理模式》，中国人民大学出版社2001年版，第62-67页。

共管理奉为圣经的盖布勒和奥斯本《重塑政府》一书中，你不会找到诸如正义、公平、参与等词中的任何一个。其所谓治理主体多元化，只是执行主体的多元化，决策也即"掌舵"的权力依然垄断在政府手中；虽然它也强调顾客导向，但不管是服务标准的制定还是服务方式的选择，决策权基本上也都控制在政府手中；在公共服务供给方式的多元化中，不论是服务主体还是服务方式的选择上，依然是政府说了算。因此，在轰轰烈烈的西方行政改革运动中，活跃着的只有政府的身影[6]。

2.社会公平的缺失

在新公共管理主要策源地的美国存在着一种根深蒂固的政治文化："与臃肿的政府相比，私营企业的工作效率更高，业绩更好。"①其他西方国家或多或少也体现出这样的文化习惯。所以毫不奇怪，在政府管理效率令人难以容忍之际，新公共管理极力倡导掌舵与划桨分离，进而大举实施私有化亦或将某些公共服务交由私营企业来提供。遗憾的是，不仅迄今"没有任何系统的证据表明私人组织从整体上来说比公共组织更有效率"②，并且广泛采取的合同外包行为与政治腐败是老朋友③；更为糟糕的是，私营部门在接手公共物品的生产之后，往往只顾从经济理性出发，而置社会公平于不顾，运用新的私人垄断地位来操控价格、减少某些服务或者对某些弱势群体的特殊照顾。从纵向上中央分权于地方形成的多中心治理来说，尽管在央地间同样实现了掌舵与划桨的分离，并且加强了地方政府间竞争从而有助于政府整体效率的改观，然而，这种超级地方主义（Super Localism）体制在增进地方政府间公平方面也面临着结构性障碍：各自为政的地方政府间有效协作难以展开，从而这一体制对于种族和阶层公平问题往往一筹莫展④。

3.合作治理的失灵

"治理"概念或许是新公共管理的一项重大发明，其积极影响非常深远，特别是对于民主政治的再造和推进作用。然而，治理在新公共管理那儿核心内涵是

[6]井敏：《论新公共管理理论对传统官僚制的超越》，《学习论坛》，2007年第7期。
①尼古拉斯·亨利：《公共行政学》，华夏出版社2002年版，第314页。
②井敏：《论新公共管理理论对传统官僚制的超越》，《学习论坛》，2007年第7期。
③詹姆斯·W.费斯勒、唐纳德·F·凯特尔：《行政过程的政治——公共行政学新论》，中国人民大学出版社2002年版，第350—353页。
④尼古拉斯·亨利：《公共行政学》，华夏出版社2002年版，第373—376页。

政府横向上放权于社会，以及纵向上中央向地方放权，从而将公共服务职能部分转移至社会，或者以授权方式下沉至地方政府。这既可以凭借私营部门拥有的管理经验提高公共服务水平，亦可以提升地方政府对辖区居民个性化需要的回应性。然而，这样的合作治理却时常面临着失灵的危险：首先，横向上的治理合作由于更多依靠政府与私营部门之间订立契约来实现，而实际上所有的契约都是不完全的，总是存在着漏洞，为填补漏洞所订立的下一个契约又同样存在着新的漏洞，故而如此循环往复，私营企业可能做出的机会主义行为防不胜防。其次，基于分权的纵向合作治理主要凭借自上而下的政府绩效考评来督促实现，但是，由于地方政府从自利性出发，往往对真实的绩效信息进行合意的再加工，也即对上级政府报喜不报忧，或者做出"逆向选择（Adverse Selection）""道德风险（Moral Hazard）"等选择。由此，绩效考评也常常难以奏效，导致纵向的合作治理失灵。还值得注意的是，地方政府间的自利倾向还导致相互间集体行动难以达成，造成区域治理也极易失灵进而无法应对当代倍生的区域公共问题。

"共享领导"：后新公共管理的政府角色

故而，新公共管理对政府"掌舵"的角色定位可谓问题重重，新公共服务代表登哈特就此给以了透彻的分析和批判，其认为，对于当今政府而言，真正需要的是服务，而非掌舵。进一步来讲，登哈特强调政府应该抛弃"企业家政府"的理论说教，进而考虑做一种新的角色定位，或者说应该实施一种新型领导，这种领导不是试图掌控社会新的发展方向，而是被当作延伸到整个团体、组织或社会的一种职能，转而强调共同愿景的确立、分享以及对价值观的充分关注[①]。实际上，这样的新式领导也即"共享领导（Shared Leadership）"，业已开始的后新公共管理（Post-New Public Management，PNPM）改革对此正有着深刻体认，力图采用共享领导来取代"掌舵"的安排，从而让政府可以真正致力于做"正确的事（Proper Affairs）"。

---

①登哈特夫妇：《新公共服务——服务，而不是掌舵》，中国人民大学出版社2004年版，第134—149页。

　　这里，首先要说到后新公共管理改革。大致就可以以1997年布莱尔上台并提出"利用'联合政府'或'整体政府'的方式来解决社会和经济问题"[①]作为起始标志，长达20年之久的新公共管理运动开始迈向后新公共管理改革。对应新公共管理炫目的"企业家政府"口号，后新公共管理的口号则是打造"整体政府（Whole of Government, WOG）"。至于相比前者，"一个常谈不休的问题是，这一发展是否确实是新的？"似此质疑之声在澳大利亚就曾不绝于耳，甚至有人认为其充其量只是时髦的专业术语，作为一种迷思迎合了喜欢奇思妙想、扬名立万的行政领导者的抱负，但是细加辨别，还是可以明显感受到整体政府新颖独特的方面，尤其是体现出合作主义在公共行政中的复兴[②]，也正由于此，后新公共管理整体政府如今已引起全球范围内众多研究者的浓厚兴趣。

　　例如上文言及的，整体政府改革试图超越新公共管理重新界定政府角色，在对"掌舵"主张做出扬弃的基础之上，进而打造一种真正契合当下情景的共享领导，即是后新公共管理整体政府设计最值得注意的方面。分析发现，共享领导主要具有以下几方面内涵，而这几方面也正好可以"对症下药"，就上述新公共管理企业家政府"掌舵"角色种种缺陷做出疗治。

（一）作为一种参与型领导的共享领导

　　参与最主要是公众对行政过程的参与。在强势民主看来，公众参与的好处多种多样：可以集思广益从而提高政府决策质量；可以夯实行政执行的合法性，减少来自公众的争议和反抗；可以敦促政府官员对公共利益尽心尽责，从而"依赖大众途径保证责任"[③]；可以通过参与中的协商矫正公众各种非理性心理。也由此，负责任的行政官员应该努力使公民不仅参与计划，而且还参与执行实现公共目标的项目，但遗憾的是，新公共管理让政府掌舵，从而缺少的东西就是公民对民主治理过程的参与[④]。有鉴于此，后新公共管理首先将共享领导界定为一种体

---

　　①埃里克等：《趋向地方自治的新理念》，北京大学出版社2005年版，第130—131页。

　　②Tom Christensen, Per Laegreid：《后新公共管理改革——作为一种新趋势的整体政府》，《中国行政管理》2006年第9期。

　　③B.盖伊.彼德斯：《官僚政治》，中国人民大学出版社2006年版，第378页。

　　④登哈特夫妇：《新公共服务——服务，而不是掌舵》，中国人民大学出版社2004年版，第90—165页。

现公众参与的政府领导角色。例如整体政府公共服务实践模型即包含了参与的内容，不仅鼓励公民参与划桨——政策的执行，而且要求促使更多的公民及其代表参与掌舵——提供政策咨询，协助政策项目设计和提供服务；整体政府作用于社区所凸显的地方所有权原则，也强调控制地方领导者和企业家的权力，不仅仅限于经常性的监督，还须持续倾听与政府机构提供服务密切联系的组织和公民的声音①。英国工党"合作政府（Joined-up Government，JUG）"动议最先揭开整体政府改革的帷幕，在合作政府目标框架中，也是可以清晰地发现参与价值被努力嵌入公共行政，尤其在意味掌舵的决策环节。主张"让决策者和服务者一起工作，如让决策者参与服务，让服务者参与决策，项目组的成员由双方共同组成等"②，进而形成"高度参与的政策制定"。为切实落实公民参与以及形成回应灵敏的公共服务，政府还专门成立了公民评论小组（People's Panel），抽样选出5000名公民代表对政府在与公共生活领域密切相关的服务领域中进行民意调查，意在对公共服务的回应度进行测试和反映③，进而通过参与的方式改进决策质量并体现公民权。

（二）作为一种公平型领导的共享领导

新泰勒主义者主导的企业家政府改革片面强调管理经验的革新和效率的改观，比如英国在合作政府计划启动之前，地方当局的社会服务部门往往将职员裁到只剩下几人，他们唯一的作用是谈判并监督外包合同④。政府部门选择了盈利作为主要行动逻辑，而忽略了为公众尤其是弱势群体提供均等的社会服务。后新公共管理要求政府实施共享领导，为此特别添加了增进社会公平的意涵。具体说来：首先，在理论基础上，源自英国的整体政府改革，实质上是对新工党"第三

---

①张立荣、曾维和：《当代西方"整体政府"公共服务模式及其借鉴》，《中国行政管理》2008年第7期。

②解亚红：《"协同政府"：新公共管理改革的新阶段》，《中国行政管理》2004年第5期。

③陈玲：《"合作政府":英国行政改革的新走向》，《东南学术》2002年第5期。

④赫尔穆特·沃尔曼等：《比较英德公共部门改革》，北京大学出版社2004年版，第271页。

条道路"理论的一种"折射"①，因而改革强调在继续利用市场途径提升公共服务效率的同时，对促进社会公平也应倾注一样的热情，要"在公共服务供给中注重以公共服务质量为基础，以公民治理为中心，体现公共服务供给的公平性。它不仅可以满足公民的一般性需要，而且可以满足不同群体的差异性需要，促使公共服务走向均等化"。其次，为确保公平目标的实现，整体政府构想尤其强调在决策行为中采用可以把公开性、平等和包容性最大化的协商手段，例如澳大利亚政府管理咨询委员会曾根据各国"整体政府"实践提炼出最佳实践的"整体政府"模式，特征之一即是在制定政策、设计方案和提供服务时采取协商的新方法，"注重政府整体成果、与用户磋商并作出承诺"。再次，体现多中心治理的民主制行政固然有助于效率的改进，但也极易加重大都市地区中心和城郊之间以及居民中不同种族之间的隔阂及差距，故而整体政府改革更加重视引入新区域主义的视角，鼓励地方政府间通过订立互惠性的协议、成立协会、召开论坛等形式广泛开展合作，从而以松紧适度的大都市治理形式折中或平衡超级地方主义与巨人政府两种发展思路，进而维护和促进大都市地区不同行政辖区间公共服务的连贯性和公平性。

（三）作为一种愿景型领导的共享领导

新公共管理下的治理主要是政府通过经济合同的物质利益刺激，来吸引私营部门和第三部门对公共服务的参与，这往往鼓励了后者采取短期行为，而缺少对治理更深意义上的认同和自觉；政府内部的纵向合作治理也时刻经受着各种代理问题的侵扰；此外，地方层面的府际治理也缺乏动力，分权和自治明显加剧了地方公共服务的"碎片化（Fragmentation）"现象。所有这些均表明，新公共管理下治理充满了失灵的隐患。基于这一情况，后新公共管理实施的共享领导突出了愿景（Vision）对于巩固治理的独特效用。首先，整体政府改革考虑到风险社会业已到来，恐怖主义、生态危机等问题丛生，所以极力主张政府组织与所有社会机构的广泛合作。为此目的，整体政府同意仍应像新公共管理那样继续推进治理，但是更强调在治理中政府与民众对"主体间的意图"的分享②，进而设立体

---

① 曾维和：《"整体政府"——西方政府改革的新趋向》，《学术界》2008年第3期。
② 全钟燮：《公共行政的社会建构：解释与批判》，北京大学出版社2008年版，第2页。

现统一价值观和参与性的共同愿景，激发全社会各种治理主体不是在经济利益诱引下而是在互相信任、尊重和依赖的前提下，做出更为一致、自觉的治理行动，从而有效应对眼前的复杂局面，这样，就使得治理在经济契约之外找到了更为坚实的道德和情感层面的维系力量。其次，愿景又代表着挑战，是需要所有成员尽最大努力去实现的雄伟设想①，正由于此，愿景可以对组织成员产生巨大的激励作用。后新公共管理共同领导的政府角色据此也在政府体系内部尽力创建和分享愿景。例如英国"协同政府"即要求所有政府部门都应围绕一种可以跨越边界的统一的政策目标或共同愿景而展开行动，这一政策目标是"战略性的、整合的，以结果和服务为中心、有事实依据、兼容并包以及有明确的目标规定"②。这一政策目标亦或共同愿景，犹如一贴凝合剂真正可以鼓励政府体系不同层级、不同部门及不同行政区的合作，强化"整体的政府"而非像新公共管理所鼓励的"一盘散沙状政府"，从而为增进和维护政府体系内部的纵向合作治理与府际治理也找到了更为可靠和有意义的方式。

如上所析，当代西方国家政府改革先后经历了新公共管理与后新公共管理两个发展阶段。在第一阶段，改革力主"掌舵"的政府角色，进而改善了政府管理效率和推进了治理变革。遗憾的是，就此也引发了参与价值的隐去、社会公平的缺失及治理易于失灵等诸多问题。第二阶段的后新公共管理整体政府改革从而强调一种不同于掌舵的政府角色——"共享领导"。后者吸取了新公共管理经验教训，认可和支持公众参与公共事务尤其是公共决策、倾力追求均等、公平的公共服务以及鼓励和倡导愿景型的领导方式，从而较好地克服了新公共管理企业家政府掌舵角色存在的各种缺陷。当然，这一结论的得出，仍有待西方后新公共管理改革实践给以进一步验证和说明。

---

① 林志颂、理查德·L.德特：《领导学》，中国人民大学出版社2007年版，第453—454页。

② 解亚红：《"协同政府"：新公共管理改革的新阶段》，《中国行政管理》2004年第5期。

公共行政学定量方法运势论析
——后工业社会的维度[*]

公共行政学演进中定量方法的浮沉

  19世纪中后期的人们已经无法继续容忍以卖官鬻爵、任人唯亲为代名词的"政党分肥制"的存在，文官制度在西方各国遂相继建立，而这仅仅是一个崭新时代的开始。20世纪初，伴随着公众对行政高效率的一片呼声，公共行政的时代终于到来：传统官僚制行政以其良好的理性设计和效率品质在各国大受欢迎并牢固确立了自己的统治地位。

  公共行政学正是始于那个时代。我们似乎很难辩识究竟是公共行政学孕育了公共行政实践，还是反过来后者促进了前者的繁荣，但是有一点是确凿的：二者均带有强烈的科学主义和工具理性印迹。事实上，在科技革命及其巨大影响熏陶下的公共行政学开拓者们普遍反感传统规范研究所秉持的价值理性的介入。这恰如官僚制鼻祖韦伯所放言："价值合理性总是非理性的，而且它越是把行为以之为取向的价值上升为绝对的价值，它就越是非理性的，因为对它来说，越是无条件地仅仅考虑行为的固有价值（纯粹的思想意识、美、绝对的善、绝对的义务），它就越不顾行为的后果。"[1]基于这一认识，公共行政学毫不奇怪以一种无法证明的伪信条——政治—行政二分法出发，顽固坚持实证主义的立场，把科学主义所推崇的工具理性思维方式推向极致，从而在"价值中立"的眩目口号下片面追求公共行政的功能性与内向性：把公共行政视作一种独立于政治之外的、通

---

* 原文发表于《四川大学学报》2008年第2期。

[1] 马克斯·韦伯：《经济与社会》（上卷），商务印书馆1997年版，第57页。

过理性规章对社会进行管理的工具，并且应该省略或摒弃行政生态环境尤其是政治环境的影响从而获得高效率[①]。

以此为观照，公共行政研究很快就开始强调采用实证主义和工具理性所倡导的定量方法。这一方法侧重用数字来描述、阐述及揭示事件、现象和问题，通常从构建一种前提假设出发，通过可对比数据的收集和处理，进而检验假设和预测事物的因果联系。在随后20世纪40—60年代兴盛的行为主义革命中定量方法得以进一步强化。这一时期的很多学者均不假思索地将定量方法作为政治学和公共行政研究获得"科学"结论的根本路径和良方。比如达尔就曾对定量方法赞叹不已："定量资料的一个好处是它们大大方便了因果分析。第二个好处是定量资料可以用来进行比定性资料更有效的分析，特别是借助于计算机之后。"李普塞特也十分热衷于定量方法，其《政治人》一书特点即是"它的数据性，是从大量的统计数字中得出对政治现象的解释和结论，而不是空洞的谈论政治"[②]。阿尔蒙德同样驾轻就熟地使用定量分析方法，并对其做了精湛的评点："在收集资料和评价方面的革命，是最近社会科学中最具有意义的发展之一。这场革命依赖于资料收集和分析的技术发展；抽样的理论和方法，统计分析法，以及用来处理大量资料的机器设备方面的发展。但是这种变化更多地不是依靠拥有这些研究工具；它更依靠于使用资料的新态度。社会科学家不再认为社会和政治生活的事实，可以根据因果观察、内心反省或者通过系统地阅读来了解，或是轻而易举地成为可以理解的东西。成为问题之一的，不仅仅是对事实的解释，而首先是事实本身。或许，最重要的是，人们接受或者拒绝关于社会生活的某些解释的标准，具有某种特殊的意义，最终的标准是收集资料的方法。这种方法应该是相当系统的和相当可靠的。此外，它也应该是经得起检验和可重复的，其他某些研究者能够在查看同样一批资料时，得出大致相同的事实。"[③]

[①] 何颖：《公共行政研究方法及其走向评析》，《中国行政管理》2005年第10期。

[②] 西摩·马丁·李普塞特：《政治人——政治的社会基础》，上海人民出版社1998年版，第3页。

[③] 加布里埃尔·A.阿尔蒙德等：《比较政治学:体系、过程和政策》，上海译文出版社1987年版，第47—48页。

正由于过分拔高工具理性和定量方法，行为主义糟践了自己。即如伊斯顿所见到的那样：行为主义革命还未完成，后行为主义革命即已开始①。后行为主义痛戳了行为主义"价值中立"的妄想；并且特别对行为主义猛烈鼓吹定量方法深为不满，转而认为：即使是高级、严密的研究方法，也决不能"喧宾夺主"，优先于政治的内容，因为"方法只能是工具，决不能以它们本身为目的，我们的目的毕竟不是卖弄自己手中的方程式公式，而是要发展实在的政治理论"②。计算机、模拟法、控制论、系统论、博弈论、统计学、心理学等科学方法和手段应当被用于对实际政治内容，特别是要对公共政策进行研究。基于此，与行为主义定量方法奉行的格言"宁可错误，也不可含糊不清"针锋相对，后行为主义者明确提出："宁可含糊不清，也不可于事无补。"③

在后行为主义感召下，1968年，一批年轻的公共行政学者由沃尔多发起在锡拉丘兹大学举行了第一次密鲁布诺克（Minnow Brook）会议，从而宣告了一个重要学派——新公共行政的诞生。新公共行政对传统公共行政极力吹嘘技术主义和工具理性，反而漠视价值理性表示了极度不快，要求官僚们重视社会公平、代表性、响应、参与及社会责任感，并且支持公民更多地参与公共政策（及公共服务）的发展、管理与评估以确保更高程度的社会公平④。与此相呼应，新公共行政对传统公共行政研究定量方法的泛滥提出了尖锐批评：以定量方法运用为手段的决策制定、理性系统分析、管理科学和运筹学取代了公共行政学应有的价值判断；公共行政学因而蜕变为研究经济效率的学问——如何以最少的费用完成最多的工作，正由于此，才使得公平、正义等价值在公共行政中丧失殆尽。反过来，新公共行政鲜明表达了自己的方法和思维方式主张，并可以概括："本质上讲不

---

①David Easten. The New Revolution in Political Science. American Political Science Review, 1969: 1051–1061.

②贝蒂·H·齐斯克：《政治学方法举偶》，中国社会科学出版社1985年版。

③金太军：《行为主义政治学的"新革命"及其启示》，《内蒙古社会科学》（汉文版)2000年第5期。

④康特妮等：《新公共行政寻求社会公平与民主价值》，《中国行政管理》2001年第2期。

强调技术，而偏重于人本主义。"[1]简言之，新公共行政非常希望可以扭转定量方法铺天盖地的现实，转而强调"进行一种规范性的研究"[2]。

然而，新公共行政对定量方法的反省似乎并未能引起人们太多的关注。也正是从20世纪60年代开始，官僚制机构的低效率越发成为公共行政学关注的焦点，在这一情形下，想要对体现科学精神和工具理性因而同样以效率为诉求的定量方法做出彻底检点几乎是不可能的。官僚制的低效率最初是由公共选择学者基于经济人假设加以批判和证明的：第一，政治家和官僚在公共物品的供给上往往踌躇满志，其报酬通常也并不具与物品提供的效率有关，并且官僚机构和立法部门都具有追求预算最大化的趋势，这些原因导致政府具有超量生产公共物品的倾向；第二，政府在公共物品的供应上，或是具有短期利益的物品过量，或是具有长期效益的物品不足[3]；第三，这样一些原因也使得政府缺乏提供公共物品供给效率的动力：公共物品的生产成本和收益分离，政府官员因而缺乏追求利润的动机；政府垄断公共物品的供给；政府机构具有私人性质的"内在性"目标。

官僚制机构的低效率因此是无法回避的事实，并且最终酿成严重的政府失灵——1970年代经济"滞胀"现象席卷了整个西方世界。被"滞胀"阴霾所笼罩的公众和政治家对官僚制政府的低效率实际上已经厌恶之极，1980年代新公共管理运动从而轰轰烈烈发生了。运动的领导者喊出"政府往往不仅不解决问题，而且本身就是问题"的口号，重塑政府、实现政府的效率革命就此成为运动最直接的诉求。运动的根本主张则是减少政府对经济生活的介入，以及将市场竞争机制引入公共物品供给之中。具体措施包括：公共企业私有化；政府放松对经济的管制并减少公共补贴，以激发自由市场的活力；通过合同出租、公私合作、使用者付费、凭单制度等形式大力推行公共服务市场化；推行绩效管理、全面质量管理、战略管理，建设电子政府和压缩行政层级；等等。

---

①郭剑鸣：《公共管理理论创新:人文主义与技术主义的融合》，《经济体制改革》2002年第2期。

②罗伯特·B.登哈特：《公共组织理论》，中国人民大学出版社2003年版，第119页。

③查尔斯·沃尔夫：《市场或政府:权衡两种不完善的选择/兰德公司的一项研究》，中国发展出版社1994年版，第36页。

正由于新公共管理改革以效率为导向，公共行政学定量方法似乎实现了向传统公共行政的依归并重新捡拾了自信。表现在，新公共管理与传统公共行政一样十分依赖定量研究方法。几乎在一夜之间，政府的一切活动都被认为必须进行数字的测量与估算，这尤其体现在新公共管理学者异常耀眼和新奇的"绩效国家"改革主张中。这一主张从效率逻辑和结果导向出发，强调对政府的一切活动均要进行经济绩效的评估，政府过程由此被简单化为"投入—产出"线性关系的演现。在建立各种绩效评估数字指标后，要求运用这些指标对政府官员的活动进行精确的测算，产出大于投入则政府绩效令人欣慰，反之则需要改进。而实际上人们很清楚地知道，政府活动的投入尽管相对容易计算，产出的衡量却非常困难[①]，即使可以估算出数字形态的经济产出或收益，但究竟产生多少社会收益则是很难计算的，这相当程度上需要依靠民主机制中公众的充分参与，进而通过投票、退出、呼声等形式做出主观判断和表达。

后工业社会公共行政学定量方法的式微

究其本质而言，公共行政学定量方法体现了运用精准的数字化手段减少不确定性（Uncertainty）的要求。不确定性在公共行政领域是指"公共行政主管面临的不可预期和潜在的不稳定性（Unanticipated and Potentially Destabilizing）"[②]，公共行政学定量方法降低不确定性的要求与传统官僚制本性是一致的。因官僚制的初衷即是通过理性化的设计努力降低工业社会的不确定性和复杂性。这种理性设计体现为，等级化的办公体制、条例规章化的办公程序、专业化的工作任务、非人格化的运作、工作过程有记录并存档、工作人员实行薪金制、有运作资源的保证。正是凭借这种理性设计，官僚制在处理不确定上具有相当的优势，具体体现在：规章化的办公程序，尽可能降低了对环境条件和

---

① 迈克尔·麦金尼斯：《多中心体制与地方公共经济》，上海三联书店2000年版，第213页。

② 武玉英：《变革社会中的公共行政——前瞻性行政研究》，北京大学出版社2005年版，第21页。

决策结果预测的主观随意性；一致性的办公准则，增加了各层次、各部门的决策结果的一致性和相互协调；永久性档案的设立，增加了官僚们的知识，使得即使是年轻的官僚也有足够的经验将陌生的问题熟悉化；森严的办公体制与规则本身就是一定范围内的规律总结等①。

因此，官僚制和以官僚制为研究对象的定量方法均有意于并可以有效降低不确定性，前者依靠制度化的理性设计，后者则依靠数学分析方法，实际上二者同样采取了制度的途径：把变量之间以及变量同目标之间的关系用数学模型制度性表达出来，甚至运用电子计算机，把数学模型用计算机语言编成规则性程序模型，然后把程序模型输入计算机运算以获得准确的数据和结论②。遗憾的是，这些只是工业社会的现实。工业社会尽管相比农业社会复杂性和不确定性大大增加，但仍旧在可接受的范围之内。在这一范围内，官僚制和公共行政学定量方法方显示出降低不确定性的不凡本领。

然而，一种全新的社会形态——后工业社会（Post-Industrial Society）已经来临。"有关后工业社会或者后现代社会的这些预言，撇开它们的细节不谈，其共同点就是变迁已经有序地开始进行。这个变迁过程正在把现代化的、发达的和工业化的社会带入一个就像它们早期所面临的创伤和分裂那样的时期，或者就像当今现代化中、发展中和工业化中的社会所面临的创伤和分裂一样，它们都具有同样的不确定性结果。"③后工业社会不确定性结果或复杂性的增强，"至少部分是当代生活中的技术导致的"④，特别是新世纪以来足以表征后工业社会的信息技术与信息经济的发展。凭借互联网络的便利，信息经济甚至进一步推动了全球化进程史无前例地加快。所有这些，使得官僚制以及公共行政学定量方法所面临的不确定性大大增强。具体表现在：

第一，信息爆炸。信息经济时代四通八达的电子网络汇聚了无穷无尽的信息，并且信息以几何级数不断爆炸式繁衍，这既给官僚制机构或公共行政学定量

---

①武玉英：《变革社会中的公共行政——前瞻性行政研究》，北京大学出版社2005年版，第21页。

②魏娜：《公共管理的方法和技术》，中国人民大学出版社2004年版，第187页。

③费勒尔·海迪：《比较公共行政》，中国人民大学出版社2006年版，第150页。

④B·盖伊·彼德斯：《官僚政治》，中国人民大学出版社2006年版，第16页。

研究提供了充足的信息资源，但是也足以让官僚们或研究者苦恼不已：怎样的信息才是最合适的？费时费力企图在浩淼繁杂的信息中查找出最合适的信息，成本可以承受吗？面对各种眼花缭乱的信息，提取多少量才可以供官僚决策之用或让研究者得出"科学"结论？这些问题并不容易解答，从而为官僚制或公共行政学定量研究堆积了太多的不确定性。

第二，社会系统的高度复杂性。借助互联网络的传播，信息犹如沸腾的血液四处串接，使得后工业社会系统的关联度、依存度显著提高，而这势必大大增强社会系统的复杂性。与此同时，在互联网络的推动下，后工业社会关系的虚拟化程度也骤增，虚拟空间与真实空间相互交织而难以辨析，这同样提高了社会的复杂性程度。此外，信息经济时代社会复杂性程度的提高还源于这一因素：社会成员信息或知识占有量多寡不一，甚至形成严重的信息或知识鸿沟，这使得信息经济很可能迅猛拉开社会成员之间的收入差距，助长两极分化和社会冲突[1]。

第三，全球化加剧了危机的传播。信息经济时代全球化进程在网络的连接下空前加快，世界日益变为一个"地球村"，也由此成为一个十分敏感的共振系统。任何一国范围内的政治、经济与社会性危机都可能波及到其他国家。任何一种危机也都可能是国际性危机。像疯牛病起于英国，席卷欧洲，波及世界；美国9·11事件使全球股市应声下跌。同样，任何国际性危机在某种意义上又都可能是本地的危机。因此从某种意义说全球化加剧了各种危机的传播[2]，而这势必增强官僚制行政客体与公共行政学定量研究对象的不确定性及复杂性。

总之，后工业社会由于信息经济的发展和全球化进程的飞跃明显增强了不确定性，官僚制对此捉襟见肘，难以应付，已经很难再充分施展其降低不确定的本领。公共行政学定量方法亦然，面对后工业社会诸多不确定性，希望再以制度化数据模型，将各种不确定性囊括其中转化为确定性进而得出"科学"结论，很多情况下，这只能是一种不切实际的徒劳之举。

---

① 王勇：《知识经济与资本主义平均利润率变动趋势》，《教学与研究》2001年第10期。

② 贾斌昌：《论我国公共危机管理机制的建立与完善》，《临沂师范学院学报》2005年第4期。

　　这一问题已经引起公共行政学界的高度重视和警觉。近年来定性方法较之定量方法开始广为学者所青睐即例证。所谓定性方法，相对于定量方法而言，大都缺乏原始资料作为基础，主要使用一种形而上学的思辨方式[1]，进而对事物本质及其走势做质的判断和解释。根据张梦中等人统计，两家在美国较有影响的杂志——《公共行政学季刊》（Public Administration Quarterly）和《公共行政学研究与理论》（J-Part Journal of Public Administration Research and Theory）近年来所发表的一百多篇论文当中，运用定性方法的论文远远超过用定量方法的论文，运用定性与定量两者组合方法的论文也大大超过了"纯粹"的定量方法所写的论文[2]。置身后工业社会场景，这一情况绝非偶然。进一步则可以相信：后工业社会指向的公共行政学因不确定性丛生的问题情境，定量方法已很难再获昔日辉煌而式微，定性方法则侧重于对社会问题和现象进行广泛深入、全景式探索和挖掘，并且在研究工具的选取和设计上不拘一格，应付不确定性的本领将远远好于定量方法并由此可以大受欢迎，而且定性研究学者一直以来也积极开发特殊的操作技术来提高定性研究的客观性，这相当程度上扭转了往昔定性方法常给人不可靠感的消极印象，目前业已形成的比较有效的操作技术有：延长实地调查中观察的时间；多角化技术；参与者反馈；同行评审；自我反省；模式匹配；等等[3]。

　　公共行政学定量方法式微，定性方法则可以大展身手，这除了源于后工业社会不确定性空前增强的因素之外，更为深刻的原因还在于曾经一度为传统官僚制所弃绝的价值理性在后工业时代重新得到尊重和复苏。前文曾交代，韦伯所创立的官僚制，在进一步与威尔逊的政治—行政二分法以及泰罗的科学管理联姻之后，对工具理性的完善达到了无以复加的地步，相反，价值理性则被极力隐藏、锢蔽，由此造成：官僚制政府缺失公平价值，从而助长官僚无分寸地行使自由裁量权以及制造腐败；官僚制机构背叛民主价值，依靠垄断信息、掩饰真相等把公民置于依附地位和使行政首脑变成软弱的"外行"[4]；官僚制组织忘却服务价值，

---

　　①陈向明：《质的研究方法与社会科学研究》，教育科学出版社2003年版，第22-23页。
　　②张梦中、马克·霍哲：《定性研究方法总论》，《中国行政管理》2001年第11期。
　　③牛美丽：《公共行政学观照下的定性研究方法》，《中山大学学报》2006年第3期。
　　④文森特·奥斯特罗姆：《美国公共行政的思想危机》，上海三联书店1999年版，第40页。

规则约束下的官僚们被绝望地裹在了"烦琐和拖沓的公事程序"之中[①]；官僚制损害参与价值，底层官僚以及公众被阻隔于公共政策制定过程之外，以致扼杀官僚人性并使得公共政策常常偏离公众需求。

令人欣慰的是，后工业社会到来了。对与工业社会相适应、极力炫耀工具理性的官僚制所造成的以上恶果做出清算，正是时候。公共管理几个重要理论分支很大程度上完成了这一伟大任务。实际上，它们的观点、主张尽管殊异，但是在公共行政理应渗透价值理性这一问题上看法相当一致：行政过程实际上不仅不可能自外于政治过程，反而一直都在自觉或不自觉地进行制定公共政策的"政治化"行为从而关涉政治过程以及公共利益的实现[②]，因此公共行政没理由不考虑价值因素和承认价值因素的介入。公共管理几个理论分支重塑公共行政价值具体所作的努力则是：

（1）新公共行政一如既往，主张重建公平价值：公共行政要致力于实现社会公平，尤其要"合理地分配公共物品和服务，要代表那些没有渠道参与公共政策过程的人，要追求公共的利益或更大的善，要尊重个人（公共雇员以及其他公民）的尊严并且不遗余力地维护他们的权利"[③]。

（2）制度分析学派主张重建民主价值：拆卸垄断信息进而垄断权力并由此造成腐败多如牛毛、效率却十分低下的大规模官僚机器，代之以交叠管理、权力分散、体现多中心治理的民主制公共行政，从而实现政府领域的"哥白尼式"革命。

（3）新公共服务力主重建服务价值：汇合公民权理论、社区和公民社会理论、组织人本主义理论，强调公共行政人员并非其机构和项目的企业主人，而应充当公共资源的管家、公共组织的保护者、公民权和民主对话的促进者及社区参与的催化剂来为公民服务[④]。

[①]登哈特夫妇：《新公共服务——服务，而不是掌舵》，中国人民大学出版社2004年版，第138页。
[②]欧文·E.休斯：《公共管理导论》，中国人民大学出版社2001年版，第46页。
[③]乔治·弗雷德里克森：《公共行政的精神》，中国人民大学出版社2003年版，第101页
[④]登哈特夫妇：《新公共服务——服务，而不是掌舵》，中国人民大学出版社2004年版，第148页。

（4）后现代公共行政更是为后工业社会度身定做，其强调重建参与价值：建构一种公共能量场（Public Energy Field），其中"一些人"怀着积极主动、甚至热情参与的精神状态，就公共事务真诚交谈和协商，并且参与者均能为这样的话语交谈做出切合情境的实质性贡献。必备前提则是，政府官员在交谈过程中不能凭借公权力操纵话语变成其单向度独白。

总之，正由于公共管理通过这几派理论分支的努力在彻底批判传统官僚制的基础上重构了公共行政价值理性，与官僚制工具理性和技术体制相契合的公共行政学定量方法实际上再不可能保持从前的显赫地位，在尊重公平、唱响民主、歌颂服务、强调参与的后工业社会，公共行政学定量方法的式微几乎是无法逃脱的命运。

概言之，公共行政学定量方法在传统公共行政年代乃至新公共管理运动中，尽管曾因摒弃价值理性而深为后行为主义乃至新公共行政所诟病，然而基本上保持了与极力张扬工具理性的工业社会以及官僚制相一致的优势地位。但是20世纪初以来后工业社会来临了，在这一因信息经济所致的不确定性充斥的新型社会形态中，以降低不确定性的不俗本领为标榜的公共行政学定量方法再也难显昔日辉煌，其式微几乎是不可避免的结局，而这其中更为重要的原因还在于，官僚制长期漠视价值理性造成的一系列消极后果终于在后工业社会遭到了公共管理的彻底清算，体现工具理性的定量方法由此很难再以一种昂扬的姿态，居高临下地称雄于公共行政研究。

民营企业参与社会治理：
路径、限度与规引[*]

中国共产党十八届三中全会历史性提出"加强和创新社会治理"的要求。就"治理"一词本义而言，强调政府、企业、第三部门在公共服务中协同发挥作用，实现公共利益最大化，循此，推进社会治理也同样需要激励和支持各方面的参与，更好地发挥社会力量而不是政府管控的作用[①]。正是在这一意义上，"在支撑增长、促进创新、扩大就业、增加税收等方面具有重要作用"（见《中共中央关于深化改革若干重大问题的决定》）的民营企业是社会治理必然主体之一，从治理所坚持的"国家—市场—社会"三分法出发，进一步将社会力量区分为与政府部门对应的私人部门以及第三部门，则更须肯定民营企业的社会治理主体地位与参与意义，因与民营企业对应存在的国有企业归属于政府部门，民营企业才真正意义上代表私人部门，"民营企业家才是市场意义上的真正商人，政府与民商的关系，才典型地体现着中国特色的'政商关系'"[②]。

然而一直以来，民营企业对社会治理的参与作用往往并不受待见，社会治理通常被理解为政府部门与社会力量（主要是"三社"——社会组织、社区组织及社工人员）联动从事的事务，是运用法、理、情三种社会控制手段解决社会问题，以达到化解社会矛盾、实现社会公正、激发社会活力、促进社会和谐发展目的的一种协调性社会行动[③]，在此意义上理解，社会治理的主体构成与民营企业

*原文发表于《地方治理研究》2018年第1期。

①李培林：《社会改革与社会治理》，社会科学文献出版社2014年版，第16页。

②俞可平：《中国政商关系的特殊景象》，《北京日报》2015年11月30日。

③陈成文、赵杏梓：《社会治理：一个概念的社会学考评及其意义》，《湖南师范大学社会科学学报》2014年第5期。

无涉，甚或民营企业劳资矛盾较为集中，矛盾双方阶层对峙意味又十分鲜明，轻易就会被视为社会治理须重点防范的对象。梳理现有文献亦可说明：截至2017年8月初，笔者以"企业"兼"社会治理"为关键词在CNKI上搜索所得文献，仅得18篇，其中专门探讨非公企业参与社会治理的仅为1篇，其余文献也多从社会责任的单一视角入手做出阐述。概括而言，对于民营企业参与社会治理，理论研究显现较为严重的不足，究其原因，小部分或归于"社会治理"仍属一个时新的政策话语，但深层的原因，则很可能源于民营企业经常被研究者乃至各级官员简单理解为社会治理的客体而非主体之一。

笔者以为，一方面，从以往政府行政管理本位向多主体协同共治的逻辑转变，是创新社会治理的核心诉求[1]，有鉴于此，就不能不认可，更应注意到，民营企业实践不单单是改革开放以来的新兴经济力量，同样是新兴的社会治理力量，民营企业的社会治理参与作用亟待引起重视、发掘与鼓励。概括来说，转型期社会治理突出关注两方面问题：一是要回应和解决弱势群体问题、生态环境问题等社会转型期间凸显出来的社会问题，维系社会公平与稳定；二是要满足民众合理需求，整合各种社会资源，为民众提供有效的公共服务[2]。当前，民营企业正围绕这两方面问题的解决，显示出空间广阔、形式多样的参与，展现对于社会治理不容小觑的正面意义；另一方面，民营企业究其本质属性，不会（事实上也无须）将促进社会公平当成自身的核心使命，从而社会治理难于进入其根本利益的考量范畴，民营企业参与社会治理有着结构性限度，甚至，在转型期市场法治不健全以及自身资本、资源禀赋有限的情形下，民营企业社会治理参与限度会进一步放大，但这并不构成可以轻视乃至否定民营企业社会治理参与价值的理由，应在企业内外综合施策，尤其要发挥民营企业党组织的引领作用，调节、规范民营企业所为，控制其有可能对于社会治理施加的负面影响，更积极、更大程度上激发民营企业社会治理参与行为，释放对于社会治理的"正能量"。

---

①徐选国、徐永祥：《基层社会治理中的"三社联动"内涵、机制及其实践逻辑——基于深圳市H社区的探索》，《社会科学》2016年第7期。

②向德平、苏海：《"社会治理"的理论内涵和实践路径》，《新疆师范大学学报》2014年第6期。

民营企业社会治理参与路径与作用

相比在资本规模上通常占优、作为公共部门一部分从而须以促进公共利益、协力社会治理为天职的国有企业，体现私有属性、资本规模亦总体较弱的民营企业参与社会治理的作用和意义鲜少被关注和理解，或者干脆被"忽略不计"，然而事实却是，民营企业沿着对外、对内两个向度，显示出衍生性和自给性两种社会治理参与路径。

（一）外部向度：民营企业衍生性社会治理参与

衍生性社会治理参与表征为民营企业承担社会责任、参与或推动社会服务等，从而对于社会治理产生明显的支持和促进作用。重点体现为以下三个方面：

担负各种社会责任，助力社会治理。企业社会责任基本功能指向即为社会治理，因其可以提升社会福利与公众利益，维护社会秩序和促进社会和谐[1]。2013年，全国工商联联合国家工商行政管理总局开展的全国民营企业抽样调查显示，76.76%的家族企业认为"应该参与社会管理，这是企业应尽的社会责任"[2]。民营企业很大程度上也正是从担负社会责任角度，体现出企业外部向度的衍生性社会治理参与，并且做出了重要贡献：一是承担经济性社会责任，提供了丰富多样的就业机会以及公共税收资源。以提供就业来说，我国民营企业的数量已占全国企业数量的70%以上，吸纳了城镇就业的80%和每年新增就业的90%。截至2015年5月底，全国实有私营企业1684.5万户，私营企业雇工人员和私营经济投资者人数分别达到1.14亿人和3000万人，占全国就业人员的比例分别为14.76%和3.88%[3]；当前，私营企业虽面临局部"招工难"问题，但绝大部分能够比较灵活地应对劳动力市场供求结构变化，仍然保持相对稳定的新增用工需求[4]。从税收贡献来说，经

---

[1]李文祥：《企业社会责任的社会治理功能研究》，《社会科学战线》2015年第1期。

[2]《调查显示76.76%家族企业认为应参与社会管理》，http://news.xinhuanet.com/fortune/2013-12/02/c_118371170.htm。

[3]"中国个体私营经济与就业关系研究"课题组：《中国个体私营经济与就业关系研究报告》，《中国工商管理》2015年第11期。

[4]《工商总局：我国个体私营经济就业规模不断扩大》，http://www.gov.cn/xinwen/2016-01/29/content_5037161.htm。

测算，除国有及国有控股之外的广义民营经济占全国税收的比重大约为68.3%[1]，在民营企业扎堆的温州，40多万家民企税收贡献率超90%[2]；二是担当伦理性社会责任越来越认真。市场经济是法治经济，也是伦理经济，不合社会伦理的企业终将被淘汰，加之供给侧改革下，政府管制和社会监督不断加强，民营企业担负各种伦理社会责任愈发自觉。研究发现，国有企业履行了更多的中级社会责任，民营企业则履行了更多的基本社会责任和高级社会责任，对投资者、供应商、环境和弱势与公益群体的关注相对较高[3]，这些方面也正较多归属为伦理社会责任范畴。慈善最集中体现民营企业的伦理性社会责任状况，2016年发布的第十三届中国慈善榜数据显示：民营企业成为国内大额捐款的主力军，内地民营企业2015年捐赠表现依然强劲，共有219家民营企业上榜，占榜单所有企业总数62.75%，其捐款总额达到39.1749亿元，占榜单总捐款额的八成，比上一年度多出两成。民企公益慈善捐赠持续活跃，对公益慈善事业的贡献越来越大[4]。

协同提供公共服务，助益社会治理。新公共管理提倡政府应该"转向一种把政策制定（掌舵）同服务提供（划桨）分开的体制"[5]，公共服务的提供与生产之间有着明显且重要的区别，提供（掌舵）仍应由政府来承担，但生产（划桨）可以民营化方式完成，只要实施得当，可以大大改善绩效[6]。有鉴于此，尽管面临各种争议，民营化目前在我国各类公共服务中仍可谓顺风顺水、发展迅速，经由此，民营企业恰可以对于社会治理有所助益。比如随着老龄化社会到来，养老成为政府社会治理核心命题之一。按照国际上5%的老年人要利用机构养老的经验，

---

① 陈永杰：《民营经济税收贡献究竟有多少》，《中国民商》2016年第2期。

② 《温州：党组织不做"花架子"》，《中国组织人事报》2016年4月22日。

③ 董淑兰、严秀丽：《国有企业与民营企业社会责任评价比较——来自中国500强企业的经验数据》，《财会月刊》2013年12月下。

④ 《民营企业活跃在慈善公益领域》，http://news.xinhuanet.com/gongyi/2016-11/10/c_129357342.htm。

⑤ 戴维·奥斯本等：《改革政府——企业精神如何改革着公营部门》，上海译文出版社1996年版，第11—12页。

⑥ E.S.萨瓦斯：《民营化与公私部门的伙伴关系》，中国人民大学出版社2002年版，第68—177页。

中国至少需要800多万张床位，缺口达540万张，是现有床位数的200%。民营养老机构可以有效填补这些缺口，在各地政策鼓励下，全国民办养老机构发展迅猛，目前已约占养老机构总数的40%，许多省份已经超过50%①。民营养老机构踊跃参与养老公共物品供给，既打开了市场盈利新渠道，弥补了政府失灵，也实质上协助政府担当了社会治理职能。再如一些地方出现的"治安外包""城管外包"等行为，也体现出民营企业与政府并肩提供公共服务、促进社会治理的意涵，虽则存在一些负面倾向，需在合同监管层面进一步做出改进和完善，但其对于增进社会治理成效仍属有意义的尝试。

强化服务共享意识，助推社会治理。步入新世纪以来，服务型政府建设为企业承担责任进而参与社会治理提供了坚实的社会基础，也设定了民营企业参与社会治理的价值目标，此即服务利益相关者和公共利益、加强社会服务意识②，由于身处体制外，现实来讲，政治地位、经济资源与市场空间均属有限，一定意义上，更驱使很多民营企业重视以服务取胜。事实上，民营企业目前也正较多集中于以提供服务价值为增值主渠道的各类服务业，尤其是大量民企涌向"互联网+"创造的各种共享经济新业态，这些新业态的运行与快速发展，不但显著增强了参与其中的民营企业服务与共享意识，而且也整体带动了市场经济下社会公众之间的共享与服务意识，有人形象地描述为"共享主义社会"已经到来，由此，"五星点赞""互利共享"渐至已成为社会各界人士的流行价值偏好，这既与社会治理的主旨相吻合，也为社会治理注入了精神动力。

（二）内部向度：民营企业自给性社会治理参与

民营企业投资人员与就业人员合计近1.5亿人，吸纳如此大规模人群，民营企业内部公平与稳定就不仅仅是企业内部事务，同时也体现公共性与外溢性，关及社会公平与安定，质言之，民营企业经营状况的好坏，特别是企业内部劳资关系的改善，有着显著的社会治理意蕴。不但如此，由于民营企业就业人员均为体制外人员，一线员工乃至部分管理人员以农民工居多，民营企业为解决这部分人群的社会保障与福利担负了十分重要的责任，有学者以"类单位化"一词来概括民

---

① 王勇：《全国民办养老机构约占养老机构总数的40%》，《公益时报》2017年4月4日。
② 朱晓红：《社会治理视角下的企业社会责任》，《WTO经济导刊》2007年第12期。

营企业相关所为，其使得企业员工可以通过生存于企业而生存于企业所在的城市（或地区）①；另外，随着《劳动合同法》的实施，民营企业为保障员工劳动关系稳定性和长期性亦担负了法律责任。所有这些均可以说明，民营企业内部经营管理行为，尤其是为了稳定员工队伍、维持企业生产秩序而（合法）做出的相关努力，一定程度上体现社会治理性质，或构成全社会范围内社会治理的一个有机组成部分，客观上可以帮助政府分担针对其内部人群特别是处于弱势的农民工的社会治理职责，为缩减城乡、地区和阶层差别，维护社会公平和稳定做出重要贡献，也正是在这一意义上，不妨概括和理解为民营企业自给性社会治理参与，而其深刻意义还在于，如其相关努力不足，易于触发或加剧劳资矛盾，并且极有可能向企业外部蔓延，引发大规模群体性事件，对于社会稳定造成严重影响。

值得关注和肯定的是，近年来，民营企业除了通过提供劳务报酬、代缴社会保险与公积金等满足民营企业员工物质需求外，与企业文化建设相结合，越发重视员工精神、文化需求的满足，重视员工心理与生理问题的排解。例如为员工创造培训发展机会，开展各类体育、联欢、旅游活动，开展心理咨询，开设文化讲堂等，既有助于提高员工技术素质和士气，帮助员工了解企业发展定位，也充实了员工内心世界和业余生活，增进心理与生理健康，实现了员工后物质层次需求的满足，从而提升了民营企业自给性社会治理参与的境界与效果。

一些民营企业更显人文关怀，切实解决企业员工实际难题，对其子女和家人设法给予关爱，温暖了员工人心，改善了劳资关系，对于企业自给性社会治理参与增益良多。例如温州Y民企一位来自外省的农民工父亲罹患肝癌，这让一家人非常难过。公司董事长闻讯后，亲自将员工父亲送到医院就诊，并且自掏腰包1万元，用于看病和购买营养品②；民企老板D某抵押了自己价值100多万元的豪车去贷款，换来手术费，践行为一名企业外来务工人员孩子看病的诺言③。K民企每年夏

---

①游正林：《私营企业"类单位化"：党和政府软性调控劳资关系的一种综合性后果》，《学海》2015年第1期。

②林长凯：《员工父亲病重 好心老板出钱出力帮医治》，http://www.wzrb.com.cn/article405785show.html。

③章瑚、江维海：《温州老板抵押百万豪车 践行帮助女童治病诺言》，http://news.66wz.com/system/2014/07/28/104169263.shtml。

季均策划举办"精彩一夏"暑期夏令营暨"候鸟助飞"公益课堂活动，来自全国各地的公司200多位外来务工人员子女参与其中，不但获得了与父母相聚的机会，而且收获了同伴友谊，增强了生活自理能力，这些活动赢得员工的赞赏与感激①。事实上，诸如此类举动或现象，目前在温州民企中并不少见。

增进民营企业自给性社会治理参与，企业党组织可以发挥枢纽与引领作用。目前，仍有一些民营企业忧虑企业党组织设立和运转会增加成本、束缚经营，因此对于在本企业开展党建活动热情不高、主动性不强，但在温州、泉州、厦门等民营经济发达地区，民营企业对于企业党建总体持积极态度。2010年，温州曾出现25家中小民营企业由市委组织部牵头，以10-20万年薪向全国公开招选企业党组织书记②。民营企业之所以重视引入"红色CEO"加强企业党组织建设，原因是确实从企业党建中尝到了甜头。企业党组织通过引领企业文化建设，激励员工爱岗敬业，为企业争做贡献，比如晋江某民营企业党委打造"党员标杆生产线"，通过党员定岗定责等10项新型管理方式，实现设备生产效率提升37.11%，每年为企业节约成本3000多万元；另一民营企业党委设立"党员车间""党员仓库"，实现交货达成率上升至100%、过程不良率降为0、客户投诉率降为0③。由此，实现了党建与企业利益的双赢。更主要的是，企业党组织成为服务型政府和经济政策红利惠及民营企业的组织渠道。例如温州建立了非公企业书记直通制度，发挥书记的政策直通、服务直通、问题直通功能，凡是上级党组织和有关部门出台的政策、开展的服务都由党组织书记负责传达和组织，发挥党组织书记作为党委政府和社会组织的桥梁作用。书记直通制度实行短短一年，党组织书记争取上级部门开展的服务项目210个，牵头化解难题1890个，组织开展政策宣传活动7230多场次④。由于党组织这些作用的发挥，党建工作受到民营企业主的欢迎和支持，

①《"精彩一夏"2016康奈集团暑期夏令营圆满收官》，http://www.kangnai.com/buildlist2.aspx?id=256.

②解亮：《温州公开招选25名民企党组织书记》，《今日早报》2010年5月19日。

③《晋江创设四个党建品牌助推企业创先争优》，《中共福建省委党校学报》2012年第3期。

④《温州市建立"五化"机制大力加强两新组织》，http://gx.people.com.cn/n2/2016/0308/c365165-27887197.html.

企业工会、共青团、妇联、关工委等机构也随之健全或能正常开展工作，从而形成党建合力，企业自给性社会治理参与相关活动由此可以顺利开展，呈现出健康、活跃的局面。温州民企当前即显示如此，民企党组织不做"花架子"，当好"红色引擎"，换来企业主对于企业党建的高度支持与配合，从而企业党群组织协同配合，以党建为载体，帮助和推动企业开展针对员工的各种暖心之举，例如K民企设立"情感交流站"，推行8年多以来，为员工解决了1500多个问题，发挥了实实在在的作用；J民企推出"如家J"党建品牌，创造一切条件，在吃、住、行、乐等方面采取各项措施，使员工感受到在J企业就如同在家里一样温馨；H民企设立"红色调解员"队伍，成功地解决了多起员工之间的摩擦，成为了职工间的"和事老""老娘舅"。诸如此类做法，提高了员工队伍的稳定性，构建了温州民企整体上较为和谐的劳动关系[①]。进而有力支撑和促进了全社会范围内的和谐与安定。

民营企业社会治理参与限度及规引

基于上述对外对内社会治理参与表现，民营企业社会治理参与价值应予肯定，但其限度也是尽显的，概括来说，一是由于民营企业的私有和盈利性质，至少在理论层面上，民营企业没有参与社会治理的当然义务，无论是衍生性社会治理参与，亦或自给性社会治理参与，最主要动机仍在于确立企业良好社会形象以及维系企业基本生产秩序，从而服务于企业利润追求，这构成了民营企业参与社会治理的基本限制条件，只有企业盈利追求与社会治理公益追求存在一致性时，民营企业才可能参与社会治理，或者拿出更好的表现。不但如此，从私益追求与逐利本性出发，民营企业也完全有可能做出各种逆社会治理行为，转而成为社会公平和市场秩序的"麻烦制造者"，转型社会市场法治环境相对不成熟，政商交易行为一时难于遏制，也为此提供了条件；二是民营企业大多规模较小、布点分散，一方面其社会治理参与作用易于为官方忽视，从而激励、劝引的政策供给不足，另一方面，对其各

---

① 王金雪：《当好红色引擎 不做"花架子"——非公有制企业党组织发挥实质作用的温州实践》，http://dangjian.people.com.cn/fg/n1/2016/0215/c240027-28124885.html。

种有违、有害于社会治理的行为也较难做出有效监管。

由于这些原因，民营企业社会治理参与就必然存在着难以逾越的限度，与上文分析维度一致，突出表现为规避社会责任以及制造劳资矛盾两个方面。一方面，民营企业对于经济性、伦理性社会责任的担当总体仍显欠缺，妨碍了企业衍生性社会治理参与。一项针对浙江73家民营制造业上市公司的研究发现，从因子得分来看，民营上市公司的社会责任履行总体水平仍属不高，社会责任各因子履行亦处于不平衡状态①。有研究揭示，山西省民营企业社会责任履行同样显示出这一情况②；一项对安徽省民营企业的问卷调查亦发现，民营企业履行社会责任存在失衡和无序等问题③。民营企业社会责任不足突出表现为极为普遍、难于防范的偷逃税行为、制假行为、环境污染行为。虽然并无充足证据表明，国有企业在依法缴税、产品质量等方面就一定好于私营企业，但确有不少民营企业"依靠偷税漏税骗税，或是依靠假冒伪劣，或是通过骗取国家财政资金等手段来支撑企业的发展"④，A股民营上市公司甚至战略性地通过承担某些社会责任，掩饰企业税收规避行为⑤。环境污染方面，尽管有研究认为，国企守法不划算、违法成本低，环保部门对国企违法行为的执法成本又较高，从而国企相比民企造成的污染更多，并且更少受罚⑥，但国企往往规模较大，而民企则多为中小以下规模，难于相互集中以规模经济方式处理污染物，对其环境监测也存在诸多难题，从而环境污染的外部性后果亦是十分严重的，并且治理难度更大。凡此种种，均说明民营企业履行社会责任，存在着不一而足、或轻或重的问题。另一方面，民营企业

①马新燕：《民营企业社会责任评价——基于浙江省民营上市公司数据》，《企业经济》2013年第4期。

②张丽、白永霞：《山西省民营企业社会责任评价及对策研究》，《生产力研究》2017年第6期。

③谷亚晴、汪永福：《民营企业社会责任的实证研究——基于安徽省的经验数据》，《华东经济管理》2017年第6期。

④华明：《切莫把国有企业与民营企业对立起来》，《红旗文稿》2016年第6期。

⑤唐伟、李晓琼：《抑制还是促进——民营企业的社会责任表现与税收规避关系研究》，《科学决策》2015年第10期。

⑥张友浪：《国企比民企更多污染、更少受罚，为什么？》，《财新周刊》2016年第1期。

内部劳资纠纷十分普遍，并且易于激化为群发事件，从而影响和削弱了企业自给性社会治理参与。江苏省2014年7月开通全国首创的劳动人事争议调解服务平台一年后统计，涉案单位以民营企业为主，发生在民营企业的案件为3192件，占总量的78.43%[1]。根据中国社会科学院法学院研究所发布的《2014年中国法治发展报告》，2000年至2013年间，我国总共发生了871件群体性事件，其中有267件由劳资纠纷引起，占群体性事件的30.65%，劳资纠纷成为诱发群体性事件的主要原因[2]。2017年5月，北京义联劳动法援助与研究中心发布近十年群体性案件处理分析研究报告则显示，劳动纠纷群体性案件多发于民营企业，占总数的74.11%，从群体性劳动争议案件的诱因来看，主要分为两类，一类是企业用工不规范导致纠纷，如不支付加班费、不缴纳社保等；另一类则是企业停产停业引发的如拖欠工资等纠纷[3]。

民营企业林林总总的逆社会治理现象和行为，归根结底，表明民营企业社会治理参与存在限度，这在理论上不应讳言，实践上亦须高度重视。税收、环保、劳动等涉企法律制度的完善，以及一线执法工作的严明至为关键。事实上，一些地方拙劣的执法工作乃至执法者徇私舞弊行为，例如"养鱼执法""钓鱼执法""选择执法"等，纵容了民营企业上述有违社会治理现象的发生，除此之外，还应辩证分析民营企业出现各种逆社会治理行为的客观原因。比如以偷逃税来说，"不偷税基本没钱赚"的说法在民营企业中非常流行，以至成为隐默共识，企业生产成本不断走高，税费负担却又高居不下，为维持基本的生产经营，设法通过贿赂官员、做假账、利用虚假凭证、虚假发票等途径来避税、逃税就成为不少民营企业一致的理性选择；民营企业贷款难、吸引人才难、技术攻关难、集中排污难等问题又造成了民营企业产业升级缓慢，污染处理成本高昂等问题，导致企业对于周边环境久治难愈的外部性；《劳动合同法》被很多人认为偏向劳

---

① 《江苏：民企成劳动争议重灾区 近半数案件涉劳动报酬》，http://www.chinanews.com/sh/2015/08-25/7488391.shtml。

② 《社科院统计14年间群体性事件：广东居首 劳资纠纷是主因》，http://www.guancha.cn/society/2014_02_25_208680.shtml。

③ 《劳动纠纷群体案件多发民企》，http://www.sohu.com/a/143310854_163278。

方，对于资方保护不足，限制了用工灵活性，拖累了劳动生产率，提高了企业劳动成本，某种程度上刺激了民营企业劳资纠纷的增多。

因此，回到所要探讨的话题，民营企业参与社会治理确有其限度，但夸大无益，并且不够中允，毋宁思考如何"扬善抑恶"，最大程度地规引、激发民营企业社会社会治理参与。而这首先寄希望于研究者以及管理部门观念范式的转变，尤其要摈弃民企恶、国企善的偏激假定，不应单方面将其视作社会治理须严阵以待的工作对象，而应当成社会治理体系中的重要伙伴，注意到民营企业在对外衍生性社会治理参与以及对内自给性社会治理参与两方面所做出的诸多努力，由此认可其作为社会治理"合作生产者"的地位。

从推动民营企业衍生性社会治理参与来说，首先，系统性落实民营企业市场平权地位，为其更大程度上承担各种社会责任提供可能和保障。这不但是我国"公有制为主体、多种所有制经济共同发展"的基本经济制度所要求，也因为经济生活历来显示，技术创新主力和最活跃的部分当属民营企业。为此，应对于十八届三中全会提出的"两个毫不动摇"有坚定认识，国企着重在于弥补市场失灵，竞争性领域应全面、彻底向民营企业开放；注重对民营企业市场地位的司法保障，进一步拓展民营企业降成本的政策空间。其次，进一步激励和推动民营企业担当社会责任。尤其要注重以利为导，建立与企业切身利益相关的机制，以提高企业自身对履行社会责任的认同度[1]，比如赋予社会责任履行程度高的民营企业以政治地位，通过合法的政治关联激励民营企业将社会责任的履行纳入企业发展战略，从政府及社会的外在压力转变为企业内生性的需求，实现企业和社会的双赢[2]。主管部门也应健全民企社会责任评估体系，强化社会责任信息披露制度，促进民营企业主动发布社会责任报告，从而形成企业履行社会责任的内外约束机制。可以温州为例，温州市经信委2009年底即已牵头编制《温州市民营企业履行社会责任评估体系》，这是全国首个专门针对民营企业设立的社会责任评估

---

①徐玲、冯巧根：《民营企业社会责任履行的"规则—行为走廊"与政策选择机理》，《华东经济管理》2014年第8期。
②李姝、谢晓嫣：《民营企业的社会责任、政治关联与债务融资——来自中国资本市场的经验证据》，《南开管理评论》2014年第6期。

体系，由"经营责任、权益责任、环境责任、诚信责任、和谐责任"等5大类100项标准组成，欧盟社会责任（BSCI）亦融合其中，十分详细，被誉为"温州样本"，经国际专家随机抽查，该评估体系目前在首批试点企业已取得明显成效。2015年，在市经信委指导下，全市有46家民营企业出具社会责任报告，并有35份优秀企业社会责任报告上报至省经信委①。再次，进一步推进政府自我革命，是凡民营企业可以做好甚至做得更好的社会性公共服务，均可以让出领地，由民营企业承担，政府在外部政策扶持和提高监管能力上做好文章，这既是构建规范、成熟的市场经济体系所需，也是民企总体上相较于公共部门的效率优势使然。尼斯坎南通过具体实例论证发现，官僚的产出要增长1倍，要得到的预算远远大于1倍。当提供可以直接度量的产出时，官僚机构要比私人部门花费更高的成本。"取消一项由私人部门进行的活动将使这一活动的单位成本翻番。"②最后，"互联网+"催生的新业态不可阻挡，并且提倡社会共享服务价值，有利于将市场式的人际交易关系转变为共享关系、服务关系，从而有益于社会治理，鉴于此，各地针对新业态的政策要统一，不应在一些方面围追堵截，让新业态去迎合旧规则显然是一种懒政思维，对于新业态，更可取的态度是"边走边看"，鼓励、规范但并不限制其发展。

再从推进民营企业自给性社会治理参与来说，"一个国家的社会治理状况，取决于政府对社会生活的管理能力，更取决于公民的自我管理水平"③。民营企业自给性社会治理参与，本质上也正体现出公民组织化自我管理，应进一步倡导，通过绿色公共采购、绿色信贷等政策工具予以支持，对于民营企业自给性社会治理参与状况委托第三方评估、定级，给予相应的奖励，或在企业用地、税收等方面给予优惠。提升民营企业自给性社会治理参与水平，关键在于发挥民营企业党组织的领导、整合作用，民营企业党组织工作模式必须区别于公共部门党组织，应将着力点放在推动企业发展、培育企业文化、关心关爱职工、履行社会责

①张佳玮：《民企社会责任的"温州成效"：受国际专家充分肯定》，http://zjnews.zjol.com.cn/zjnews/wznews/201612/t20161207_2162121.shtml。

②李增刚：《发达国家政府规模变化的政治经济学分析》，《当代财经》2007年第5期。

③俞可平：《社会自治与社会治理现代化》，《社会政策研究》2016年第1期。

任上，避免党组织行政化、官僚化，致力于搭建两个桥梁来推动企业对内社会治理，一是企业与党和政府的桥梁，为服务企业以及引导企业健康发展、实现"亲""情"政商关系与促进经济稳定做出具体努力。二是企业与员工的桥梁，基于客观、公正立场，推进公司治理，完善对话平台，达到企业主与员工经常化、制度化沟通，实现相互间协商议事、移情思考与利益共容，一项对珠三角民营企业的研究发现，对劳资关系不和谐影响最大的因素就是"协商沟通不良"①，可见促进劳资沟通何其重要，民营企业党组织尤须在这方面做出努力，应通过组织工作，有效聚合企业"老三会"与群团力量，探索运用现代管理学、组织学、心理学等方法，积极尝试移动自媒体途径实现与员工、企业主及其"新三会"管理层的经常性互动交流，争做员工的贴心人、企业主的知心人；精心策划各项文化娱乐和社会活动，构造劳资双方团结、和谐的企业文化。与此相联系，建立健全组织部门、企业主、员工三方参与的企业党建考核机制，根据中央对非公企业党组织的动能定位——"在企业职工群众中发挥政治核心作用，在企业中发挥政治引领作用"科学设计指标，综合评价党组织各项工作表现。除开这些努力，还应考虑到民营企业党组织以及其他群团组织专业力量的不足，应通过企业党组织牵线搭桥，引入企业社会工作，一是帮助劳动者克服他们具体工作和日常生活层面的困扰，从微观层面解决劳动者工作适应性和职业生涯发展问题，二是从法律和政策层面给予劳动者支持②，同时也作出引导和教育，确立规则与理性意识，共创和谐劳资关系。

　　将为数众多的民营企业纳入社会治理体系，有助于实现社会治理力量和效益的最大化，实践来看，民营企业无论对内对外都确已显示其独有的社会治理参与价值，尽管存在一定的限度，但并不妨碍公共部门寻求社会治理公益目标与民营企业私益目标的最大公约数，以民营企业党组织为核心和纽带，经由相关政策供

---

①王国颖：《民营企业劳动关系不和谐程度评价指标体系研究——以珠江三角洲为例》，《暨南学报》2013年第1期。
②钱宁：《劳动关系治理与工业社会秩序的建构——社会治理创新背景下的企业社会工作》，《社会工作》2014年第1期。

给与导引，从而最大程度激发民营企业内外向度的社会治理参与，实现政府、社会以及民营企业的多方共赢，臻于社会治理利益最大化。仅需注意的是，基于社会分工以及民营企业本质属性，民营企业衍生性社会治理参与或许只能是附加性质的，不应在这方面对于民营企业寄予太多不切实际的诉求，做到守法经营，即是民营企业最重要的底线，转而更应高度重视的是民营企业自给性社会治理参与。作为上亿农民工的主要工作组织和生活场域，民营企业自给性社会治理参与无论对于企业自身的安定团结与发展，还是对于社会公平和稳定，均可谓意义卓著，在社会治理的顶层设计与整体部署中，应给予更多的政策研究与关照。

国家视角下维稳成本与收益分析*

当前，处于社会转型进程中的中国社会正遭遇着各种结构性风险，诸如城乡社会的"失衡"或"断裂"、贫富分化加剧、社会阶层之间张力加大等等，由此导致各种群体性突发事件明显增多，特别是一些无组织化群体性事件中出现社会公众与地方政府直接对抗的现象。在此情形下，维稳成为政府部门自上而下严阵以待、层层布防的重要工作事项之一。笔者一方面试图基于国家视角，对于维稳做出通盘考量；另一方面，将维稳视作一个政策命题，希图从"成本—收益"的向度做出分析。但采用这一分析工具时，并非仅仅遵循经济理性，此即用货币来衡量；正如邓恩强调，成本—收益分析方法"试图衡量一个公共项目可能对社会产生的所有成本和收益，包括许多很难用货币成本和收益来计量的无形部分"[1]。源此，对于维稳成本与收益做出广义分析，例如成本可以包括经济成本、制度成本、社会成本等在内，收益也同样涵括这些方面的收益。

维稳成本的广义考量

作为一项政策活动，维稳需要耗费各种人、财、物等经济性投入，并可能导致许多非经济后果，这些均须打入维稳成本之内，做出综合考量。相比收益，维稳所造成的成本非常惊人，应予以高度关注。

（一）经济成本

---

*原文发表于《求实》2012年第2期。

[1]威廉·N.邓恩：《公共政策分析导论》，中国人民大学出版社2002年版，第318页。

　　此即维稳直接需要耗费的经济资源。目前尚未有来自官方的全国维稳经济成本权威性统计。清华大学社会发展研究课题组早前曾发布过一组数字：2009年中国"维稳"开支高达5140亿元，这仅仅是计算了内保费，并未包括各种地方政府的"维稳"行为，而当年的军费开支是5321亿元[1]。《财经》杂志刊登的《公共安全账单》一文中则披露了2011年全国维稳开支的预算情况：2011年中国公共安全支出预算数为6244.21亿元，略高于国防支出预算的6011.56亿元。有媒体发现，这是中国的公共安全预算首次超过国防预算[2]。

　　从地方层面来看，可以观察的是，维稳开支早已成为政府部门一项十分高昂的常规支出。例如广州市2007年社会维稳支出44亿元，比社会保障就业资金35.2亿元还要多出许多，为此招致广州市人大代表的强烈质疑；重庆市2009年维稳的财政预算为52.7亿元；辽宁2009年公安支出223.2亿元，以该省4300万人计算，人均要负担维稳费用达500多元；广东惠州2009年仅租用监视器材就花了至少3664万元；湖南省津市为保障庞大的维稳经费支出只得要求所有行政事业单位压缩20%的开支，甚至从每名统发人员的工资中逐月扣钱；2010年1月12日，贵州安顺坡贡镇发生一桩普通刑事案件，当地政府为了维稳花费了相当于3年财政收入的费用[3]。

　　转型期社会矛盾和不安定因素丛生，现行维稳形成典型的"劳动密集型"工作模式，各级政府纷纷成立"维稳办""综合治理办""应急办公室"人民调解委员会等临时或正式机构，安排了大量财政供养人员，这使得维稳开支中，人头支出部分十分惊人。例如拥有170万人口的山西太原市，有人民调解委员会2622个，调解员18442人；广西贵港全市有5个群众工作部，74个群众工作中心，1148个群众工作站，每年光人头就要吃掉626万元的财政经费；杭州市为6个城区的每个社区配备了共812名专职综治维稳专管员，工资福利由市财政全额保障。社区综治工作室工作经费，每人每年5000元[4]。而且，不仅这些常规性的人头开支，一旦

　　①朱文强：《江西宜黄拆迁自焚事件始末》，《小康》2010年第10期。

　　②童大焕：《维稳成本为何这么高？》，http://www.chinaelections.org/newsinfo. asp?newsid=206847。

　　③熊传东：《"天价维稳"的无底洞有多深？》，http://www.chinareform.net/2010/0611/17888. html。

　　④《杭州综治维稳专员遍布社区》，《杭州》2011年第1期。

进入"敏感时期"或者遇到"敏感事件",各级政府出于维稳需要更是会动员全社会力量齐上阵,力保一方平安,河北省2009年国庆就有多达78万人奋战在安保第一线;2011年北京"两会"期间,北京投入安保力量达到70万人[①],为此牵涉的人头开支,可想而知!

(二)制度成本

制度成本是指维稳可能引发的制度层面的病症或缺陷,笼统意义上同样应计入维稳成本来考虑,由于制度是推动社会发展的决定性力量,制度成本因此更应引起决策层注意。制度成本突出表现于三个方面:

静态维稳损坏良性社会适应与整合机制。维稳工作一旦出现细微差错,就有可能被"一票否决",地方政府从而极易出现对于稳定的过敏性反应,消除一切冲突和矛盾成为至上追求。一旦如此,维稳工作就将在体制层面,对于社会发展产生巨大危害。因社会冲突和不稳定并非一定就是要严加防控和倾力消弭的,正如冲突理论所揭示,冲突一定条件下具有保证社会连续性、减少对立两极产生的可能性、防止社会系统僵化、增强社会组织的适应性和促进社会的整合等方面的正功能。当前维稳工作一味打击和压制社会冲突,体现出学者所谓的静态稳定观[②],在发挥积极作用的同时,也使得社会冲突所具有的这些良性功能与机制严重受损。

动员式维稳破坏行政法治。动员是执政党及各级政府最为得心应手的一种政策实施手段。维稳同样采取了动员的方式,自上而下层层做出部署;要求各级政府将维稳作为第一责任,实行"领导包案"、"首长挂帅"、属地管理与指标考核;在具体的工作手段上,则采用运动和突击的方式,各部门乃至社会团体齐参与,以保辖区一时安稳。动员方式的优越性在于其高效性及短期效果,但根本上却体现为一种人治的行政模式,不仅会造成不同程度的失控现象和维稳结果偏离本来的意图;还会冲击政府部门正常的工作程序以及其他工作事务的开展,由于各级官员无法始终予以饱满的情绪支持,效力也难以持久。

---

①熊传东:《"天价维稳"的无底洞有多深?》,http://www.chinareform.net/2010/0611/17888.html。

②俞可平:《动态稳定与和谐社会》,《中国特色社会主义研究》2006年第3期。

压力型维稳阻断公共信息沟通机制。"信息的沟通与流动是一个组织得以存续的关键因素。"①公共信息沟通对于政府组织同样具有这样的显著意义。有效的上传下达，以及政府与公众的通畅交流很有益于改善政府组织的内外运作环境。在维稳过程中，慑于上级考核压力，地方政府会有意识地对上级和公众隐瞒辖区内可能造成不稳定印象的各种信息，阻塞公共信息沟通的正常进行。例如2011年4月底发生于鸡西市的一场矿难即被当地政府作隐瞒处理，有记者闻讯去采访时，当地官员不止一次提醒记者："今年是地方政府换届年，出了事故不好办，请你关照一下。"②这样的现象在地方层面可谓比比皆是，为了应付上级考核和避免问责，各地政府还通过其他各种手段，例如跟踪、截访、控防等方式严格提防各种不安定的信息外泄。

（三）社会成本

社会成本指向维稳所引发的各种社会责任后果，尽管无法用货币做出准确度量，但有可能比货币成本更为巨大和深刻。

维稳导致更多"沉没的声音"。源于不自信，亦或确实存在非法行政或明显不作为现象，不少地方政府往往以维稳为名，设法堵塞公众言路，打击异己，使得公众一些正当的利益诉求和批评意见无法正常表达，形成人民日报近期社论所谓的"沉没的声音"。"太多声音沉没，难免会淤塞社会心态，导致矛盾激化"③，最终会使得政府部门付出更大的执政成本，引发更严重的社会风险和不稳定。

维稳易造成私域的窒息。"发展是第一要务，维稳是第一责任"，维稳成为地方政府工作的重中之重，在此情形下地方政府亦拥有了更为宽泛的社会管理权力，很多地方官员据此继续全能政府的治理原则，屡屡越过公私界限，形成对于私域及公民自由的挤压与践踏，这不仅激化了官民矛盾，根本上来说，亦阻滞了

---

①格拉伯：《沟通的力量:公共组织信息管理》，复旦大学出版社2007年版，第6页。

②《黑龙江瞒报矿难官员请记者关照：换届年出事不好办》，http://news.ifeng.com/mainland/detail_2011_05/01/6107797_0.shtml。

③《在众声喧哗中倾听"沉没的声音"》，http://news.ifeng.com/mainland/detail_2011_05/26/6633787_0.shtml。

宪政及公民社会的成长与发育。最近经常见诸报刊的"被精神病"现象即为典型例证，有媒体惊呼，"类似的事件接连发生，照此下去，每个人都随时有'被精神病'的危险"①。

特殊化处理的维稳方式助长社会不公。地方政府对于维稳更多采取权宜之计，以一时间的表面稳定为追求，因而在实际操作中，往往采取特殊化处理方式，与维稳对象展开以息事宁人为目的的一对一博弈，即所谓"吓死胆小的，怕死胆大的"，进一步就使得"民众被提供了一种误导性的预期：如果你想让你的问题得到解决，就得制造点'威胁稳定的事端'；如果你连'稳定'都不会威胁，你的问题就别想得到解决"。从而就造成俗称的"大闹大解决，小闹小解决，不闹不解决"现象。这一现象不仅加大了政府维稳经济成本，而且内蕴着不公平：维权过程中，采取守法途径的人，往往无法获得问题的较好解决，而采用法律外方式的人却可以求得问题的满意解决。

暴力维稳，削弱了政府公信力。2010年6月23日上午，湖北省委大院门口，武昌公安分局6名"信访专班"便衣警察围殴了一名厅级干部的妻子。事后，武汉公安某负责人道歉时说"打人纯属误会"，此即引起广泛关注的"打错门"事件。该事件典型体现为暴力维稳，而这在各地屡见不鲜。为完成维稳的要求，对于群体性事件，习惯指使公安武警一起上阵，力图迅速扑灭；对于上访户，采取暴力威胁，采用敌对思维。例如网曝山东菏泽卫生局副局长冯峰威胁上访者，扬言"我灭了你"②；一些地方政府与北京安元鼎保安公司签订合同收佣金，在京设立多处"黑监狱"，拦截关押上访人员；长沙市开福区房管局原副局长曾新亮的两本工作日记中可以看出，当地官员把越级上访的拆迁户定位于"敌对势力"③。暴力维稳不仅招致维稳对象的强烈反感，甚至使维稳对象选择自焚做出抗争，导致"越维越不稳"，更深深地伤害了政府的公信力与合法性。

①《中国的精神病院为何"越来越火"》，http://news.qq.com/a/20110302/000737.htm。

②《山东菏泽一副局长威胁上访公务人员：我灭了你》，http://news.qq.com/a/20110614/001174.htm。

③《不要让维稳变成借口》，《中国新闻周刊》2010年第7期。

维稳收益的理论分析

维稳是新时期执政党基于执政环境的变化，在国家层面全方位做出部署的一项重要工作。除其造成各种成本之外，从国家的角度来说，收益也是应予肯定的。并且如同维稳成本一样，维稳收益也可以在理论上归结为经济收益、制度收益及社会收益等几个方面：

（一）经济收益

对于维稳希望做出经济收益的精确衡量，无论在理论上还是实践层面均非易事。正如萨瓦斯形象地说道："可以计算一个消防队的消防员人数，但却没有一个可靠的方法来衡量他们究竟提供了多大量的消防保护。"[①]这道破了公共部门与私营部门的明显区别所在：私营部门对于某种产品的投入、产出可以相对容易地使用市场价格做出核算；公共部门提供的各种项目则并不一样，尽管其投入状况也可以通过对于人财物资源的开支状况清晰地显示出来，然而产出却是难以用数字来做出准确测算的，这是因为与许多政府项目相联系的市场价格根本不存在，这些项目很少是在市场上进行交易的，所以例如维稳，首先，社会对于这样的政府项目市场需求量究竟是多少？这通常很难确定，因而要么出现供应不足的问题，要么又显示出过量供应的情况，即如一些学者所言的当下不少官员形成一种"不稳定幻象"[②]，进而对于维稳明显过度反应；其次，维稳的产出无法获得清晰的市场价格，进而可以做出统计。

退而居其次，至少可以做出努力的是，在学理层面对于维稳的经济收益做出一种抽象分析：稳定与发展历来是改革开放以来决策层重点强调的一对关系，形成的惯性逻辑即是"发展是硬道理"，但"稳定是硬任务"，两者构成一对基本矛盾。进入新世纪以来，由于拆迁、征地及社会治安等方面出现大量不稳定的因素，各种群体性事件且愈演愈烈，这严重影响了经济发展。不仅如此，这些不稳定因素多由社会公平缺失所致，而过于重视社会公平固然会累及经济发展，过于不公平同样会伤及经济效率，一是因为相当多的民众由于收入不公会减弱劳动的

---

①萨瓦斯：《民营化与公私部门的伙伴关系》，中国人民大学出版社2002年版，第56页。
②孙立平：《"不稳定幻像"与维稳怪圈》，《人民论坛》2010年7月（上）。

积极性；二是因为财富仅向少部分群体集中，会明显削弱内需。从这些分析来看，维稳一旦形成制度化的工作方式，各级政府正确、有效地维护了稳定的局面，就将可以减少社会经济活动的交易成本，对于经济发展很有益处；也可以通过维稳增进社会公平，提高弱势群体的消费能力，从而实现公众利益与社会经济效益的双赢。

（二）制度收益

制度收益是指国家通过维稳可能实现的社会制度层面的改进、优化或创新。维稳只要运行规范、合理，其制度收益可以表现于这几方面：

以维稳力促社会改革，可以确保改革的有序推进。当前，社会改革已取代经济改革成为时代的最强音，加强社会管理，促民生和社会事业发展成为执政主旋律。决策层的深层用意或应为，改革需要阶段性的有序推进，1978—2003年是以经济改革为主的阶段，据此赢得政绩合法性，而且满足了人们基础性的福利需要；2003年以来则重点推进社会改革，从而满足人们更进一步的安全需要；最后，改革水到渠成地推进至政治改革为主或取得根本突破的阶段，满足人们对于自由的崇高需求。不难发现，维稳正是社会改革的重要一环，维稳的意义由此明晰：维稳能否实现政策意图，切实取得成效，将直接决定社会改革的目标能否顺利实现，进一步也就将决定民主取向的政治改革是否可以获得良好的前期基础，从而在最恰当的时机得以一气呵成实现。

维稳增进了政府回应性，有利于提高政府合法性。维稳在某种程度上的确有利于回应性政府建设。当代政府改革以善治为取向，善治要素之一即为回应性，要求政府须能及时、负责地对公民需求做出反应。吉登斯正是基于善治理念，明确认为"政府和国家的自身改革不仅需要满足效率的目标，也得对选民做出回应，即使是最发达的民主国家也存在这个问题"[1]。从各地维稳实践来看，纷纷坚持"大信访""大调解"的工作理念，由过去的被动接访，变为主动了解社情民意；建立起一套快速反应机制，及时采取措施，及早解决问题；亦或通过司法为主、各相关部门协同，主动排查社会矛盾，及时报告疑难纠纷和做出调解。这些

---

①安东尼·吉登斯：《第三条道路及其批评》，中央党校出版社2002年版，第61页。

维稳举措，正较好体现出政府回应性的特征，不仅密切了干群关系，也有利于增强现有政治体制的包容性和弹性，最终可以提高政府合法性。

维稳有利于公共决策体制的创新。社会不安定因素多为弱势群体利益受损却又缺乏正常的表达渠道所致。故此，维稳可以促使当政者细心收集民情，发掘民意，允许和鼓励民众通过各种途径，充分反映心声，不仅可以增进社会稳定，而且还创新了公共决策体制，推动了决策民主化。例如武汉百步亭社区在维稳工作中着力健全诉求表达机制：在管理层面，社区管理委员会由社区居民自治组织、业主委员会代表、百步亭集团、物业管理委员会和进驻社区的政府部门代表等组成，居民利益有"代言人"；在服务层面，建立了居民评议和服务零投诉制度，居民对政府服务和社区工作好坏有"表决权"；在自治层面，本着"身边人办身边事"的原则，人人参与，民主议事，共建共享，居民有充分的"发言权"[①]。事实上，类似百步亭社区这样的做法在各地日益增多，在起到维稳作用的同时，有利于创新和完善公共决策体制。

（三）社会收益

社会收益意指国家旨在让社会公众通过维稳实现的利益层面的满足。维稳只要做法得当，就将可以产生这几方面的社会收益：

通过维稳，公众社会生活环境得以改善。在维稳工作中，例如大信访、大调解等维稳措施的推行，集中、高效地处理了一些利益纠葛复杂、拖延时间较长的社会矛盾，消除了一些不安全的隐患。这在根本上改善了社会治安，有利于促进家庭与社区的和谐。例如近三年来，河南省市县三级公安机关领导共接访15600多次，涉及信访事项16660起，已解决14778起[②]；成都市新都区司法局实施大调解以来，2010年上半年共受理调解各类民间纠纷909件，调解成功887件，调解率和调

---

① 《小社区里的"大信访"》，http://www.csxfj.gov.cn/gzfy/xfgzjl/200808/18/20080818_14787.htm。

② 《河南省公安机关信访问题办结率99.2%》，http://www.henan.gov.cn/zwgk/system/2009/11/30/010167744.shtml。

解成功率分别达到100%和97.57%[①]；天津北辰区完善了"四位一体三调联动"，实现了民转刑案件、民事诉讼案件、行政诉讼案件、信访案件下降，人民调解成功率、民事案件调解率、行政案件调解率提高，不出现恶性群体性事件和民转刑命案[②]。需要注意的是，维稳不仅体现为改善社会治安的各种努力，还包括高层在物价、股市等方面采取的各种旨在安定公众经济生活的政策措施，这些也同样取得一定的成效，受到公众的欢迎。

维稳一定程度上提高了普通公众的政治份量，训练了利益谈判能力。维稳强调和促进各级政府部门关口前移，通过各种途径深入了解民情，为民众排忧解难。在此过程中，公众有可能获得一种被关注和尊重的感觉，某种意义上也喻示着其政治份量的提高，这也正是当代共和民主国家的题中应有之义。例如广西贵港市港南区瓦塘乡坚持以人为本，"尊重法理、尊重群众"的维稳工作主线得到群众的交口称赞[③]；温州市龙湾区称在维稳工作中，领导干部进村蹲点调研和下访，重要节假日期间则开展送温暖活动，并主动畅通民意表达渠道，贯彻以人为本的执政理念[④]。维稳另一方面，也训练了公众的利益谈判能力。一部分公众克服了"逆来顺受"或"安于现状"的传统社会心理，在维稳过程中，通过体制内外的各种途径自觉表达自己的利益诉求，乃至通过媒体管道做出有力抗争，不容否认，这实际上也体现出其民主生活能力有了一定程度的提高。

降低维稳成本以增进维稳收益的对策思考

正如文首所强调，笔者无意将成本与收益的分析工具仅仅限定于经济层面的数字计算，转而将成本与收益两者做一种放大或抽象的处理，更深层次的用意则

---

①《2010年矛盾纠纷"大调解"上半年工作总结及下半年工作要点》，http://www.chengdu.gov.cn/GovInfoOpens2/detail_allpurpose.jsp?id=3Tyw8yYG2kagt5mZweRY。

②《大调解的魅力》，http://news.sohu.com/20070730/n251305335.shtml。

③《尊重赢得群众信任——港南区瓦塘乡维稳工作侧记》，http://www.qqwwr.com/staticpages/20100111/qqwwr4b4ae130-116292.shtml。

④王祖焕：《谈城郊型农村社会矛盾纠纷调处对策》，http://wzdaily.66wz.com/wzrb/html/2007-09/01/content_116946.htm。

是希望从成本与收益分析工具中引申出其蕴含的方法论意义，即对于维稳的分析应有一种将其成本和效益进行综合比较、评估的视角和意识，唯其如此，这种分析才更具解释力和前瞻性，而且，从国家的视角出发，本质上也要求必须对于维稳做出这样的研究，舍此将无从获得有关维稳的相对全面、深刻的认识。

总结以上分析情况，尤其是从降低维稳各类成本的考虑出发，可以获知如下结论，或做出若干进一步思考：

国家的视角与民众的视角，亦或权力方与权利方的视角，对于维稳做出评价，其所获得的结论确有其不相一致的方面。事实上，从现有研究者基于体制外权利方的立场对于维稳的分析来看，多倾向于给予诟病、不解或警示性意见，鲜有人对于维稳做出肯定性评价，乃至一些身处维稳一线的基层官员，由于与权利方感同身受，对于信访维稳工作亦会发出如此感慨："既然法律也规定信访是公民的权利，那为什么领导还严令我们乡镇干部竭尽全力截访呢？什么时候，我们的信访制度经过适当调整，让有冤屈的人能通过正常的司法途径解决问题，从而把我们基层干部从高成本的接访、截访工作中解脱出来呢？"[1]而基于国家尤其是中央政府的视角就会有所不同，维稳同样有其一些无论对于国家还是社会公众均十分有益的、积极的方面，而维稳所展现的各种成本，毋宁说是维稳在运行过程中出现一些严重的偏差所致，并不一定反映出维稳工作本身是应予否定的。当然，据此亦可认为，未来维稳工作究竟走势如何，也在于政府部门能否有效矫正这些偏差的方面，努力减少其各种成本，从而取得维稳收益的最大化。

采取各种措施，设法减少维稳的经济成本。对于维稳，经济成本过于高昂，会挤压基层对于公共服务的投入，或使其愈发依赖预算外资金以及土地财政，这不仅无益于维稳，反而有可能加剧公众不满与对抗情绪，导致基层更为不稳定。对此，直接的应对策略包括：①首先要厘清维稳的业务范围，究竟哪些不稳定因素真正需要出钱矫治，哪些则是属于合理的利益分歧和意见冲突，可由公众运用自身智慧和互动行为来解决？②加强中央财政对于基层政府的转移支付，实现维稳事权与财权的统一；③维稳引入民营化机制，以此减少或分担政府维稳开支，

---

①西贝：《乡镇信访维稳工作实录》，《乡镇论坛》2009年第12期。

一是鼓励和支持民间组织参与维稳工作，不仅可以减少政府开支，亦可以有效发挥民间组织信息传递、利益表达和增强民众博弈能力的价值[1]；二是采用"治安外包"等市场化途径，引入具有合法资质及受到良好监督的企业部门承担维稳的一些具体环节；④加强对于维稳资金的绩效核算，减少各种无效或不当的支出；⑤避免因维稳造成机构膨胀，例如维稳办、群众工作部、信访办等机构应实现合署办公，减少人头开支。

扭转动员式维稳，实现制度化维稳。经济成本过于高昂，也正源于现行维稳工作采取人治特点的动员模式，内在缺失制度理性，着眼于"治疗"而非"预防"，可谓"头痛医头脚痛医脚"，只能"治标不治本"，想要"花钱买太平"，偏偏不安定的因素还是不断出现，于是只能不断用钱来捂住，进入一种恶性循环。由此，维稳必须真正走向一种制度化、规范化的路径：①绝大多数的社会矛盾冲突是一种理性的利益矛盾冲突，应使得法治成为解决冲突的长效手段，并通过建立和完善利益均衡机制，为社会不满情绪的宣泄提供制度化管道。具体则应健全信息获取机制、利益凝聚机制、诉求表达机制、施加压力机制和利益协商机制等一系列制度创新[2]；②探索和完善重大事项社会风险评估机制，对重大事项在实施之前即开展社会稳定风险评估，分析预测可能出现的不稳定问题，并采取相应的对策措施予以防范，从源头上减少重大事项中的不安定因素，消除社会稳定风险。

摒弃压力型维稳，加强自主型维稳。如前所言，压力型维稳导致基层政府在维稳工作中往往处于一种高度紧张、过于敏感的状态，并使得公共信息更加不透明。实际上，压力型维稳主要体现为依靠科层制自上而下的命令机制来实施维稳，而科层方式正如制度分析学者所析，受制于中央政府充分掌握信息、监督能力强、制裁可靠有效及行政费用为零等十分苛刻的前提假设，经常会出现失灵的情形。此外，更令人忧虑的是："一旦国家真的开始干预了，就无法知道会在哪

---

①陈发桂：《基层维稳进程中民间组织参与问题探析》，《甘肃理论学刊》2010年第5期。

②《利益表达制度化，实现长治久安——维稳新思路》，《理论参考》2011年第3期。

里停止。"①这也正是压力型维稳实际上默许了基层政府拥有更为广泛的公权力从而致使暴力维稳大量演现的缘由。由此，就需思考在压力型维稳的同时，应更加注重自主型维稳，此即政府搭建话语平台，扮演规则和程序制定者以及矛盾调节和仲裁者的角色，放手让利益各方通过自主参与和协商行为，求得相互谅解，增进社会矛盾与利益冲突的解决。

设法减少维稳所引发的社会成本。为此，各级政府在维稳过程中应特别重视听证会、恳谈会、与网民交流、蹲点调研等形式，结合"大信访""大调解"活动的开展，广开言路，虚心纳言，给予公众尤其是弱势群体发泄不满或表达诉求的充分机会；纠正由公安、武警等暴力机关主导维稳的思路，更须严格禁止暴力维稳现象；司法机关亦应积极介入，预止各级政府以"维稳"为由侵犯公众财产与人身自由，公正地给予权利方以救济。余外，在维稳过程中，应督促和要求基层政府依法办事，杜绝对于维稳对象的特殊化处理方式，依靠法治程序和透明行政，实现对于各类维稳对象的公平对待。

---

①J·R沙克尔顿、 G·洛克斯利：《当代十二位经济学家》，商务印书馆1992年版，第205页。

治理语义的"食品安全文明"
——风险社会的视界[*]

治理语义的"食品安全文明"：研究缘起

市场经济的持续扩张导致传统"熟人社会"的交易场域被打破，消费者与生产者之间的信息不对称空前增强，因而对于生产者可能做出的以次充好的机会主义行为防不胜防。列数近年来一桩接一桩的食品安全事故，即可窥一斑：毒大米事件、敌敌畏火腿事件、苏丹红事件、石蜡火锅底料事件、双氧水及福尔马林食物事件、阜阳劣质奶粉事件……凡此种种，不胜枚举。

直至2008年9月，发生了举国震惊的"三鹿奶粉事件"。食品安全问题再次揪紧公众神经，也更加拷问着政府的监管能力。终于，产生了一个极富意义的后果，《食品安全法》诞生了。相比原先的《食品卫生法》，两者虽仅一词之差，内涵却相差巨大。有学者认为"食品安全"取代"食品卫生"的概念，意味着"对食品监管的要求，已经超越了那种打击假冒伪劣、杜绝过期变质等最为原始而低级的层面，而是上升到基于精确而严格的元素含量、生产环境等细致指标基础上的强制性食品安全标准时代"①。不过，依笔者看来，《食品安全法》较之于《食品卫生法》，更大的差异或在于，要求政府将食品监管并不只当作市场经济条件下常规事项来处理，而是要作为攸关国民身体素质和社会稳定，从而堪比经济安全、外交安全的大事来对待。

---

*原文发表于《武汉理工大学学报》（社会科学版）2009年第3期。
①《食品卫生到食品安全的公众期待》，http://www.tech-food.com,2008-5-4/2009-03-19。

　　然而，若将维护食品安全的全部希望寄托于《食品安全法》的出台，这并不妥当，尽管较之以前，该法实施无疑是一个极大的进步。制度经济学者研究发现，法律实际上是权利义务双方订立的一种契约，用于降低相互间交易成本。但由于任何法律契约都只是一种不完全契约，契约的漏洞是必然存在的，对此，法律主义者的惯性思路是再制订一部法律来填补漏洞，但新法律同样出现漏洞，于是，再订立更新的法律……如此循环往复，结果必然是规章引起更多的规章，直至密密麻麻的法律规章使得执法者无法尽数掌握，执法对象（例如食品企业）也依旧可以从法律中找寻漏洞并做机会主义行为。

　　不仅如此，在委托—代理理论看来，由于执法者（代理人）都是"理性人"，出于私益考虑，更可能利用与公众之间的信息不对称，在食品安全监管和执行法律过程中，做出偏离公众（委托人）利益的行为选择，轻则松懈执法，出工不出力，产生"道德风险"的代理问题；重则与企业共谋（有时也可能并非蓄意，但事实上构成共谋），做出"逆向选择"，包庇、放纵无良企业，从而导致消费者吃亏上当。

　　"法律诚可贵"，凭借《食品安全法》依法治理食品市场，理应成为食品安全监管的基石。但除此之外，笔者以为还应坚持一种更为宽广的视界探寻确保食品安全的系统性、根本性举措。进一步来讲，须意识到当前各种各样的食品安全风险和事故的出现，实际上是业已到来的风险社会的一部分。所谓风险社会，其景象恰如吉登斯描述，"核战争的可能性，生态灾难，不可遏制的人口爆炸，全球经济交流的崩溃及其他潜在的全球性灾难，为我们每个人都勾画出了风险社会的一幅令人不安的危险前景"[1]。置身风险社会中的人们关注的焦点也因而发生了变化，即对风险的关心替代了对经济短缺和财富增长的关心[2]。有学者就此概括风险社会的禀性："如果说阶级社会的推动力可以用一句话来概括：我饿！那么风险社会的集体性格则可以用另一句话来概括：我怕！"[3]这一概括若运用于时下人

---

①Anthony Giddens. The Consequences of Modernity. California: Stanford University Press, 1990:4-9.

②张海波：《风险社会与公共危机》，《江海学刊》2006年第2期。

③Ulrich Beck. Risk Society: Towards a New Modernity. London: Sage Publications, 1992:44.

们对于食品的态度，似乎再贴切不过：人们不再因为缺少食品饥饿呼号，却由于无处不在的食品安全风险而担惊受怕。

按照现代化的发展逻辑，风险社会大致对应于后工业社会，其主要特点即是"变迁已经有序地开始进行。这个变迁过程正在把现代化的、发达的和工业化的社会带入一个就像它们早期所面临的创伤和分裂那样的时期，或者就像当今现代化中、发展中和工业化中的社会所面临的创伤和分裂一样，它们都具有同样的不确定性结果"①，因此，风险社会的本质即在于社会不确定性和由此导致的复杂性史无前例地增加，亦或社会的不可治理性增强，正由于此，酿造和形成了大面积的社会风险。

比较而言，早前的工业社会不确定性和复杂性则相对较低，与工业社会最相契合的官僚制行政习惯于突出法律的治理功能来实现对社会的有序管理，事实证明，这也的确是个好主意，也即在低度不确定性、社会风险较少的工业社会条件下，用法律追求的确定性去抵消不确定性是完全可行的②。然而，步入风险社会或曰后工业社会以来，官僚制行政仍希图借助于法律体系的完善来应对不确定性倍增的后工业社会，就未免捉襟见肘了。在风险社会中，非得"让决策者与不确定性或风险斗争只能是徒劳的，即使决策者通过集中各方面的智慧而充满与不确定性和风险斗争的热情和信心，也会在昙花一现的成功之后遭遇挫败。一次又一次地唤回信心其实仅仅达到了自我欺骗的效果"③。事实上，这也正是当前食品安全事故屡屡发生的根本症结之所在：高度不确定的风险社会已然来临，然而政府部门对食品市场的管理模式却仍是老旧而力不从心的官僚制法律体系，更何况这样的法律体系及其贯彻执行又往往存在着前文所述的种种缺陷！

基于此，"思考高度不确定性条件下的社会治理，学者们开始把视线更多地转向了伦理道德方面"④，首先，这并非要放弃原先官僚制行政法治的管理路径，而是要意识到风险社会包括食品市场的管理仅仅依靠法律手段是全然不够的：这

---

①费勒尔·海迪：《比较公共行政》，中国人民大学出版社2006年版，第150页。
②张康之：《历史转型中的不确定性及其治理对策》，《浙江学刊》2008年第5期。
③同②。
④同②。

既可能显得势单力薄，亦会忽视对社会价值层面的关怀与引导。切合风险社会的管理模式只能是将追求工具理性的法律规范与凸显价值理性的伦理教谕两相结合，进而形成一种更高层次的社会管理"文明"。这样的"文明"也因此包括了两个相得益彰的层面：法治所展现的制度文明、伦理所指向的责任文明①。

其次，对社会管理从单纯依赖法治到强调伦理规劝从而跃升为凝含了两者的"文明"层次，更为深刻的意涵则在于，风险社会条件下，不确定性和社会风险毕现，并且很多时候风险像"多米诺骨牌"一样具有连环效应，由此，应对的策略选择，就必须是打破传统官僚制政府单中心管理体制，形成政府部门、公民社会和营利部门相互合作的多中心权力向度的治理体制。惟其如此，才可以集思广益、群策群力迎击和化解密集的社会风险，实现社会管理绩效最大化。而体现出法治与伦理亦或制度与责任二者相互依撑的"文明"恰恰迎合了治理体制对于社会管理手段的追求：政府部门，毋庸置疑，主要供给制度尤其是法律制度，通过制度创新推进制度文明；第三部门与营利部门则协同政府参与公共服务，担当公共责任，凸显责任文明。

总之，风险社会要求法律和伦理两种管理手段相互嵌入，整合为"文明"，这既可以增强对不确定性以及风险的应对能力，更可以与风险社会所要求确立的治理体制实现对接，乃至是后者题中应有之义。鉴于此，回到食品安全管理的话题，笔者认为，当前频发的食品安全事件，如果复制传统思路仅仅强调政府监管和提供严明法制，难以取得问题的根本解决，政府权力介入力度过大，还会造成职能越位。正确的选择只能是，注意到当前各种食品安全事故的出现表征着风险社会来临，由此就须坚持治理的话语导向，引入"文明"的管理方案，进而形成"食品安全文明"的概念和管理模式。

---

①所谓文明，与野蛮相对应，即是指人类告别原始种群生活，进而以"社会"方式存续、发展所采取的行为模式和价值取向。基于此，文明通常就可以区分为文中列出的两类：一类是人类社会化行为模式所遵循的制度设计，是为制度文明；一类则是人类社会所应正确追求的精神和价值，是为责任文明。

治理语义的"食品安全文明"：建构路径

对照前文对"文明"内涵做出的界定，风险社会下建构治理语义的"食品安全文明"管理模式也就将沿着两个互补、互益的路径具体展开：政府重点建构以法治为核心的食品安全制度文明；第三部门和营利部门则主要塑造以责任为核心的食品安全责任文明。具体说来：

（一）政府部门：促进制度创新尤其是健全法治，建构食品安全制度文明

1. 完善《食品安全法》，实现有法可依

1995年《食品卫生法》获颁布实施，迈出了我国食品卫生管理法制化进程重要一步，但由于缺陷太多，始终未能有效避免各种食品安全事件的发生，故而新近《食品安全法》获高票通过，社会各界均寄予了厚望，赞美之声亦不绝于耳。例如有学者列数了《食品安全法》六大亮点：建立了完善的食品安全监管体制；确立了安全风险评估制度以及信息披露制度；统一了食品安全国家标准；明确了食品召回和停止经营制度；建立了惩戒性赔偿制度；取消了食品免检制度[①]。尽管如此，从立法角度来说，《食品安全法》仍存在一些不足之处，需要政府立法部门今后进一步修改和完善。例如法案中食品安全的"国家标准"仍然空洞，并且尚未接轨国际标准进行规范；消费者权利诉求的渠道尚待进一步拓宽畅通，从而保障消费者的参与权、监督权和表达权不会被虚置和弱化；处罚力度还需进一步强化；更有以下单列的第2点问题；等等。

2. 健全食品安全监管的大部制，确保违法必究

新通过的《食品安全法》在分段监管体制上，对食品监管职责的明确较之以往，确有不少进步，对于可能发生的部门冲突，一个极有意义的创举是将协调任务交给了名叫"食品安全委员会"的"高层次议事协调机构"上。然而，该机构的设立并不意味着能够医治食品监管推诿扯皮现象的大部制就此确立，真正的"大部门"，是相对于小部门而言的，通常管理职能较宽、业务管理范围较广，对一项事务或几项相近事务实行统一管理。所以，实行大部制的关键在于权责的

[①]《〈食品安全法〉六大亮点解读》，http://www.chinafeed.org.cn/cms/_code/business/include/php/2984879.htm,2009-03-06/2009-03-19。

有机统一。反观《食品安全法》，恰恰回避了"食品安全委员会"的权责设置，而只是在第四条里明确"国务院设立食品安全委员会，其工作职责由国务院规定"。不过，法律也授权了国务院"根据实际需要，可以对食品安全监督管理体制做出调整"，所以仍须期待国务院在《食品安全法》实施细则和相关行政法规中进一步明确食品安全委员职权，打造出一个名副其实的"食品监管"大部制，进而在食品安全监管上实现无缝联结①，切实做到违法必究，保障食品安全。

3.建构政府信用对食品企业支出的问责机制与法定程序

"奶粉事件"戕害无数婴儿的身体健康，这固然要控诉无良企业，然而很多涉事企业生产的毒奶粉正是由于顶着政府部门授予的"名牌产品""免检产品"等称号，从而才可以顺利骗过消费者。这实际上也正体现出政府部门为这些企业很不恰当地透支了自己的信用资源，为此，就须考虑政府信用对食品企业及其产品理性支出的问题。对此，一是要建构政府信用支出的问责制，对于政府部门向食品企业支出信用造成的消极后果依法实施问责，进而要求相关部门承担起道义责任、政治责任甚至法律责任；二是要完善政府部门对食品企业信用支出的法定程序，杜绝政府信用随意透支的现象。比如，有关政府信用支出的提议须广而告知社会，从而让公众以及媒体充分介入讨论，自由表达意见，乃至为此召开具有广泛代表性的听证会；重大政府信用支出事项还须以提案形式交由人大审议和表决；根据公民和法人组织提议，全国人大还可以对业已执行的政府信用支出活动进行违宪审查。

（二）第三部门：担负公共责任，构造食品安全责任文明

1.NGO承担公共责任，守护食品安全责任文明

（1）食品行业若出现一家企业采取假冒伪劣行为，并且未能被及时制止和施以惩戒，"劣币驱逐良币"现象就会出现：其他企业要么市场美誉度因该企业而全局败坏，要么不甘心吃亏而争相效仿；最终结果均是整个行业被搞臭和崩盘。基于此，作为NGO的食品行业协会可以也应该考虑行业整体健康发展，更须立足于

---

①王琳：《食品安全法，我们离吃的安全还有多远？》，http://info.food.hc360. com/2009/03/090842134468.shtml,2009-03-09/2009-03-19。

公共责任,加强行业自律。例如要求企业共同执行产品质量统一标准;搭建协商平台,促进企业间就订立行业基本规则和长远发展规划的对话;号召企业集体抵制偷工减料甚至向食品中添加有毒物质的恶性竞争行为;积极配合政府部门对本行业食品安全依法做的监管行为;对于本行业企业在原材料质量检测等方面存在的资金或技术难题给以支持,或向政府有关部门反映和求助。

(2)NGO另包括大量民间志愿组织,例如社区组织、慈善机构、基金会、教会团体等,由于其公益性和志愿性特点,更可以作为"消费者无法通过正常的契约方式监督生产者时的一种制度反应"[①]。其中,一些组织具有知识优势,可以公正、专业地对食品品质做出鉴定,进而通过媒体等渠道向消费者提供这些方面的真实信息,曝光劣质食品和提醒消费者注意;对于一些信守产品信誉,产品经历检测均为合格的生产企业甚至可以提供某种方式的信用担保(这也有助于解决上述食品行业管理中政府信用透支的问题),通过这些努力来化解消费者与生产者之间的信息不对称,维护食品市场安全。还有一些NGO尽管并不具备食品检测方面的专业技能,然而也同样可以利用自身的组织优势,并且以规模经济的低成本代表消费者集体对存在食品安全问题的企业做出监督和依法实施维权。需要强调的是,以上各类NGO参与食品安全的维护,总体上仍须依托当下我国NGO宏观体制环境的改善,以及自身素质的提高。

2.公民承担公共责任,增进食品安全责任文明

如果消费者始终不能强势起来,那么企业贴在墙上的"质量就是生命"充其量只能是空话一句。所以很多情形下公民仍须考虑以个体方式行动起来,促进食品安全文明。既由此维护自身权益,更进一步讲,亦体现出对公共事务义不容辞的责任,或者即是公民精神的体现。弗雷德里克森在探讨"公共行政的公共的一般理论"时曾说,"这种理论必须建立在得到强化的公民精神的理念的基础上;在有些地方,人们把这种理论一直称为'品德崇高的公民'理论,人们认为,一个好政府必须有一群它所代表的好公民"[②]。反观食品安全问题,要想实现该领域

---

①胡穗、康铁庚:《契约失灵:第三部门缘起的新思考》,《邵阳学院学报》2008年第1期。

②弗雷德里克森:《公共行政的精神》,中国人民大学出版社2003年版,第40页。

高品质的公共管理，塑就食品安全文明，就需要社会成员担起做一名"好公民"的责任，勇敢介入对食品行业的监督，例如寻求专业组织帮助弄清可疑食品真实成分；向政府部门或媒体投诉劣质食品；发起对劣质食品生产企业的法律诉讼；对话食品企业，阐明对食品的卫生质量要求；等等。当然，这样的"好公民"的出现也极需要社会舆论与政府部门的鼓励，例如媒体对消费者的广泛宣传和正面引导；政府对于消费者承担食品安全公共责任授以相应的荣誉称号、物质奖励以及建立快捷、方便的回应程序等。

（三）营利部门：履行社会责任，打造食品安全责任文明

1. 营利部门承载社会责任的理论依据和意义

营利部门也即企业。迄今，企业应担负社会责任已成为多学科共识。例如管理学研究发现，企业展现社会责任，可加强市场竞争优势，获得更好的经济效益；伦理学坚持认为，企业是社会的细胞，社会自然对企业有着应该对整体利益做出奉献的伦理要求；从法学角度来说，也认为企业的生产经营活动涉及公共利益，因此就须遵守相应的法律法规，做有社会责任感的企业。总之，多学科对企业承担社会责任均表示肯定，要求企业对社会福利有所贡献，例如注意到生产和销售过程中对环境的保护，对弱势群体的关爱，也包括笔者所关注的：民以食为天，食品企业更应尊重消费者权益，在利润指标之外，充分考量公益指标。这样做，不仅有助于提高企业市场认可度，更积极意义上，也体现出风险社会下，企业推动了食品安全责任文明发展，与政府、社会一起促进了食品安全风险的合作共治。

2. 营利部门承担社会责任、推进食品安全责任文明的途径

①经营者以身作则，教育全体员工在观念上高度重视社会责任，并将其作为企业长期发展战略的一部分，以及企业文化建设的核心环节。必须使员工普遍意识到，维护产品质量安全，不仅关系市场销售，更重要的是关涉公众健康，因此丝毫不能马虎，为此还应鼓励员工学会从消费者角度来移情思考。②自觉坚持产品的统一质量标准；规范生产流程和严格生产规章；推行全面质量管理，细化每个部门和每位员工的生产责任；与消费者开诚布公地对话与沟通，了解消费者对于产品质量的批评与要求；将生产场所和生产流程尽可能向社会公开，接受社会监督。③产品一旦发现卫生质量问题，应在第一时间通过传媒向公众坦率承认，

告知公众真相并做出深刻检讨，求得消费者谅解；依法决定是否对产品实施召回处理；主动承诺对消费者所造成损失实施经济赔偿；企业管理层更应考虑担负相应的道义责任，引咎辞职并等候有关部门的处理。

　　面对此起彼伏的食品安全事件，仅仅要求政府加强食品卫生监管，并非解决问题的万全之策。事实上，作为业已到来的风险社会的一部分，当前形形色色的食品安全风险和事故的应对极需要在治理语义下，实现法律和伦理手段的相互依撑，从而整合、跃变为"食品安全文明"的复合管理模式，其中，政府部门与第三部门、营利部门各显所长但又密切合作，形成该模式展现治理的组合效应的两个维度：一是政府部门通过制度创新尤其是完善法治，构建食品安全制度文明；另一则是第三部门和营利部门弘扬社会责任与公共理性，打造食品安全责任文明。

论建构节约型政府

——公共管理语境之检视*

何谓节约型政府？简明意义上即是指这样的政府形态：政府管理活动尽可能以最小化的资源消耗实现最大化的公共利益。何以建构节约型政府？学界就此已提出了各种精彩纷呈的意见，笔者则力图将这一富有战略意义的政府管理创新活动置于公共管理的宽广语境加以检视并从中汲取丰富的建设性资源。为此将首先阐述当前我国建构节约型政府的历史场景，之后分析这样的历史场景与公共管理范式相关理论的内在契合性，进而立足于此种契合性并结合公共管理范式相关理论，描绘我国建构节约型政府的路径指向。

建构节约型政府：历史场景的多维分析

（一）后现代主义的忧思是建构节约型政府的基本历史场景

进入工业文明时代以来，科技的大踏步前进使得人们享受物欲的信心十足。工具理性的神奇似乎总可以带给人们无尽的满足。森林被砍伐、土地被开发、石油被开采，这一切都在毫无节制的状态中飞速进行。代价逐渐呈现：耕地减少、资源枯竭、水质恶化、温室效应……这一切让一些身处现代却仍极力保持理智的人们反思：现代性真实吗？后现代主义思潮于是出现。尽管后现代主义难以为自身找到统一的定义，但是其使命感非常真实：摒弃人类中心主义弥漫的现代性的乐观和自信，解构现代并揭露其在语言"符号"遮掩下足以以假乱真的东西[1]。后

---

*原文发表于《四川大学学报》（哲学社会科学版）2007年第3期。

[1]罗伯特·B.登哈特：《公共组织理论》，中国人民大学出版社2003年版，第193页。

现代主义进而愿意带给我们这些观念的转变[1]：①反物质主义的消费观："通过道德的接纳来降低消费者社会的消费水平，减少其他方面的物质欲望……是惟一的选择。"[2]②简约主义的生活观：人应当过一种素食、简朴的生活，"大部分的奢侈品，大部分所谓生活的舒服，非但没有必要，而且对人类的进步大有妨碍"[3]。③泛道德主义的生态观："要用那种把所有植物和动物都纳入法律、道德和伦理关怀中来的超人本主义的价值观来代替人本主义的价值观。"[4]

后现代主义的上述主张，反映了对现代性物欲膨胀的强烈不满以及对人类前途的忧思，"节制"一词也许再恰当不过地概括了后现代主义忧思背后的全部目的，在后现代主义"节制"这一主题下，也就不难理解当前我国提出建构节约型政府实际上正是以后现代主义为基本历史场景。

（二）对单纯追求GDP发展观的反思是建构节约型政府的现实历史场景

改革开放以来，由于对经济导向的过分强调，政府工作中逐渐形成了单纯追求GDP的发展观。尽管这一发展观对一定时期内我国市场经济的繁荣和发展起到了重要指导作用，但其被各级政府推演之极，也不幸导致了资源的惊人浪费和环境的持续恶化，经济增长因而也主要采取高能耗、低产出的粗放型方式。由此，一方面我国各类资源呈现出惊人的减少势头：目前人均水资源占有量仅剩2400m^3，为世界人均水量的25%，人均森林面积0.132公顷，不到世界平均水平的1/4，石油资源人均占有量仅10吨，仅列世界第41位。另一方面，现有资源又被令人痛心地浪费性使用：据有关资料，从工业能源效应来看，目前我国8个主要耗能工业行业的单位能耗平均比世界先进水平高出了40%以上；我国的粮食作物平均水分生产率仅是发达国家50%；我国矿产资源的总回收率大概是30%，比国外先进水平低20个百分点[5]。

---

①刘祖云：《节约型政府：境遇、用度与路径的剖析》，《社会科学研究》2006年第4期。

②艾伦·杜宁：《多少算够——消费社会与地球未来》，吉林人民出版社1997年版，第113页。

③亨利·梭罗：《瓦尔登湖》，吉林人民出版社1997年版，第12页。

④纳什：《大自然的权利:环境伦理学史》，青岛出版社1999年版，第195页。

⑤吴九占：《节约型机关》，中国时代经济出版社2005年版，第38页。

　　显然，我国各级政府今后如果不改变这种落后的单纯追求GDP的发展观以及与此相应的粗放型经济增长方式，不尽快在全社会树立科学发展观和形成节约资源的意识，经济的发展必将越来越多地受到资源的制约，环境也将趋于恶化，最终就会危及构建社会主义和谐社会宏伟战略的实现。这一情况，不能不成为当前我国提出建构节约型政府的现实历史场景，并值得各级地方政府认真加以反思。

（三）新时期我国建立服务型政府的运思是建构节约型政府的根本历史场景

　　新一届政府2003年以来郑重地将建设服务型政府作为施政的根本方针并为此做出了种种努力：在SARS危机中引入政府问责制、废除收容法、改革行政审批制度、改革户籍制度、改革医疗保障制度、努力缩小地区差距、废除农业税、强调政府管理中的公平导向、强调科学行政、民主行政和依法行政……直至2006年10月通过的《中共中央关于构建和谐社会若干重大问题的决定》特别指出，实现构建社会主义和谐社会的战略目标，必须建设服务型政府。并且具体提出了建设服务型政府的若干要求。

　　我国建设服务型政府的运思理所当然成为建构节约型政府的根本历史场景。因为很难设想，一个不愿意珍惜民脂民膏、厉行节约的政府，一个机构臃肿、人浮于事、效率低下而无谓消磨纳税人财富的政府可以真正做到服务公民。要之，建设服务型政府必然要求建构节约型政府。但是，当前我国各级政府以及一些官员中恰恰存在着不节约、大肆挥霍公共财政的现象，比如全国政府机关能源费用开支一年超过800亿元，电力能耗约占全国总消耗量的5%，接近全国8亿农民生活用电总量；再如仅政府机关的车费、招待费和出国培训考察费，全国已分别达到3000亿元、2000亿元和2500亿元之巨！除此之外，我国政府管理中存在的突出现象——政府体系层级过多、政府机构设置繁杂、政府冗员和官僚主义严重、行政成本过高、行政效率偏低，这些现象同样体现出政府对公共财政的无谓浪费。如果不减少和杜绝这些现象，建构一个精干、高效率和高效益的节约型政府，真正实现建设服务型政府的目标是难以想象的。质言之，建构节约型政府实乃建设服务型政府题中应有之意。

建构节约型政府：历史场景与公共管理范式的契合

（一）后现代主义历史场景与公共管理范式生态型政府理论和话语理论的契合

1.后现代主义历史场景与生态型政府理论的契合

浸满后现代主义特征的生态型政府理论在20世纪80年代以来风起云涌的政府改革过程中可谓独树一帜，其与这一时期形成的公共管理范式难道毫无关联？当然不是。事实上，熏陶于善治语义中的生态型政府自觉地将自己的命运和公共管理紧密联系在一起。生态善治也由此成为生态型政府致力实现的最高境界。所谓生态善治，由善治内涵所规定，即是指政府与公民合作管理自然生态环境进而实现生态利益的最大化[①]。从生态善治定义出发，生态型政府也就是与社会基于信任关系密切合作，从服务公益的大局出发，齐力实现人与自然和谐相处的政府。

生态型政府理论可以给予节约型政府以启示吗？毋庸置疑！两者相会于后现代主义历史场景中，这为二者亲缘关系的缔结和进行互启式对话提供了绝佳机会。事实上，生态型政府力求实现的生态善治目标恰恰也是节约型政府致力达成的目标之一，据此，节约型政府完全可以积极效仿生态型政府，实现节约资源、保护环境的目的。

2.后现代主义历史场景与话语理论的契合

近年来，出现了一些特别在后现代主义历史场景下展望公共行政改革的著作。《后现代公共行政——话语指向》便是其中的佼佼者。该书首先对美国公共行政的传统理论，以及制度主义和社群主义的替代性选择表示了失望；接着又对后现代状况做了符号学的分析。最终提出一种公共行政改革新主张——话语理论。该理论设想了"公共能量场"这一为制定公共政策而进行话语谈判的场所。参加者在其中必须克服言语"符号"般的无意义和独白性操纵，因此要求参加者须是自主、实质性参与，而且话语真诚、切合情境，并且容忍和鼓励谈判过程中的争辩、反驳。为此，话语谈判的参加者宁可是一些人而非多数人或少数人，从

---

①黄爱宝：《生态善治目标下的生态型政府构建》，《理论探讨》2006年第4期。

而进行真实话语的交谈进而制定合理的公共政策①。

话语理论实际上以后现代社会为背景，刻画了一种参与式的、官民对等进行真诚对话的民主制公共行政愿景。这一愿景的实现或许遥远，但至少为人们建设性地指明了公共行政改革未来的一种取向，而这样的取向也不能不对同样置身后现代主义历史场景下的节约型政府之建构提供有价值的指导。

（二）反思落后发展观的历史场景与公共管理范式市场化政府理论的契合

市场化政府理论其源头是公共选择理论，该理论在新公共管理运动中被奉为经典从而形成市场化政府理论：首先，20世纪80年代以来以布坎南为代表的公共选择学者振聋发聩地提出了"政府失灵"现象的存在。政府失灵体现为行政垄断、信息不充分、政策价值偏移或低效、政府职权的持续扩张、机构的膨胀和寻租行为。政府失灵的原因则有：政府官员的"经济人"本性、政府是低效的垄断者、政府成本与收入分离。从政府失灵这一基本视点出发，公共选择理论因而积极主张运用新的政治技术和表达民主的方式，通过在政府部门中恢复竞争，以及约束政府税收和支出等办法来限制政府扩张，从而建立一个职能有限且绩效良好的"亲市场"政府。其次，正是以公共选择理论为先导，20世纪80年代以来，西方各国新公共管理运动轰轰烈烈地发生了。新公共管理运动与公共选择理论一样表现出对政府作用的谨慎态度和强烈的亲市场情结，在反思战后政府职能扩张带来政府财政危机、效率危机和信任危机的基础上，新公共管理倡导者坚信"政府往往不仅不解决问题，而且本身就是问题"，并且猛批官僚制政府的低效无能，认为官僚机构低效的主要原因是其对公共物品的供给实施了垄断②，为此极力主张减少政府.对市场的介入和将市场的竞争机制引入公共物品的供给之中，并且相应采取私有化、放松管制、合同外包、使用者付费和凭单制度等措施，从而打造市场化政府。

事实上，市场化政府理论与反思落后发展观以树立科学发展观这一建构节约型政府的历史场景十分契合：二者都将政府市场化作为根本变革之道。因树立科

---

①查尔斯·J·福克斯、休·T·米勒：《后现代公共行政》，中国人民大学出版社2002年版第2页。

②E.S.萨瓦斯：《民营化与公私部门的伙伴关系》，中国人民大学出版社2002年版，第116页。

学发展观同样要求各级政府进行市场化取向的改革，重理政府与市场关系，进而克服各级政府将掌舵者和划浆者集于一身从而穷追GDP的恶劣倾向，这与市场化政府理论恰恰一致。就此来看，建构节约型政府应可以从市场化政府理论中发现很好的运作思路。

（三）建设服务型政府的历史场景与公共管理范式善治理论的契合

善治就是政府与公民合作管理公共生活进而实现公共利益最大化的过程[①]。由此不难理解，善治理论实际上标榜一种明显不同于官僚制的服务公民、增进公益之道：建立政府与社会基于互信关系的合作机制。并且善治将这样的合作机制确立为核心机制。之所以如此，是因为实践已充分表明，官僚制政府单枪匹马大举卷入经济生活，这样做非但难以做到较好地服务公民，反而会导致严重的政府失灵。所以欲为公众提供更多、更好的服务，政府只有收缩和转变职能，在此基础上积极寻求各种社会力量包括NGO、私营部门甚至公民个人广泛参与公共物品和服务的供给，并努力促进与后者良好合作机制的形成。这样的合作机制一旦建立，一个能够为公众提供更优质服务的公共服务型政府即可出现，其特征是：政府不会包办一切。政府官员的角色仅仅是在合作机制中实施转化型领导。并且作为负责任的参与者，他们不试图控制他人，而是促进参与者的对话以减少和消弭分歧、树立共同愿景，进而推动和实现公共服务的最佳化。

也由此可知，善治理论最终还是要建立一个致力于增进公益的公共服务型政府，这与建构节约型政府所处建设服务型政府的历史场景恰恰有异曲同工之妙。而这也是必然的，因为当前我国之所以提出建设服务型政府，是因为这既是构建社会主义和谐社会的要求，也正是对全球范围内政府向善治转型趋势的敏锐把握和自觉顺应。就此而言，就应将我国建构节约型政府所处建设服务型政府的历史场景视作全球政府善治潮的一个影像或布点，更进一步，建构节约型政府理应从善治理论中挖掘重要素材以资借鉴。

①俞可平：《治理与善治》，社会科学文献出版社2000年版，第8页。

建构节约型政府：公共管理范式给予的路径指向

以上探讨了建构节约型政府的历史场景与公共管理范式相关理论的契合性，明了这样的契合性，方使我们发现建构节约型政府与公共管理范式上述理论之间存在的内在逻辑联系，由此，也就可以进一步基于此种契合性和内在逻辑联系，从公共管理范式上述理论中找寻我国建构节约型政府的路径指向：

（一）公共管理范式生态型政府理论和话语理论给予建构节约型政府的路径指向

建构节约型政府，促使各级政府以节约资源、保护环境作为施政的基本指针，如果单纯依靠政府官员的内动力，依靠其生态伦理自觉，这种想法是很不现实的，事实上，建构节约型政府也须像生态型政府那样，将实现生态善治作为努力方向，进而将公民社会的踊跃参与作为强大的外动力乃至根本动力。具体而言：首先，由政府错误决策导致的生态资源浪费是最大的资源浪费。对此，公民社会可由其组织载体NGO对政府实施监督，途径有：1.对有关政府主体的错误决策提出强烈批评，并利用大众传播媒介特别是网络媒介对有关政府主体形成强大的舆论压力，还可以提起对有关政府主体的环境公益诉讼。2.NGO可以积极寻求体制内监督力量特别是各级人大的支持。NGO可以代表社会积极劝进，要求各级人大对政府实施有效的预算监督，举办和主持有关政府造成资源浪费和环境污染问题的听证会，乃至就此做出问责和处分决议。其次，话语理论在这一问题上也很有启发性。话语理论强调了官民就公共问题共同进行话语交谈的重要性。这正好支持和呼应了生态善治强调政府与公民社会就节约资源和环保问题合作管理的主张。因此以生态善治之道建构节约型政府，就需要政府与公民社会均敞开胸怀，就政府节约资源和保护环境问题真诚交谈和协商，并且各方均能为这样的话语交谈做出切合情境的实质性贡献；而且在交谈过程中，政府不能凭借公权力操纵话语。也由此要求，NGO或公民个人可以对政府就其可能浪费资源和给环境造成破坏的决策进行对抗性批驳，政府为此要诚恳接受并做出回应——这同样可以显示来自公民社会的外动力对建构节约型政府的重要推动作用。

（二）公共管理范式市场化政府理论给予建构节约型政府之路径指向

市场化政府理论揭示了政府并非全知全能，同样存在着失灵的情形。基于此，人们再不能将增进福祉的全部希望寄之于政府，而容忍政府既充当掌舵者——制定规则和政策，同时又充当划桨者——直接参与市场竞争，或者利用行政手段无所顾忌地干预经济生活。应促使政府交出一些领地给市场从而成为有限政府，有限政府的职能仅仅是：确定制度框架；调控宏观经济；提供公共物品和服务；协调和解决社会冲突，特别是群体冲突；治理外部负效应；调节和再分配社会收入。政府一旦成为这样的有限政府，可以想象，由于其与市场划清了界限从而职能受到限制，政府权力范围变小了，管理的事务减少了，所需设立的机构及岗位、运作经费也必然跟着减少，无疑，这样的政府不仅可以成为有效政府，也同样可以成为节约型政府。

我国建构节约型政府正可以从中获得启发。正如前文所述，各级政府为片面追求GDP的增长，既掌舵又划桨，利用强大的公权力肆无忌惮地介入和干预市场，不仅严重妨碍了市场经济的自主发展，还造成政府职能膨胀、机构和人员的扩张进而导致政府管理的低效和不经济。如果我国各级政府能清醒认识这一问题，为此借鉴市场化政府理论主张，重塑政府与市场关系，克服将掌舵者和划桨者集于一身而猛追GDP的倾向，从而树立科学发展观，建设有限政府，就将可以实现管理事务、机构、人员以及预算的精简，最终也必将建成节约型政府。

（三）公共管理范式善治理论给予建构节约型政府之路径指向

建构节约型政府的提出体现了我国公共财政改革的重大转向：由先前不计政府成本，到开始重视政府成本核算，要求节约成本、提高效益。这一转向与善治恰恰是一致的，因善治同样强调："在日常的政府工作中，引入企业家精神来为公众服务，在日常政府为人民服务的活动中采取以创新和节省开支为基准，而不是按照传统的以规章制度为基准的工作策略。"[1]由于这一原因，善治理论希望通过以下途径节省政府开支——对此，我国建构节约型政府完全可以借鉴并引以为路径指向：

1. 转移政府职能

事实上，善治理论强调了公共物品或服务的生产职能和提供职能之间的区

---

①蓝志勇：《行政官僚与现代社会》，中山大学出版社2003年版，第40页。

别。政府应承担起提供公共物品或服务的责任，但是可以将部分公共物品或服务的生产职能转移给社会力量包括NGO、私营组织乃至公民个人承担，并且在此过程中与各种社会力量结成伙伴型合作关系。如此，就可以实现政府"减负"，建构一个管理事务简洁、机构规模适度、人员精炼从而财政开支相对减少的政府，而这样的政府其实也正是节约型政府。

2.建设有效政府

具体做法有：实施结果导向和效率至上的绩效管理、目标管理、标杆管理、全面质量管理、无缝隙管理，以及实行政府雇员制等等。此外还包括建设电子政府以减少政府层级，实现无纸化办公和建立灵活的政府信息沟通机制和反应机制。这些做法由于可以建设3E（经济、效能、效率）型有效政府，所以最终同样可以实现节省政府开支，建构节约型政府的目标。

总之，我国建构节约型政府的历史场景与公共管理范式的生态型政府理论、话语理论、市场化政府理论及善治理论具有内在的契合性，基于此种契合性公共管理范式给予建构节约型政府的路径指向为，发挥公民社会的外动力作用，努力实现生态善治；理清政府与市场关系，建设有限政府；重视社会力量在公共服务过程中的作用以及打造有效政府。依照这些路径指向，就可以而且最终也才能成功建构节约型政府，并实现建构节约型政府所致力达到的根本目标：政府管理依靠有效、合理地配置和使用人、财、物等各种资源实现公共利益的最大化以及与环境关系的和谐、融洽。

略论政府信用理性支出
——以"奶粉事件"为例[*]

政府信用即指政府履行各种承诺和契约的意志和能力①。不难想象，政府一旦不讲信用，极有可能诱发公民采取更多、更大的机会主义行为，引发全社会的信用危机。就此而言，政府信用不啻为社会信用的基石。在当代，维护市场经济秩序，构建和谐社会，以及参与国际市场与分工、塑造良好外部形象，等等，均需要政府树立起良好的信用品质。故此，对政府信用这一课题做出深入研究，也就有着十分重要的理论和现实意义。然而迄今为止，对政府信用的探讨多重于政府信用资源的开发，例如强调实施对官员的美德教育，使得官员成为公民的道德楷模亦或"代表性公民"②，强调政府运作流程的透明，等等，却渐至忽略了维护和增进政府信用的另一维度：政府信用资源的保护。所谓"开源节流"，政府信用资源的开发固然重要，对其做出保护和节约一样重要，而这实际上正反映出政府信用的理性支出问题。笔者即以新近发生的"奶粉事件"为例来探析政府信用资源究竟怎样才可以做到"用之有方"，实现理性支出。

"奶粉事件"溯因：政府信用透支

2008年9月9日《兰州晨报》披露，解放军第一医院泌尿科6月底以来已收治14名肾结石患儿。这些患儿有着共同点：长期食用某品牌奶粉。该消息随即在网络

---

*原文发表于《华东经济管理》2009年第2期。

①句华：《政治学视野中的政府信用》，《国家行政学院学报》2005年第2期。

②弗雷德里克森：《公共行政的精神》，中国人民大学出版社2003年版，第204页。

上被疯狂转载，湖南、湖北、山东、安徽、江西、江苏等地随后相继有媒体称当地出现疑似案例。9月11日，《东方早报》率先将矛头指向三鹿奶粉，报道说，医生们注意到这些患儿在没有吃母乳之后，都使用了"三鹿"奶粉。因此不排除与该奶粉有着直接关系的可能。当晚，国家卫生部明确肯定了这一推测，同时指出，三鹿奶粉受到一种叫做"三聚氰胺"——在业界被称为"假蛋白"的化学品的污染。

顶着无数光环的三鹿产品居然掺杂有毒物质，戕害无数婴儿的身体健康，这让人大跌眼镜。然而事情还没有完。经过对市场上其他主要奶粉厂家逐一排查，"光明""蒙牛""伊利""圣元""雅士利"等著名品牌竟然同样存在着类似问题，有问题的产品还包括这些品牌出产的液态奶，尽管与"三鹿"相比，这些品牌产品的"三聚氰胺"含量要轻微许多。

面对着消费者铺天盖地的责骂和控诉，肇事奶粉企业理应勇于承担责任，但事件的发展却似乎有点扑朔迷离，"三鹿"集团负责人坚称自己生产加工工程没有问题，问题出在奶牛的喂养和牛奶收购过程中。于是焦点又开始对准奶农和奶站，这两者迫于舆论压力也纷纷跳出来证明自己的清白。这一过程忽然变得极有趣味，以致有网民编出这样的连环画作：第一帧为三鹿老总力证自己是无辜的，问题奶出自奶站，第二帧为奶站强调祸因在奶农，第三帧为奶农责怪自己饲养的奶牛乱吃草……亦有人另外总结道，责任在于生产"三聚氰胺"的广东厂家。

公允地讲，以上市场主体例如企业、奶站、奶农及将"三聚氰胺"违法销售给制奶企业的厂家或经销商，均对"奶粉事件"负有不可推卸的责任，尤其是三鹿这样的奶制品企业，完全置社会责任于不顾，理应受到法律的严惩以及舆论的唾责。尽管如此，笔者仍旧相信，其实政府才是最应对奶粉事件担负责任的。

理由并不复杂：消费者在购买奶粉时，品牌是最主要的考虑，品牌优势表现于所选奶粉的诸多方面，例如广告效应、企业规模、性价比等等，然而在今天，消费者已经明显趋于理性，尤其是开始有余力对婴幼儿健康表现出高度关注，在此情形下，这些方面的优势对于消费者而言实际上并不十分要紧，在眼花缭乱、鱼龙混杂的奶粉市场上，消费者更在乎的莫过于外包装上是否清晰标注"中国名牌""国家免检产品""中国驰名商标"等戳印。一旦拥有这些光辉的称号，消费者遂可以对该产品真正信心十足并做出选择，而这些称号的授予单位均为政府相关职能部门：国家质检总局、国家工商总局。另外还有标注"全国食品安全十强企业""全国500强企业"等印记的，这些称号也均由一些半官方性质的政府外围组织所授予，例如中国食品安全工业协会、中国企业联合会、中国企业家协会等等。

因此，真正寄予品牌奶粉以消费信用的可谓是政府部门，换句话说，政府信用为企业信用做出了有力担保，诸如三鹿、蒙牛、伊利等品牌由此可以广获消费者青睐，行销千里。然而，恰恰是这些有政府信用"金袍加身"的品牌奶粉酿造了这起影响巨大的奶粉事件，这究竟最应怪罪于谁？答案自此不言自明：政府。实际上政府不恰当地为这些企业透支了自己的信用资源，从而掩护了作假者、误导了消费者。

政府信用的理性支出

缘此，将政府作为此次奶粉事件的主要责任方，这其实并不为过。政府为"毒奶粉"企业很不明智地支付了过多的信用资源。政府着实应从此次事件中吸取教训，思考在市场经济条件下，究竟如何才可以实现政府信用合乎理性的支出。而所谓政府信用的理性支出，也即此种支出行为既可以满足社会经济发展的特定需要，同时亦不会损害和削弱政府信用，甚至反过来可以提升与增强政府信用。为此目的，笔者以为应主要从以下几方面做出考量。

（一）政府信用支出目的及手段的正当性

信用之重要，在新制度经济学看来，最主要是能够克服交易双方的信息不对称，进而降低交易成本和避免搭便车行为。政府信用同样承载着这一基本功能。实际上，政府信用本质上体现为公众对政府能力和政府信誉的一种主观评价[1]，公众的心理感受由此乃是评判政府信用资源有无以及多寡的主要标准；更重要的是，对于民选政府而言，政府信用产生的根本诉求即是为了更好地保护公民[2]，因而政府信用资源的贮积和支出也须本着为公众服务的终极目的，即应该致力于为公众消解

---

[1] 肖陆军：《论政府信用建设》，《云南社会科学》2006年第4期。
[2] 张晓勇：《政府信用管理的制度选择》，《陕西行政学院学报》2008年版，第2期。

信息不对称，进而维护和增进公众福祉。

通常，政府信用的支出可以在这两方面化解信息不对称，进而实现增进公众利益的正当目的：一方面，从民主社会的政治逻辑出发，依靠政府信用支出减少政府与公众之间的信息不对称，从而消除公民对于政府的猜忌和疑虑，并且更好地与政府合作，共同增进公共利益和善治；另一方面，政府通过自己的信用支出为部分企业的优秀产品提供担保，既可以避免市场竞争中"劣币驱逐良币"的现象，更可以减少生产者与消费者之间的信息不对称，保护消费者权益。

目的的正当性有赖于手段的正当性。政府信用支出为求解公众与政府之间的信息不对称，即可以采取类似英国"公民宪章运动"的做法，也即将政府公共部门的服务内容、品质标准、绩效承诺和履行责任，以宪章的形式公之于众[1]，这一过程实际上就算是支出了政府信用。为维护良好的政府信用，将驱使政府官员为兑现宪章承诺而兢兢业业做出努力，公众更由此掌握了对公共服务确定的评价标准和避免了参与中的"理性无知"，依靠宪章逐一对照和监督公共服务的运营状况，服务项目成本—产出，以及服务机构、程序设置等各种情况，最终既提升了公共部门绩效，更可以实现和满足自身利益。

政府作为公众利益守护者和市场秩序维护者，进而求解生产者和消费者之间的信息不对称，在我国惯常的做法即是像此次奶粉事件当中所显现的，对企业进行各种评选、定级活动，并且授以"名牌产品""免检产品"等显赫头衔，这固然有助于消费者了解产品性能和降低对产品信息搜集的交易成本，然而给企业以这样慷慨的政府信用支出，又何尝不会纵容企业各种以次充好的机会主义行为的出现？奶粉事件之所以会发生，其症结也正在于此。所以，今后任何政府职能部门都应避免直接办理与企业和产品有关的名牌评选活动，最近，新一轮机构改革中各部门新"三定"规定大都明确说明了这一点[2]，对于政府信用资源的支出和维护来说，这是一个利好的消息。

---

[1]孙柏瑛：《当代地方治理——面向21世纪的挑战》，中国人民大学出版社2004年版，第237页。

[2]《国务院机构改革18个组成部门权责界限更清楚》，http://news.sohu.com/20081016/n260068588.shtml,2008-10-16。

但是，政府又必须想方设法消解消费者与生产者之间的信息不对称，为此，究竟怎样的手段或途径才是恰当的，也即既可以真正维护消费者利益，亦不会对政府信用构成负面影响？以奶粉行业为例，作为新近被国务院确定的食品监管主要部门——卫生部，可以采取大部门体制的管理办法，统合食品安全所涉各职能部门，例如国家质检总局、国家工商总局等，对各地奶粉企业不论规模大小、知名度如何，一视同仁，定期与不定期相结合，进行产品质量、生产流程、市场销售等方面的检查分析，所获结果通过中央电视台、新华社等权威媒体张榜公布，品质不过关产品就将为消费者所抵制和抛弃，屡屡验收合格和性能名列前茅的产品则将由此获得来自政府信用的担保。通过这一做法，政府不仅避免了消费者对企业产品信息的不对称，维护了公众利益，也不必担心企业接下来会采取机会主义行为而损害政府信用，因为，政府并不会给予企业某一较长时间内都持续有效的"名牌"称号，而是会永无休止地对企业产品进行检查、监督活动，一旦出现问题就将给以曝光和做出处理，这样做，不仅无损政府信用，反而只会起强化作用。

（二）政府信用支出完备的制度要件

如同政府财政支出必须施以代议机关的预算硬约束，从而避免政府对纳税人财富的浪费性使用，政府信用资源的支出也须有健全的制度要件的约束，否则一样会被滥用，进而导致像奶粉事件那样对公众利益造成损害的情况出现。

确保政府信用的理性支出，最应具备的制度要件是问责机制的确立。从学理上讲，拥有信用资源意味着拥有一种有助于搞定事情和达成交易的能力，因而政府信用资源可以视作政府独有的一种权力，故此换个角度来看，政府信用支出的过程也正是政府权力行使的过程。而在民主政治下人所共知的道理是，有多大权力，就有多大责任。由此，政府对自身信用资源的支出也须考虑后果并担负起责任，这恰如有学者所言，"信用关系体现的并不仅仅是信用主体对其信用责任或其道德义务的履行，它还包含着这种履行所产生的后果"[1]。如何促使政府在其信用资源支出行为中切实承担各项责任，一个重要且有效的宪政安排即是引入政府信用支出问责制。在健全相关问责规章的基础上，比如采取主要由立法机关发

---

[1]何显明：《信用政府的逻辑》，学林出版社2007年版，第45页。

挥异体问责的作用，对政府信用支出事项采取咨询或质询，以及违宪审查等方式从而落实政府信用支出的政治责任；由行政监察机构依据专门性问责条例或行政规章对政府信用支出事项做出行政监督，进而落实政府信用支出的行政责任；由司法机关对政府信用支出事项展开司法审查或审判来落实政府信用支出的司法责任；由官员出自行政伦理自觉对不当政府信用支出行为承担道义责任，乃至选择引咎辞职。

实现政府信用理性支出的另一重要制度要件则是合乎正义的支出程序。如上所述，政府对其信用资源的支出实际上也正体现出对一项公权力的行使。由于政府部门及其官员往往有着自利性的一面，听任其采取暗箱操作或专断的方式做出政府信用支出的决定，就很可能导致政府部门对该项权力的滥用进而做出完全出于私益考虑的寻租行为。诸如当前政府部门往往直接主导各种"名牌产品"的评选活动，并且乐此不疲，背后或多或少也正体现出这一行为逻辑。通常由企业缴纳一定额度的评选费用给有关部门，后者授予其相应的"品牌"荣誉。如此，企业获得了政府信用的有力担保，政府部门则充实了自己的"小金库"。这样的政府信用支出行为怎能避免类似"奶粉事件"的状况发生？由此，依靠程序的正义性，防止政府信用被随意支出而用于政府部门或官员获取私益，就显得尤为重要。政府信用支出理应具备这些方面的程序要求：①政府部门向社会充分提取和说明足够的正当理由，方可将特定政府信用支出的要求纳入政策议程；②公众通过政党、社会团体和自组织力量以及新闻媒体等途径充分介入对该政府信用支出事项的讨论，自由地表达意见，为此更应召开有各方代表性人士广泛参与的行政听证会；③专家具有丰富的知识和较高的洞察力，可以对政府信用支出做出有可信度的分析，并提出理性的方案，所以应该有充分的建议权；④重大政府信用支出安排还须以提案形式交由人大表决通过，以取得充足的合法性资源；⑤根据公民、法人、社会组织的建议，全国人大还可以随时对一项业已执行的政府信用支出活动展开违宪审查。

（三）治理导向的政府信用支出

政府失信现象总是与政府权力和政府职能过大、超出其实际责任能力范围有关。Knack Keefer对29个国家的实证分析清楚地表明了这一点：对政府权力的限制每上升一个点（最高为7点），信任度上升1.5个百分点；司法独立程度每上升一个点（最高为4点），信任度上升8个百分点。奥斯特罗姆的研究也表明，美国传统的一元化和等级制官僚行政体制存在着一个难以遏制的倾向，那就是行政权力不断扩张，以致行政长官的权力大大超过其实际行政能力。过多的权力不仅使行政官员滥用权力成为可能，更重要的是这实际上意味着他们被赋予了他们不可能承担的责任。其结果，必然是政府乃至宪法陷入信用危机[①]。"奶粉事件"中，国家有关部门授以企业产品荣誉标识，给以信用保证，这也正体现出政府权力的越位和扩张，而这样做，实际上是透支了自己的信用"账户"和承担了本应由企业承担的信用责任，不仅牺牲了市场竞争的公平，最终还将自己推到了风口浪尖，成为矛盾的焦点。

因此，就像新公共管理领导者所喊出的口号，"政府往往不仅不解决问题，而且本身就是问题"，政府权力不应是无边的，政府信用也不是可以无尽支出的。市场经济条件下，政府职权应该谨守有限政府的要求，推进治理变革，认可公共服务的提供与生产之间的区别，政府可以做出用公共开支来提供某种服务的决定，但生产的任务则可以契约外包等途径交由私营企业、志愿组织甚至个人来完成。通过这样的安排机制，政府与私营部门以及志愿组织在公共服务供给过程中结成一种伙伴关系[②]。同样，政府信用支出也应坚持以治理为导向，并不需要在任何时候、任何场合均作为单一信用主体对信用资源做出供给。事实上，也一样可以区别政府信用支出的提供与生产两个不同环节，政府可以为公共目的做出某种信用支出的决定，然而信用支出的生产环节却可以交由社会尤其是非营利部门来承担，以奶粉行业为例，就可以由从事公共食品卫生的志愿组织或社会中介组织基于对奶粉产品的专业性检测、监督和评估进而为奶粉企业产品提供信用保证，从而正确引导消费者，惩戒低劣产品及其生产者。

治理导向的政府信用支出，最显著的好处即是可以打破传统政府信用资源的垄断性供给模式，从而提高政府信用支出效率，并且减轻了政府信用支出的负担，真正可以落实政府信用支出量力而行、俭朴节约的原则。从积极的角度讲，

[①] 范柏乃等：《政府信用研究综述》，《行政与法》2005年第2期。
[②] E.S.萨瓦斯：《民营化与公私部门的伙伴关系》，中国人民大学出版社2002年版，第68—107页。

可以克制像"奶粉事件"中政府信用支出过度导致政府难以切实履行信用责任而跌入信用困境那样的情形；从消极的角度讲，则可以增强社会自身公共利益取向的信用支出能力，从而与政府信用支出能力实现均衡，进而抵制政府滥用其信用资源和信用权力的情况。

综上所述，政府信用支出应体现出权威性的特点，从而可以为公众有效克服信息不对称的情形，引导公众更好地维护自身合法权益；然而还应考虑到政府信用一旦被过量支出，超出了政府责任能力范围，就将造成对公众的误导，进而对公众利益产生巨大的破坏性影响，并引起公众对政府的强烈不满和不信任，削弱政府的合法性。基于此，政府信用资源的支出必须确保目的和手段的正当性，创设完备、齐全的制度要件以及坚持以治理为导向，进而实现真正可以维护和促进公共利益的理性支出。

新政治经济学视界中的
我国公共企业改革[*]

通常意义上，根据出资主体的不同，可以将企业分为两类：一类由私人出资者经营的企业，其以盈利为目的，并根据市场需求自主安排生产或提供服务，这类企业可称之为私人企业；另一类企业则是由国家出资，企业并不单纯以获取利润为目的，还担负着某些公共政策义务，这类企业就称为公共企业（Public Enterprise），在我国通常又称其为国有企业[①]。

出于意识形态的考虑和赶超型现代化需要，传统计划体制下我国各级政府兴建了大量公共企业。政企不分，政府对企业统得过多、管得过死，是这一阶段公共企业的典型特征。20世纪80年代以来，由于向市场体制的转轨，这一特征转化为我国公共企业运行中的主要弊病并严重制约了企业总体效率的提高。为此，政府先后采取诸多改革措施并取得了一定成就。但是客观而论，公共企业改革依旧任重道远：政企分开及产权制度改革步伐缓慢；公共企业布局和结构不合理状况没有根本改变；改革过程中制度不规范和供给滞后更是造成不少负面问题。

---

*原文发表于《经济体制改革》2007年第1期。

①本文在行文中除引文外一律使用"公共企业"称呼而非"国有企业"。这一方面缘于笔者从事公共管理研究，而公共管理一般只使用"公共企业"（Public enterprise）概念；另一方面，亦如有学者指出的，改革开放以后，"国有企业"这一概念因经济生活的变化早已失却计划体制下的特定内涵，因而已不再适用：第一，从严格意义上来讲，"国有企业"概念已无法涵盖这类企业现实中丰富的组织形式，尤其是股份公司的混合所有制形式。第二，使用"国有企业"概念不利于追寻这类企业在市场经济中特殊的存在理由。第三，使用"国有企业"概念会造成国际交往的混乱。事实上发达国家一般均不使用"国有企业"称呼，而是广泛使用"公共企业"概念（详见金鑫：《中国公企业的性质、功能和目标》，《经济评论》2004年第4期）

近年来，一些学者开始尝试使用西方新政治经济学（New Political Economy）①相关理论来检视我国公共企业改革，这一举动极大拓展了研究视界。事实表明，新政治经济学旗下诸多学说为我国公共企业改革研究确实提供了很好的理论范式，并因此使学界取得了许多较有意义的研究成果。不足之处在于，由于这些成果几乎都使用新政治经济学某单一分支学说来分析我国公共企业改革，结论略显单薄，研究视阈也较为狭窄。有感于此，笔者对新政治经济学当中的公共选择理论、产权理论、委托代理理论、制度变迁理论等理论分支给予我国公共企业改革之启示做了全面分析和集体展示，如此应有助于整体把握和系统考察新政治经济学对于我国公共企业改革的指导意义。

公共选择理论给予我国公共企业改革之启示

凯恩斯主义市场可能失灵的断言在战后"广泛地被认为是为政治和政府干预做辩护的证据"②，因此西方各国政府从弥补市场缺陷的理由出发，不断扩展经济和社会职能，采取一系列行为来干预或调节市场，并通过大举兴办公共企业等手段加大公共物品的生产和供应。然而20世纪60年代以来，以布坎南等为代表的公共选择理论创始者，"把用以调查市场经济之缺陷和过失的方法同样应用于国家和公共经济的一切部门"③，以个人主义方法论和视角对凯恩斯主义宣扬的"政府神话"做了淋漓尽致的批判，振聋发聩地提出了与市场失灵一样，政府也会失灵

---

①战后，由于"行政国家"的出现，政治权力大规模深入经济生活，这一现象使得政治过程与经济过程日益难以区分。适应这一情况，同时更是基于对行政国家的忧虑，经济学与政治学在长期分离之后终于又出现了相互交融的趋势。1960年代以来，西方一些自由主义和激进主义经济学家先后创立了公共选择理论、新制度经济学（包括产权理论、交易成本理论、委托代理理论、制度变迁理论等）、集团理论等等，并且这些理论在抵制政府职权的扩张和鼓吹市场力量上具有较为一致的倾向，因而被认为体现了古典政治经济学某种程度的复兴而被统称为"新政治经济学"（New Political Economy）。

②詹姆斯·M·布坎南：《自由、市场和国家》，北京经济学院出版社1988年版，第13页。

③亨利·勒帕日：《美国新自由主义经济学》，北京大学出版社1985年版，第122页。

的观点，并认为政府失灵（Government failure）的表现及原因主要有：公共政策失误、政府成长、官僚机构的低效率和寻租行为[1]。

基于对凯恩斯主义信徒政府可以有效提供公共物品这一想法的批判，公共选择学者尤其对官僚机构公共物品供给的低效率做出了精辟分析：第一，政治家和官僚在公共物品的供给上往往踌躇满志，其报酬通常也并不与公共物品提供的效率有关，并且官僚机构和立法部门都具有追求预算最大化的趋势，由于这些原因就导致政府具有超量生产公共物品的倾向。第二，政府在公共物品的供应上，或是具有短期利益的物品过量，或是具有长期效益的物品不足[2]。第三，这样一些原因也使得政府缺乏提高公共物品供给效率的动力：公共物品的生产成本和收益分离，政府官员因而缺乏追求利润的动机；政府垄断公共物品的供给；政府机构具有私人性质的"内在性"目标。

公共选择学者根据上述分析，对改善政府供给公共物品的效率进而提出一些设想。比如在政府内部建立两个以上竞争性机构提供相同公共物品，从而打破公共物品生产的垄断，在政府之外则引入私人承包商以实现公共物品生产的多元竞争；对政府的税收和支出加以限制，使其保持在一定比例以内；通过使官员可以分享成本节余等方式建立对政府官员的激励机制和使其树立利润观念。这些设想富有创见以至直接推动了西方八十年代以来的新公共管理运动。"作为经济学观点的基本延展，新公共管理明显地与理性主义观点相联系……它尤其与公共选择理论有联系"[3]，新公共管理因此可谓为公共选择理论的活体，公共选择理论的上述设想基本被新公共管理吸收，并在实践层面演化为一系列相关具体措施，公共企业民营化（Privatization）即是其中最值得关注的方面。民营化的实质是要在公共物品供给中积极引入市场机制。就西方各国通行的做法来看，出售公共企业这一民营化形式更为流行：英国、新西兰、澳大利亚、荷兰、日本等国均开展了声

---

[1]陈振明：《政治的经济学分析——新政治经济学导论》，中国人民大学出版社2003年版，第71页。

[2]查尔斯·沃尔夫：《市场或政府：权衡两种不完善的选择/兰德公司的一项研究》，中国发展出版社1994年版，第36页。

[3]登哈特夫妇：《新公共服务——服务，而不是掌舵》，中国人民大学出版社2004年版，第18页。

势浩大的出售公共企业的私有化运动。其中以英国最为典型。撒切尔夫人执政11年中，政府出售了40多家大型国有企业。在她任期结束时，国有工业部门已经减少了60%[1]。此外，放松管制也是各国民营化的重要形式，合同转包方式和使用者付费机制同样被广泛使用。

民营化的总体效果如何？无法一概而论。但是仍然有充分的证据表明，只要实施得当，民营化能大大改善绩效，不管是合同外包形式，还是出售的形式，效率的提高和效益的增进已成定律[2]。此外，民营化还缩减了政府开支，并减少了政府对企业的不当干预甚至寻租腐败行为。

公共选择理论关于政府供给公共物品低效率的判断，进而活化为西方新公共管理民营化运动，对我国公共企业改革无疑具有重要启示。实际上，民营化已然被我国各级政府决策层作为公共企业改革的一个重要途径而采纳[3]。不过，在这一过程中，仍然充满了所谓新自由主义与新左派两派经济学家之间的激烈争论，并且反对民营化的声音似乎更为强烈。

笔者认为，我国公共企业改革对待民营化的恰当态度和做法是：

第一，积极而谨慎地对待民营化。为实现公共企业合理布局和结构优化、提高我国公共企业经济效益以及规范政企关系，民营化不失为今后我国公共企业改革的一个重要方向。但是"'民营化就像拆除炸弹，必须审慎对待'，因为错误的决定会导致危险的后果"[4]。当前尤其要注意民营化需要具备良好的外部条件方可进行，比如政府改革的持续推进、证券市场的发达，以及成熟的市场经济、可

---

①戴维·奥斯本、彼德·普拉斯特里克：《摒弃官僚制：政府再造的五项战略》，上海译文出版社1998年版，第24—25页。

②E.S.萨瓦斯：《民营化与公私部门的伙伴关系》，中国人民大学出版社2002年版，第177页。

③比如：在传统自然垄断领域（如电信行业）放松规制、分拆；天津、南京等地公共交通服务引入私营公司，成立合资公司；青岛、昆明环卫服务实行招标；浙江瑞安、长兴发放教育券，给消费者更多的选择权；等等。不过，更引人注目的是各地大举出售公共企业的做法。

④E.S.萨瓦斯：《民营化与公私部门的伙伴关系》，中国人民大学出版社2002年版，第305页。

承受的社会压力和政治敏感度等等，这些条件在我国尚处于完善之中，因此民营化步伐不宜过快①。

第二，不同的公共企业应有不同的民营化选择。一些公共企业因其处在买方踊跃、信息充足、错误决策成本很小、外在性很小、竞争极为平常的环境下，这些企业民营化是较好的选择，而且几乎不会产生负效应。相反，另一些公共企业处于外在性很大、集体利益大量存在、自然垄断趋势明显、分配目标很重要的环境之下，这类企业不宜民营化②。

第三，不同的公共企业应有不同的民营化形式选择。民营化并不止于出售公共企业一种形式，眼光不能一味盯在卖光国有资本上，民营化形式应该多样化。比如放松管制、合同外包、使用者付费等形式皆可广泛运用。由于政府垄断供应会产生官僚成本，而引入民营化的市场机制则会出现交易成本，因此可以根据对两类成本的谨慎权衡③，进而对不同公共企业究竟采取何种民营化形式做出灵活选择。

第四，民营化过程需要完善相关立法规范。①为防止民营化结果只是以政府垄断变成私人垄断，而使得公共企业改革的初衷——在公共物品生产中引入竞争机制落败，就需通过立法明确规定对私人承包商的限价措施、产品质量、数量和售后服务的保证措施、消费者的投诉处理措施。②采用出售公共企业这一民营化形式时，特别要谨防国有资产流失，整个过程必须在相关法律范围内规范进行，对借民营化之机不法转移国有资产为个人所有的行为要坚决予以打击。

产权理论给予我国公共企业改革之启示

产权理论是新制度经济学的一个重要理论创设。何谓产权？诺斯认为："产

①崔龙浩：《中国国有企业问题的本质以及改革的长期方向:民营化》，http://ccpser.jlu.edu.cn/qt/cczt6.php3, 2005-07-04/2006-11-12。
②欧文·E.休斯：《公共管理导论》，中国人民大学出版社2001年版，第137页。
③句华：《公共服务中的市场机制——理论、方式和技术》，北京大学出版社2006年版，第14页。

权本质上是一种排他性权利。"[1]产权的本质在于：第一，产权是一种权利束，包括占有权、使用权、收益权、处置权，这些权利可以在一定程度和一定空间上进行分离。第二，产权作为一种权利，从另一个角度讲，它是不受他人干涉的选择自由；第三，产权界定人们如何收益及如何受损。与产权本质相联系的是产权的属性：排他性、有限性、可交易性、可分解性。

从产权的本质出发，产权会具有怎样的功能？第一，激励功能。在经济运行过程中，当事人的利益若通过明确产权得到排他性保护，则主体行为的内在动力就有了保证。第二，约束功能。这一功能基于产权的有限性，即产权主体的行为不得超出其所界定范围，否则将要为此付出代价。第三，资源配置功能。指产权安排或产权结构驱动资源配置状态改变或影响资源的调节。第四，收入分配功能。产权是收入分配的基本依据。第五，外部性内部化。"产权的一个主要功能是引导人们实现将外部性较大地内在化的激励。"[2]第六，减少不确定性。产权明晰可以使经济交往环境变得比较确定。

通过以上对产权的分析，可知既定产权关系和产权规则相结合而成的产权制度对经济运行的极度重要性。在新制度学者看来，产权制度改革的目标就应是能明确界定和规范财产关系，从而发挥产权上述功能以保持经济长期增长。

新制度学者还重点研究了企业产权理论，并揭示了现代股份制企业产权结构的五个方面：一是公司的所有权和控制权分离；二是股票持有者共同拥有企业的剩余索取权，并以其所持股对公司负有限责任；三是股份可以自由转让，但公司持有独立的法人财产权。四是产权主体多元化和社会化，并以法律形式规定企业产权的相对独立性。五是公司设立监事会，有权检查公司财务状况，审查公司发展计划，代表公司交涉或起诉董事（长）、经理等。

上述新制度主义产权理论对我国公共企业产权制度改革具有重要指导意义。据此，我国公共企业改革要做到：

（一）明晰产权，建立健全公共企业现代股份制产权结构

我国公共企业产权关系的基本矛盾是：经营者支配的财产是由政府代表　"人

---

[1]道格拉斯·C.诺斯：《经济史中的结构变迁》，上海三联书店1994年版，第21页。
[2]同[1]，第98页。

民"这一抽象主体所有，因而其产权主体实际上处于虚置状态，产权由此不明晰，对经营者的激励功能从而受到严重影响，以致经营者往往产生这样的想法："花的不是自己的，不花白不花；捞的不知是谁的，不捞白不捞。"对国有资产的保值增值缺乏动力和信心，甚至想方设法转移为个人所有，造成国有资产流失。

因此明晰和界定产权关系，是我国公共企业改革亟待解决的首要问题。对于大型公共企业而言，明晰其产权关系，就是要实施股份制改造，将其一般均改组为股份有限公司。以上述新制度学派企业产权理论为指导，建立健全现代股份制企业产权结构，实现出资者所有权与法人财产权分离，明确相应出资者和经营者权责关系。规范发行股票，完善公司治理结构。同时应强调，由于大型公共企业特别是其中一些重要企业关系国家安全和国民经济命脉，因此改组为股份制公司后仍需由国有资本控股，对其按特殊的法律和政策严格规范其行为。对于为数众多的中小企业而言，因其资本较小，一般不属于关系国家安全和国民经济命脉的重要行业和关键领域。中小公共企业产权改革就可以通过规范试行管理层收购或控股[①]，以及民间资本收购等形式将这些企业改为民营企业，进而完全按民法和公司法原则规范其行为。

（二）理顺产权关系，深化公共企业资产管理体制改革

公共企业产权关系还存在严重的缺陷，表现为政府行政管理和国有资产所有者代表的双重职能不清和错位。政府往往使用不规范的行政干预，造成前者冲击后者。其结果是所有者（或其代理）对其所拥有的"自己"财产关切度低到了国有财产无人真正负责的最低限度，这也极大造成了国有资产流失[②]。

理顺公共企业产权关系，就深化公共企业国有资产管理体制改革：各级政府一般不再直接使用行政手段干预企业经营，而应由国有资产管理部门受政府委托对公共企业统一行使国家所有权职能或出资者职能。这一职能非越权干预企业日常生产经营，而是明确表现为两项直接权力、两项间接权力。"两项直接权力"

---

① 《国资委：坚持国企改革方向　规范推进国企改制》，http://finance.sina.com.cn，2004-09-29/2006-09-30。

② 黄士嘉：《深化国有企业产权制度改革的关键——理顺国有资产管理体制》，http://www.chinavalue.net/showarticle.aspx?id=6215，2005-06-06/2006-09-30。

指分红收益权和转让权（用脚投票）。"两项间接权力"指：通过董事会参与重大经济活动的决策权；通过董事会对管理者的选择权①。在此前提下，企业拥有法人财产权和自主经营权、独立核算，自负盈亏，同时也不得损害所有者和其他出资人权益。

委托代理理论给予我国公共企业改革之启示

委托代理理论认为，现代公司制企业良好委托代理关系，需以代理人全心全意为委托人服务为前提。但现实中由于这些原因，使得这一前提很难具备：第一，委托人与代理人目标函数并非完全一致。代理人有可能利用委托人授权谋求更多非货币物品，使委托人利润最大化目标难以实现。第二，委托人与代理人信息不对称。较之于委托人，代理人直接控制、经营企业，并具备专业技能与业务优势，因此掌握的信息更多，甚至形成很多"隐藏信息（Hidden knowledge）"。这往往导致委托人无法准确辨别企业经营绩效是由代理人努力程度还是由代理人不可控因素所造成，从而无法对其实施有效监督。第三，委托人与代理人之间契约不完全。由于存在不确定性，委托人与代理人之间无法事前签订完全合同来约束代理人行为，这就可能使代理人做出有损于委托人利益的决策并且不被委托人发现。第四，委托人与代理人之间责任风险不对等。代理人获得企业经营控制权后，一旦企业出现问题，其损失只是收入、名声和职位，远不及委托人作为所有者担负的实际风险。

当委托代理关系存在上述四个矛盾时，"代理问题"就会出现：代理人可能产生"道德风险"（Moral hazard，即违背道德规范，做出"出工不出力""假公济私"等行为）和"逆向选择"（Adverse selection，指采用隐瞒或谎报的办法，谋取不该占有的职位和不该得到的利益），采取机会主义行为来实现自我效用最大化，而不完全承担其行为全部后果，侵占委托人资产，损害委托人利益。

委托代理理论认为，要使代理问题减少至最低，就要构建对代理人的有效激

---

①常修泽：《国有企业改革的进展、方略和理论思考》，http://finance.ce.cn/macro/jjbg/grxsbg/200606/15/t20060615_7361546.shtml,2005-05-27/2006-09-30。

励机制，从而使代理人行为与委托人期望一致。而在企业两权分离和信息不对称条件下，一般认为，实现对代理人（经理）的有效激励机制即是使其拥有一定的剩余索取权。同时，经理人员的报酬可以有多种形式，以取得综合激励效应。当然，靠单纯的正向激励来解决委托代理问题是不够的，还需要有反向激励，即约束。对经理人员的约束主要来自于市场竞争机制约束，具体可分为三个方面：产品市场竞争的约束；资本市场竞争的约束；经理市场竞争的约束。

运用委托代理理论审视我国公共企业改革，可以发现，我国公共企业的委托代理机制存在的问题特别复杂：①从全体人民到经理人员之间形成多层次委托代理关系，信息传递缓慢、失真并加大了监督成本；②初始委托人虚位，不能选择代理人和商定合约内容，没有通过"用脚投票"的机制来惩罚代理人机会主义行为；③政府官员居于初始委托人和最终代理人之间，兼具委托人与代理人身份。由于企业资产非其所有，其对企业最终代理人（经理）监督的动力不足。甚至与后者合谋侵吞国有资产；④公共企业最终代理人所得与付出较为不相称，因此对其激励作用不足。经理承担的责任也有限，对其同时缺乏有效的约束机制[1]。由于这几项问题的存在从而导致我国公共企业道德风险、逆向选择等代理问题较之私人企业异常严重。

要减少我国公共企业代理问题，减小危害，就须逐一解决上述企业委托代理机制存在的问题。第①项问题，建议采取建立公共企业分级所有体制的办法来解决：根据现行国有企业分级管理的体制现状，作适当调整后形成新的中央、地方分级所有体制，从而减少从中央到地方再到企业的过多委托—代理层次，提高预算约束的硬度，增强地方和企业的资产经营责任心和积极性[2]。

第②、③项问题很大程度上寄希望于推进前述产权制度改革来解决。进言之，要对大型公共企业实施政企分开的措施，通过股份制改造明确界定产权和健全现代股份制产权结构；对中小公共企业则可以采取出售的办法；此外，要深化

---

①刘以安、陈海明：《委托代理理论与我国国有企业代理机制述评》，《江海学刊》2003年第3期。

②谭旭红等：《国有资产使用效率问题的分析与对策研究——基于委托—代理理论的分析》，《商业研究》2006年第6期。

国有资产监管制度改革，由专门国有资产管理机构代表各级政府来行使国有资产所有者职能。

第④项问题应特别引起研究者注意。解决这一问题，就要按照委托代理理论，构造对经理人员的有效激励（约束）机制：①经济激励（约束）与精神激励（约束）相结合。更要突出前者，比如给企业最终代理人（经理）分配以更多剩余索取权。②直接激励（约束）与间接激励（约束）相结合。前者包括给付报酬、职务消费、股东监督、监事会监督、职工监督等。后者包括充分竞争的市场机制，如产品市场、经理人市场、资本市场。考虑到当前用于间接激励的各类市场机制尚未健全，因此特别要以直接激励（约束）为主①。③实行年薪制，并逐渐引入股票期权、高额退休金及金降落伞等长期激励项目，激励经理人员的管理行为长期化②。④建立对经营者的市场考核和所有者考核机制，以市场业绩及资产市值作为核心标准检验和评估经理人员；建立经理人员风险机制，出资者有权通过合法途径依据市场业绩辞退经理人员③。

制度变迁理论给予我国公共企业改革之启示

制度变迁理论主要代表为诺斯。诺斯将制度明确定义为"一系列被制定出来的规则、秩序和行为道德、伦理规范"④。从这一定义出发，诺斯将制度区分为非正式约束、正式约束和实施机制三个部分。

（一）正式约束（Formal Constraints）

正式约束是指人们有意识创造的政策法规，包括政治规则、经济规则、契约以及又一系列规则构成的一种等级结构。

---

①邓旭东、欧阳权：《委托代理理论与国企激励约束机制的构建》，《企业经济》2004年第10期。

②蔡莹：《浅谈委托代理理论在公司治理和内部控制中的应用》，《乡镇企业研究》2003年第3期。

③姚莲芳、曾庆芬：《国有企业向现代企业制度转换与委托——代理理论》，《科技创业月刊》2004年第9期。

④道格拉斯·C·诺斯：《经济史中的结构变迁》，上海三联书店1994年版，第226页。

（二）非正式约束（Informal Constraints）

非正式约束是人们在长期交往中无意识形成的，具有持久生命力并构成历代相传的文化积淀的一部分。其主要包括价值信念、伦理规范、道德观念、风俗习惯、意识形态等思想文化因素，意识形态居于其中核心地位。现代社会，人们大部分行为空间是由非正式规则约束的。非正式约束的存在减少了社会经济生活中衡量和实施的交易成本，并能克服"搭便车"问题。

（三）实施机制

缺乏强制性的实施机制，任何制度尤其是正式规则就形同虚设。因此国家强化实施机制有利于社会正常运转与物质财富的增加，但是发展中国家因财政困难往往不得不降低维持实施机制的费用支出。

制度变迁理论之所以将制度及其上述三个部分引入经济学研究，是因其看到了制度作为人类适应环境的结果和一种公共物品，具有重要的经济功能：降低交易成本、服务经济、为实现合作创造条件、提供激励机制、实现外在性的内在化、抑制人的机会主义动机和行为。其中，提供激励机制从而提高经济主体积极性的作用，尤其使得制度对经济增长起着关键作用。而要提供激励机制，就要由国家建立有效率的产权制度，即国家通过法律制度来明确界定产权以降低交易费用，从而形成对经济主体的激励作用。

国家的作用不仅体现在建立有效产权制度上，由于国家可视为在暴力方面具有比较优势的组织，所以国家一旦形成，就能利用其优势干预和推动制度变迁（创新），对制度变迁发挥着独特的乃至决定性作用：以法律、命令形式承认诱致性变迁产生的新制度、利用公权力推行强制性制度变迁。不过，处于交易成本的思量，国家也会维持低效或无效的制度。

无效的制度即体现为制度变迁中的路径依赖，路径依赖的特征即是人们最初的选择决定了潜在可能的选择。路径依赖会造成经济长期的停滞不前。要摆脱路径依赖就需努力发挥国家的正面作用：丰富市场信息，降低制度创新、设计和实施的成本，用强力瓦解阻碍制度创新的利益集团，防止无效率因素的干扰。

以上即为制度变迁理论的观点。可从中得出的主要启示在于：政府首重职能乃是制度供给职能。换言之，制度是政府应提供的最主要的公共产品。在我国公共企业改革过程中，政府制度供给职能具体体现应为以下三方面：

（一）提供公共企业有效产权制度等各项正式约束

1.建构和实施公共企业有效产权制度

"从国有企业制度变迁本身看，它对传统国有企业制度的路径依赖性是不言而喻的"[①]。而传统政企不分、权责不清的无效产权制度则导致了公共企业制度变迁最为严重的路径依赖，其影响之大，以致于尽管一直以来我国对公共企业改革屡有创新和突破，成效却并不见大。传统产权制度何以形成路径依赖并能持续发挥重要影响？一个重要原因是公共企业改革过多考虑了意识形态因素导致突破传统产权制度的交易成本太大。但是更为深层的原因则是传统产权体制下形成的一些分利集团的强势阻碍。特别以各级政府以及公共企业管理层为代表的分利集团在公共企业传统产权制度条件下获益颇丰，因此往往对传统产权制度有着强烈需求并总是力图对其加以巩固。

如何从传统产权制度的路径依赖中突围？这只能以民主化进程促使政府真正以公共利益代表面貌出现，突破分利集团尤其是政府自身和企业管理层的阻碍，凭借强大的公权力自上而下推行强制性产权制度变迁：明确界定公共企业产权，建构和实施有效产权制度。

建构和实施有效产权制度的具体要求如前所述：大型、重要的公共企业要实施股份制改造，将其改组为国有资产控股的股份有限公司，建立健全公司股份制产权结构和治理结构。中小公共企业则可以通过各种规范途径改制为民营企业。同时，还要深化国有资产管理体制改革，建立各级国有资产经营机构来恰当行使国有资产所有者职能。

2.建设和完善公共企业改革和运行的各项配套制度

各项配套制度的完善，可以为公共企业产权制度改革以及公共企业的运行提供良好的制度环境并有效降低其交易成本。配套制度建设应围绕这几个方面：①市场经济法制建设，特别是完善执法环节；②规范的中介服务体系建设；③按市场经济规则塑造的银企以及资本市场的基本规则建设；④统一的、竞争相对充分的市场体系和规范的市场秩序建设；⑤市场信息发布机制建设；⑥社会保障制度建设。

---

①李纯：《制度变迁中的国有企业行为研究》，《北京工商大学学报》2005年第3期。

（二）领导建立公共责任导向的公共企业优良的非正式约束

很多国家都将公共企业视为公共部门的重要组成部分[①]。这是因为公共企业较之于私人企业具有特殊的公共性。公共性突出表现在公共企业要承担公共责任，将社会目标而非利润目标放在首位。既如此，对于公共企业无论是管理层还是普通工作人员而言，就不能只以追求私益最大化为诉求，更应担负和实现作为公共部门人员的公共责任和使命。由此在公共企业改革中，政府就可以通过社会主义意识形态对管理人员进行教化，通过将公共部门应具有的价值信念、伦理规范、道德观念作用于公共企业全体人员，终使其以人民和国家的付托为重，自觉树立公共责任，从而建立以公共责任为导向的公共企业优良的非正式约束——这样的过程或许会花费一些时间，但是正如制度变迁理论所揭示，这可以有效降低产权制度等正式约束创新的交易成本，更可以提供对企业管理人员的长效激励机制并减少其机会主义行为。而且，在这一过程中由于可以形成企业团队为公民提供优质服务的共同愿景和合作意向，企业公共性目标之外的另一目标即效率不仅可以兼顾，甚至会大幅度提高。

（三）强化公共企业制度创新的实施机制

要通过实施"分税制"，合理划分中央与地方财政收入，保持政府体系上下层级均有充足的财力基础来实施上述产权制度改革、配套制度建设等公共企业制度创新行为。并要通过行政体制改革、国有资产管理体制改革、财税体制改革、司法体制改革等合力作用，规范各级政府与公共企业关系，确保中央有关公共企业改革的各项制度、措施能够在各级地方政府层面得以切实贯彻执行。

---

①欧文·E.休斯：《公共管理导论》，中国人民大学出版社2001年版，第128页。

产业政治学论纲
——经济政治学的话语分析*

　　现代社会中，政治现象与经济现象已难以准确区分。由此，经济学与政治学出现了相互交融的趋势。首先是西方一些自由主义和激进主义经济学家基于对凯恩斯主义的批评与反思，创立了公共选择理论、集团理论、新制度经济学等，推动了主流经济学与政治学在较长时期离别后重续旧弦。这一现象被很多学者看作是古典政治经济学某种程度的复兴，因而将这方面的研究成果指称为"新政治经济学（New Political Economy）"。而后许多政治学家饶有兴致的介入，则在更广泛意义上推动了所谓"经济政治学（Economic Politics）"学科的形成。这一学科在政治学学科母体之外积极借鉴新政治经济学的诸多理论范式，旨在揭示经济现象与政治现象之间的本质联系，倡导一种动态平衡的经济政治观[①]。

　　笔者以为，"产业政治学"理应成为经济政治学不可或缺的组成门类。产业政治学的学科建构及其可能溯因于西方现当代以来产业经济学的发展。

　　作为一种应用经济学，产业经济学专注于研究产业生产力发展的规律性。该学科特别自20世纪70年代以来步入快速发展阶段，并且逐渐形成了哈佛学派、芝加哥学派、奥地利学派及新制度学派等四个流派。他们的研究领域基本上集中于产业组织理论、产业政策理论等方面。改革开放后，国内主流产业经济学考虑到产业结构与经济发展密切相关，加上最早受日本某些经济学家的影响，又将产业结构理论纳入产业经济学的研究框架，因此目前在我国，产业经济学的重点内容

---

　　*原文发表于《湖北社会科学》2006年第7期。

　　①张永桃、范春辉：《经济政治学：政治——经济关系研究的新视角》，《江苏社会科学》2003年第4期。

156

是产业结构理论、产业组织理论和产业政策理论。

事实上，迄今在产业结构、产业组织及产业政策等方面取得的众多理论成果，按其学科特性来说归属于产业经济学，但若换之以经济政治学的话语来分析，同样可以发掘许多深刻的道理，从而完全可以形成产业组织政治学、产业政策政治学和产业结构政治学等范畴或研究领域，进而由其组成产业政治学的学科体系。以下分别论述。

产业结构理论中的政治学：产业结构政治学

产业结构理论的研究重点是：产业分类法、影响和决定产业结构的因素、产业结构演变规律、产业结构优化理论等等。在经济政治学视阈里，产业结构理论中的产业分类法最值得关注。这里，笔者以通用的三次产业分类法为分析对象。三次产业分类法的内容是：国民经济全部经济活动可划分为第一产业（农业）、第二产业（工业）和第三产业（服务业）。它们在历史上依次出现并作为国民经济优势产业。可以发现，这与民主的历程恰好同脉。笔者以民主政治的发展为主线，将历史划分为三个时期，做出说明。

（一）前民主政治时期——第一产业农业在国民经济中占优势，农业经济无法孕育民主而与专制统治紧密联系[1]

第一产业农业在漫长的奴隶社会和封建社会中一直是优势产业。农业的优势地位以及农业人口——农民占大多数，与专制统治的形成和巩固具有密切关系。

（1）农业生产离不开水，水是靠灌溉系统来保证的，这个系统若没有人来管理，水就不会有合理分配。而且，任何干扰都会使庄稼收成不佳，这更需要社会力量管理。于是，农民几乎是心甘情愿地接受层层官吏直到皇帝的专制统治[2]。马克思对此也曾指出：农民不能代表自己，一定要别人来代表他们。他们的代表一定要同时是他们的主宰，是高高站在他们上面的权威，是不受限制的政府权力，他们希

_____

[1]这里主要以古代东方农业社会为例，事实上在西方，古代雅典经济上以海外贸易和商业为主，曾经建立了非常发达的民主政治。

[2]孟驰北：《草原文化与人类历史》，http://www.alswh.com,2006-03-18/2006-04-26。

望这种权力保护他们不受其他阶级侵犯，并从上面赐给他们雨露和阳光①。

（2）在奴隶社会和封建社会，农业的经营方式主要是自给自足的自然经济，这种封闭的经济形式造成一个个相互封闭的农业区，不仅禁锢了人们的想象力和创造力，也使得迷信、盲从和安于现状成为农民普遍的心理特征，这也为专制统治塑造了良好的社会心理氛围。

（二）民主政治的形成时期——第二产业工业在国民经济中占优势，工业经济采取市场的形式锻造了民主政治

19世纪第一次工业革命之后，工业成为了占据主导地位的第二产业。工业经济以商品生产和商品交换为特征，因而采取了市场的运作方式。研究表明，工业生产和市场经济的发展与近现代民主政治产生、发展之间具有惊人的相关性。

（1）工业和市场经济的发展，导致了人的依赖关系的解体、视野的开阔及受教育水平的提高，这些推动了民主主体的形成；市场经济实行自由竞争和公平交换，并对法制表示了尊崇，这些则逐渐演展为自由、平等、法治等各项民主原则；市场经济还促进了健全的民主政治体制的建立，并为民主的发展创造了普遍的社会基础②。

（2）工业和市场经济的发展越发强烈地要求规范的、以明确的规则而非以个人好恶为依据的行政管理，于是19世纪中叶以后西方国家借鉴工业组织的管理原则，纷纷确立了体现科学精神、法制精神和理性精神的官僚制。虽然在当代，官僚制范式因其低效、迟缓的病象在新公共管理运动中广遭垢议，但是对民主政治做出的历史性贡献不容抹杀。新公共管理运动也并不能提出一种完全取代官僚制的新范式。

（三）民主政治的高度发展时期——第三产业服务业在发达国家国民经济中占优势，推动了这些国家民主政治的繁荣以及政府治理（Governance）变革

当代发达国家第三产业在国民经济中的比重一般都在60%以上，2004年美国第三产业在国民经济中的比重甚至达到79.4%，大大超过了第一和第二产业。这对民主政治的发展产生了有利影响：

---

①《马克思恩格斯选集》第一卷，人民出版社1972年版，第693页。
②聂运麟：《论市场经济与民主政治》，《华中师范大学学报》1998年第6期。

（1）信息技术产业处于第三产业的第一层次。在20世纪80年代以来的信息革命带动下，信息产业和互联网高速发展。以美国为例,信息产业的比重1974年时为53%，而到1990年时已达到70%。信息产业的发展和互联网的普及，进而网络技术在政府管理中的运用，一方面出现了先进的"电子政府"，节省了行政成本，简化了行政程序，促进了政务公开；另一方面，互联网普及，公民通过网络可以便捷地了解到来自政府和社会的大量信息，从而对公共政策的制定掌握了更多的知情权和话语权。

（2）公众对公共服务的需求膨胀推动了公共服务业的极大发展。而从事公共服务业的组织，除了政府以外，还有越发活跃的NGO。NGO与政府沟通、合作，积极投身公共服务的生产和供给，促进了政府职能向社会的转移，并且NGO还以其组织化优势培育和塑造了公民社会，对政府权力起到了有力的制约作用，从而推动了政府治理变革。

产业组织理论中的政治学：产业组织政治学

产业组织理论以企业之间竞争和垄断及规模经济的关系等为研究对象，以揭示产业组织活动的内在规律。在经济政治学看来，产业组织理论当中有一些很值得重视的方面。

（一）政府对垄断与竞争的协调

西方资本主义发展到了20世纪初，垄断成为经常的现象，古典政治经济学无法对此做出令人满意的解释。对此，①哈佛学派最早分析指出，市场结构决定企业的市场行为，市场行为决定资源配置的绩效。因此，为了获得良好的市场绩效，必须采取积极的反托拉斯政策和政府管制，以改善市场结构，进而规范企业的市场行为。②芝加哥学派认为，在没有人为的市场进入限制的条件下，市场竞争过程是有效的。垄断的主要原因实际上来自于政府干预，所以政府应该放松或取消对某些领域的管制，实行消极的反托拉斯政策。③新奥地利学派认为，政府利用规模经济的名义对产业进入的限制才是制造垄断的原因。因此反对政府干预经济，对企业的行为应该放任自由。④新制度学派认为，对垄断的规制是必要的，而对寡头垄断的规制是不必要的。除非寡头企业是生产同质的产品，而且市场集中度导致进入壁垒也很高。

以上反映了产业经济学不同流派对垄断成因以及政府反垄断政策的较为激烈的争论。在实际操作层面，各国政府根据自身情况对垄断的态度和采取的政策措施也各不相同。一般说来，多数西方发达国家为确保市场机制的有效运转，在产业组织政策上，往往都把反垄断作为主要的政策目标。比如美国自1890年以来颁布了一系列的反垄断法，英、法、德等国家也纷纷颁布了反垄断方面的法律法规。相比较而言，日、韩等东亚国家虽然也制定了反垄断方面的法律，政府也出台了鼓励中小企业发展的政策，然而，出于赶超战略的需要，政府产业组织政策的侧重点还是放在了鼓励生产集中和垄断上，目的是确立与工业化相适应的大批量生产体系，并相应形成高效率的生产集中体制①。

（二）新制度学派产业组织理论的若干启示。

1. 交易成本理论与政府职能的定位

新制度经济中学产权经济学的代表人物科斯创立了交易成本理论。所谓交易成本是指人们完成一笔交易所付出的货币、时间、精力和体力等各种成本。一桩交易由内部完成和由外部完成所产生的成本不同，据此交易成本可区分为内部交易成本和外部交易成本。企业制度出现的原因恰恰在于，会存在交易的外部交易成本大于内部交易成本的情况，这时以企业代替市场的方式可以节省资源，降低交易成本。

正是基于交易成本的产业组织理论，科斯对政府职能做出了独到分析：通过界定产权，或变动产权结构，可以有效降低交易成本，优化资源配置效率，这正是政府的积极职能所在；政府实际上也是一个超级企业，与市场之间同样存在着替代关系，只有在行政解决方法的费用（即行政花费的内部交易成本）低于市场解决的成本（市场花费的外部交易成本）时，政府才有理由介入公共产品的供给和公共事务的处理。

2. 委托——代理理论与对政府官员的监督机制

委托—代理的产业组织理论由威尔森、诺斯、莫里斯等人提出。这一理论将委托代理人根据委托人利益从事某些活动，并相应地授予代理人某些决策权的契

---

①唐卫宇、马振平：《产业政策的国际比较及启示》，《北方经济》2001年第10期。

约关系称作委托代理关系。在这一关系中，由于委托人和代理人双方目标函数不一致，因此存在着信息不对称的问题：代理人为了自身利益，会粉饰自己的业绩，控制向委托人的信息输出。因此委托人往往面临着多种代理风险：在签约时代理人利用私人信息进行"逆向选择（Adverse selection）"；合同执行过程中代理人拥有自然状态的私人信息所引起的"隐藏信息（Hidden knowledge）"；与代理人事后行动的不可观察性相关的"道德风险（Moral hazard）"。

诺斯将委托—代理理论进一步引入国家分析，认为国家的行动由统治者和代理人来完成，这与企业中所有者和管理者之间的委托—代理关系一样，国家的统治能力会受到以上信息不对称的代理风险的困扰。因此，为避免代理成本过高，统治者一般不愿给下层代理人过多权力，并且倾向于建立逐级控制机制，以对官员实行一种更为可行的监督[1]。

产业政策理论中的政治学：产业政策政治学

产业政策理论研究的重点是：产业政策的性质、特点、类型、措施；产业政策制定的目标、程序、因素；产业政策的推行效果等等。在经济政治学语境中，产业政策属公共政策范畴，除了会产生一定的经济后果，作为平衡各种利益冲突的结果还会产生一定的政治后果。从而产业政策必然涉及到经济政治学的许多话题。可归纳如下：

（一）政府通过产业政策的制定以弥补"市场失灵"

"市场不是万能的，市场在调节一国经济发展过程中难免失灵，而国家经济需要发展，所以产业政策就显得尤为重要。"[2]对于我国来说，还存在着市场发育不良的情况，要解决产业结构的调整、产业区域布局的非均衡等问题，政府通过产业政策发挥宏观调控作用尤其重要，表现在：①调控经济结构。产业政策可以通过对产业结构、组织及区位等进行战略引导和调控，促进资源配置结构和产业结构的优化。②调控经济运行。产业政策可以调控社会投资规模，引导投资结构

---

①杨龙：《西方新政治经济学的政治观》，天津人民出版社2004年版，第87-88页。
②于兰婷：《产业经济学主要流派及其产业政策》，《合作经济与科技》2005年第7期。

和流向。③调控经济布局。产业政策按照各地区位优势，通过政策引导和政策倾斜，优化产业区域布局。④调控经济增长方式。可以通过相关产业政策，扶持和推动高技术产业发展，促进服务业发展，从整体上改变经济增长模式[①]。

（二）政府通过产业政策干预市场的方法

总体而言，欧美国家更倾向于使用间接的或非行政的方法。比如20世纪90年代以来美国在法律范围对产业组织进行间接地引导和干预，以提高或维持美国产业的国际竞争力，在此基础上，政府保持了"维护自由竞争"的传统[②]。但是东亚国家，比如中、日、韩三国，往往强调政府在产业政策调整中的主导作用，由政府采取一系列的政策工具来支持他们所认为的主导或支柱产业的发展，其中不乏直接使用强制性的行政权力。例如20世纪80年代以来，中国政府通过产业政策调整产业结构的任务从未停止。为了解决产业组织结构长期存在的"小、散、乱、差"问题，政府通过"拉郎配"式的产业重组和经济联合，人为拼凑出一些总资产规模较大而实际上并无竞争优势的企业集团[③]。

（三）政府产业政策施行能力的影响因素

政府产业政策施行能力是政府能力的一个重要方面，其直接影响到产业政策目标能否最终落实以及在多大程度上落实。影响政府产业政策施行能力的因素主要有：①政府的行为动机与决策能力。政府只有从促进产业发展的立场出发，尊重客观经济规律，制定出的产业政策才可能取得较好的效果。政策制定者的决策能力，包括知识素养、信息收集和处理能力等，对产业政策的施行也起着重要作用。②政策执行主体对政策的领会、贯彻状况。地方政府是重要的政策执行主体。掌握一定可支配财权的地方政府如果仅从地方利益出发，对中央政府产业政策的执行就会发生偏离。企业是产业政策执行的微观主体。企业的产权是否明晰以及企业对产业政策调整的信息接受能力，都将影响到产业政策目标的最终落实。③涉及政府产业政策实施的各职能部门的联动、协调状况。比如，当前我国

[①] 王岩：《浅谈产业政策的功能与作用》，《现代企业教育》2005年第6期。

[②] 陆昂：《20世纪90年代以来美国和日本产业政策调整评析》，《经济问题探索》2004年第2期。

[③] 冯晓琦、万军：《中国转轨时期的产业政策与竞争政策》，《经济问题》2005年第7期。

政府产业政策手段往往分散于不同职能部门，在运用各种政策手段时，其目标不一定与产业政策目标一致，这就会使得产业政策的效果大打折扣[①]。

（四）政府的区域产业布局政策选择

在经济领域，存在着效率与公平的基本矛盾，政府制定的各种产业政策包括产业布局政策从某种意义上说，正是为了解决这一基本矛盾。对效率的强调形成产业布局的非均衡发展战略，对公平的强调则形成产业布局的均衡发展战略。这两种战略互有优劣：非均衡发展战略有利于稀缺的资源得到最优化的配置，发挥最大的效益，但是其"边际效应即使在最大时，也是以其他地区的付出为代价的"[②]，而且非均衡战略的边际效应会逐步递减。均衡发展战略的优点是致力于缩小地区差距和生产力的均衡布局，促进地区间经济的同步发展，但是又可能以牺牲经济效率为代价，反而危害经济的发展。

---

①廖长友、刘垂玖：《浅论产业政策的有效性及其影响因素》，《北方经贸》2004年第8期。

②章敬平：《"后特区时代"非均衡战略的终结》，《南风窗》2005年4月上。

变化社会中的行政领导力再造[*]

迄今，"学者们针对'领导力'给出了不下350种解释，其中比较权威的解释是：领导力是'世界上最容易察觉又最难理解的现象之一'"^①。美国领导力研究专家詹姆斯和巴里在《领导力的挑战》一书中给出了在多数人看来勉强可以接受的定义：领导就是要带领其他人走到他们从未涉足的地方，而所谓"领导力"则是指一种能够激发团队组织成员的热情与想象力，引导团队组织成员全力以赴去完成组织成长目标的能力^②。基于此，行政领导力相应就可以理解为行政组织领导者以组织目标为指引，对追随者乃至公众有效、公正地施加影响的能力。在整个工业经济时代，与标准化的流水线生产方式相适应，并且基于特定的历史场景以及对人性的流行假设，行政领导力主要通过实施交易型领导、内向型领导、独白式领导、规则型领导来构造。然而，当历史的车轮滚滚推进到后工业社会阶段，由于信息革命及其引起的社会激荡起伏的变化，行政领导力的实现发生了根本性的改变，诸如转化型领导、开放型领导、共同领导与危机领导等殊异于传统的新型领导方式越发被强调和采用。笔者下面将详细阐述。

工业社会行政领导力的构造

19世纪末20世纪初，轰轰烈烈的工业革命推动了管理学科的诞生。公共行政也

---

*原文发表于《领导科学》2009年第32期。

①林志颂、理查德·L.德特：《领导学》，中国人民大学出版社2007年版，第5页。

②郑大武：《领导力开发的价值意蕴和路径选择》，《重庆科技学院学报》2008年第10期。

大体形成于这一时期。作为一项主要的行政管理活动——行政领导深深刻上了那个时代的烙印，与工业社会的宏伟图景相适应，尤其是装配线作业的机器大生产对效率至上的强调，决定了彼时的行政领导力最核心的追求即是：效率，效率，效率！而为了实现这样的目标，行政领导力通常采取以下途径来构造和显现：

（一）交易型领导

市场经济巨大魔力的奥秘何在？古典政治经济学鼻祖亚当·斯密以"经济人"假设对此做出了贴切的诠释：正由于千千万万以逐利为最高目的的"经济人"展开充分的市场竞争，才使得资源真正得以优化配置。斯密对人性的这一假设影响深远，以致现代管理运动诞生伊始，泰罗、法约尔等管理学先驱不假思索地接受了这一假定，并在此基础上构建了与工业社会最相匹配的现代企业管理。而从企业管理母体中产生的行政管理同样秉承了对人性的这一看法，由是，行政领导作为行政管理七项职能（POSDCORB）中极其重要的一个环节，相应主要采纳了"交易型领导（Transactional leadership）"来形塑行政领导力。由J.M.伯恩斯开创性地提出的这一概念旨在描述这样一种领导策略：由于追随者乃是自私自利的"经济人"，于是，为实现领导者的意图，最好的方法即是通过交换的手段让其有所得，或者避免有所失。"这种交换在性质上可能是经济的、政治的或者心理的：以物易物，或以物换钱；候选人与公民之间或立法者之间进行的选票交易；对他人表示友好以换取他人乐意听自己倾诉烦恼。交易的每一方都会意识到另一方的权力资源和态度。每一个人都会把另外一方看作一个人(Person)。他们的目的是联系在一起的，至少在讨价还价的过程中……但是，一旦超越这个过程，这种联系就行不通了……一种领导行为发生了，但它并不是那种为共同和不断追求一种更高目的把领导者和追随者结合在一起的领导行为。"[1]

（二）内向型领导

工业经济阶段，卖方市场色彩较为浓厚，生产者驾驭外部市场和消费者相对轻松，汽车业元老福特的名言可以佐证：不管消费者的需求怎样，我的车永远是黑色的！由此，企业为追求更高的效率和效益更多从内部着手，实施一种眼光朝

---

[1] J·M·伯恩斯：《领导论》，中国人民大学出版社2006年版，第13-14页。

内的"内向型"领导：一方面努力扩大生产规模和推进技术革新，生产出量大质优的产品来引导消费者和占领市场；从而，领导者对扩张资本和产量，以及机器设备升级倾注更大的精力。另一方面，谨遵科学管理或一般管理理论的教导，主要采用加强纪律和层级分工的领导手段，以此来提高企业的生产效率，企业由此愈益"科层化"。行政管理乃脱胎于企业管理，且外部环境较之企业管理更为宽松：对价值中立的追求以及文官考选制的实行，使得顾客（公众）的意见较难左右行政机构。如此，行政领导力的塑造更方便地采取了内向型领导的路径，类似于企业，一是设法增加预算，从而追求公共物品供给量的增加，以致只讲产出而不计投入。公共选择学者将这一现象总结为官僚机构具有预算最大化的倾向。二是追求行政机构的科层化。强调领导和管理的法理型权威，进而制定各种严格的规章来管理官僚；推进纵向和横向的职能分工，强化科层制。而由于预算的增长难以遏制，机构总是呈现持续扩张的势头，帕金森定律描述了这一现象：政府机构的工作量无论是增加还是减少，政府机构及其人员的数量总是按同一速度增长。尼斯坎南也曾在《官僚机构和代议制政府》一书中指出：公共机构的规模往往比作用相当的私营机构大一倍。

（三）独白式领导

毫无疑问，马科斯·韦伯的官僚制理论为工业社会下企业、政府等官僚制组织效率的增进规定了最为重要的法则：为了减低传统组织运作中的人治因素，提高效率，必须奉行价值中立原则，抵制价值理性的介入。因为在韦伯看来："价值合理性总是非理性的，而且它越是把行为以之为取向的价值上升为绝对的价值，它就越是非理性的，因为对它来说，越是无条件地仅仅考虑行为的固有价值（纯粹的思想意识、美、绝对的善、绝对的义务），它就越不顾行为的后果。"[1]在韦伯这一经典教义的熏陶下，民主的参与行为在工业社会的企业和政府等官僚制组织里是几乎绝迹的。就政府部门来说，这一方面表现为，文官尤其是"街头官僚（Street-level bureaucrat）"被要求仅以快速变现政策为使命，而无法参与政策的制定，文官出于职业良知而应该行使的自由裁量权也屡遭质疑和严厉限

①马克斯·韦伯：《经济与社会》（上卷），商务印书馆1997年版，第57页。

制；另一方面则表现为，公众参与被认为在"环式民主"①条件下既没有必要，也会损害政策执行的效率，故而只能被动地承受公共政策执行的后果。基于这两方面原因，工业社会的行政领导从而显露出高度集权的特征。这既体现为行政机器内部的高度集权，也体现为政府相对于社会高度集权，如此，行政领导好似政府领导层的独白，因而可谓为独白式领导。此种领导在官僚体系的上下层级间以及政府对社会生活的管理上均表现出超强的控制色彩，也正是在这一意义上，欧文·休斯说道："传统'行政'的含义主要即是实施"控制"②。"

（四）规则型领导

行政领导常需面对和解决的是来自组织内外的不确定性（Uncertainty）③。进入工业社会之后，人员流动频繁，经济交往面扩大，社会不确定性从而增强；此外，行政官僚机器的膨胀与内部分工的细密也加剧了行政体系内部的复杂性和不确定性。对此，行政领导做出的选择是，一方面在组织内部建立一整套标准化的制度规则，诸如条例化的办公程序、专业化的工作任务安排、非人格化的运作机制、工作过程的记录存档制度、工作人员的薪金制等。凭借这些有章可循的制度规则，行政领导就可以以不变应万变，引导官僚们有效应对组织内环境的不确定性。例如，规章化的办公程序，尽可能降低了对环境条件和决策结果预测的主观随意性；一致性的办公准则，增加了各层次、各部门的决策结果的一致性和相互协调；永久性档案的设立，增加了官僚们的知识，使得即使是年轻的官僚也有足够的经验将陌生的问题熟悉化；森严的办公体制与规则本身就是一定范围内的规律总结等④。另一方面则是在国家治理层面，凸显法治的力量，用宪法法律规则

①这一称谓被后现代公共行政话语理论用来形容传统代议制民主的间接实现路径：代议机构和选任官员对人民负责，官僚制机构则对代议机构和选任官员负责，这样，官僚制最终可以做到对人民负责。

②欧文·E.休斯：《公共管理导论》，中国人民大学出版社2001年版，第6页。

③安东尼·唐斯在《民主的经济理论》一书中这样来描述不确定性："就是缺乏有关过去、现在、将来或假想事件的过程的确切知识。就一具体决策而言，不确定性可能在强度、相关性以及可排除性上存在着差异。"

④武玉英：《变革社会中的公共行政——前瞻性行政研究》，北京大学出版社2005年版，第21页。

的恒定性来规范社会事务的管理,降服组织外的社会不确定性。不仅如此,官僚机构内部工作规章和分工制度的健全,也强化了对社会不确定性的管理,这正如约翰·基恩所言,"由专业人员组成的官僚主义机构的监督和纪律甚至可以把影响扩大到最隐秘的家庭生活领域","其结果是,各种官僚机构正在使自己形成一个无所不包的圈子,看来谁也不允许离开这个圈子"[1]。基于此,工业社会的行政领导又形成了一种规则型领导。

后工业社会:行政领导力再造

以20世纪80年代为界,视作后工业社会的来临。由于信息革命和互联网络的发展,产业结构呈现智能化发展趋向,这一景象与传统的工业社会大不相同,故而很多人乐意用"后工业社会"一词来称呼。丹尼尔·贝尔应是这一词汇的首倡者,其这样来简明扼要地定义后工业社会:"首先是社会结构的变化,其结果在具有不同政治和文化构造的社会中将有所不同。"[2]事实证明,后工业社会的到来不仅引起经济和社会的深刻变革,继而也推动了行政领导力的再造,并且循着以下与工业社会领导力的建构完全相反的路径展开:

(一)转化型领导

如前所述,工业社会里,对人性的主流看法是葛朗台式的"经济人"假设,由此出发,最有效的领导手段莫过于与追随者进行利益交换。然而,斯密的这一假设并不足信。韦伯后来即曾在《新教伦理与资本主义精神》一书中从清教徒身上发掘了"经济人"在唯利是图本性之外的另一特性:杜绝享乐主义,毋宁说,是将追逐金钱视作自我价值的实现[3]。遗憾的是,韦伯揭示的"经济人"这一特性在工业社会甚少被领导者关注,而在后工业社会,才越发凸显出来。由于这一阶

---

①约翰·基恩:《公共生活与晚期资本主义》,社会科学文献出版社1999年版,第5-6页。

②丹尼尔·贝尔:《后工业社会的来临》,新华出版社1997年版,第20页。

③卞凤玲、王勇:《经济人的内涵与社会主义市场经济》,《广西社会科学》2002年第4期。

段，知识经济占据主导，信息型人才空前重要。从而激发此类人才的活力和创造力就成为建构和彰显行政领导力异常关键的方面。为此，继续像工业社会那样，注重满足信息型人才的物质需要，从而激励其奉献智慧仍属必要，但除此之外更应考虑到，信息型人才已大不同于往昔的被领导者，普遍更看重的乃是个人价值的实现。因此，就有越来越多的学者提出必须用转化型领导（Transformational leadership）来取代交换型领导。不同于交换型领导仅仅建立于难以持久的交易关系之上，转化型领导"往往是在领导者和追随者通过他们相互提升到更好的道德和动机层次而彼此融洽的时候出现的……他们的利益会融合成为对共同目标的相互支持"[1]。亦即可以在领导者与追随者之间分享愿景（Vision）。愿景是代表着挑战，需要所有成员尽最大努力去实现的雄伟设想[2]，从而共享愿景的确立不仅本身体现出对新型人才乃至新型公民的尊重，更可以激发其雄心壮志，去实现人生价值和抱负。也正由此，后工业社会下转化型领导的实施真正可以释放出惊人的领导力。

（二）开放型领导

步入后工业社会，不仅国内外市场竞争趋于激烈，而且消费者个性需求突现，由此，企业关注和吸引顾客，加强对外部市场环境的管理显得极为重要。而对于政府来讲，由于社会管理日趋复杂，牵一发而动全身，加之公众对政府无论在效率还是公平等方面均提出了更高的要求，因而同样需要克服狭隘的内向型领导思维，相应实施一种视野开阔的开放型领导，其具有这几层内涵：一是前瞻性领导。领导者必须做到"'向前看'；识别问题与机遇；尽量将消极面转化为潜在的积极面；要抓住、塑造和发展这些机会，确保它们转化为现实"[3]。二是营销型领导。官僚要把公众视作顾客，想方设法满足其个性需求，而不应仅仅考虑

---

①登哈特夫妇：《新公共服务——服务，而不是掌舵》，中国人民大学出版社2004年版，第142页。

②林志颂、理查德·L.德特：《领导学》，中国人民大学出版社2007年版，第453-454页。

③加里斯·摩根：《驾御变革的浪潮：开发动荡时代的管理潜能》，中国人民大学出版社2002年版，第6页。

自身的需要或者从方便官僚自己的角度来提供公共服务。三是精明领导。要像企业家那样精明地重视公共物品的生产成本、效益和效果。为此，极有意义的举措是实施民营化战略。民营化强调将一些公共服务职能交由社会承担，故而又可以实现裁减机构和预算的目的，避免内向型领导下预算与机构膨胀的势头。四是解制式领导。内向型领导通过规章来控制官僚。然而，由于任何规章都只是不完全契约（Incomplete contract）[1]，存在着漏洞，故而又需要再立规章……如此，规章只会引起更多的规章，最终既使得官僚毫无主动性，怕承担责任，对其找寻规章漏洞做出的机会主义行为也照样防不胜防。鉴于此，就须对行政部门实行解制，去除不必要或过时的规章条令，为官僚松绑，调动其积极性；并在确保行政体系整体协调的基础上，向最贴近和了解公众的一线官僚授权，此举亦可以实现行政机构的扁平化。

（三）共同领导

后工业社会"新技术发展的刺激，直接推动了信息快速的扩展和传播，越来越多的公民……要求在公共政策过程中获得发言的机会[2]。"而且公民对政策的参与也确已显示出诸多好处：丰富了决策信息而避免了决策失误；增进了公民对政策的接受感；公民的辅助服务拓展了公共服务效率；增强了政府亲和力从而有助于改善官僚处境[3]。不仅公众的参与行为正广为流行并被充分肯定，在后工业社会下，借助信息技术提供的便利，基层官僚也同样对参与政策制定显示出较为浓厚的兴趣和能力。由于与公众接触最多，切身体会到公众的疾苦和需求，他们越来越希望也正在努力进入传统的"政治"禁区，参与公共政策的制定，为社区福利

---

①可从三个方面来理解契约的不完全性：第一，在复杂、不可预测的世界中，人们很难想得太远，并为可能发生的各种情况都做出计划。第二，即使能够做出单个计划，缔约各方也很难就这些计划达成协议，因为他们很难找到一种共同的语言来描述各种情况和行为。对于这些，过去的经验也鲜有帮助。第三，即使各方可以对将来进行计划和协商，他们也很难用这样的方式将计划写下来——在出现纠纷的时候，外部权威例如法院，能够明确这些计划是何意并强制执行。

②约翰·克莱顿·托马斯：《公共决策中的公民参与》，中国人民大学出版社2005年版，第1页。

③同②，第153页。

的增进也为自己的相关要求发出声音。总之，后工业社会下，像传统独白式领导那样极力排斥街头官僚和公众的参与已经没有可能。正由此，很多有识人士相应提倡一种共同领导（Shared leadership）的参与型管理模式。新公共行政最早表达了这一想法，提出要积极支持公民更多地参与公共政策（及公共服务）的发展、管理与评估以确保更高程度的社会公平①，并且强调"行政人员'应该'制定政策"②；新公共服务则明确主张实施共同领导，指出其主要特点是极力推动"不同风格、议程和关注点的许多不同组织的网络参与"，从而"包含了把问题提交给大众以及政策议事日程，使多种意见不同的人参与到问题中来，鼓励多种不同的行动策略和选择，以及维持行动并保持行动的势头"③。后现代公共行政话语理论几乎为后工业社会量身定做，其也十分同意构建一种官民之间、上下层官僚之间共同参与，进行话语协商的"公共能量场"，进而求得政策议题的更好解决。

（四）危机领导

工业社会来自行政体系内部以及社会生活的不确定性虽增加迅速，但毕竟维持于一个相对较低的水平上，可以通过在政府内外广立规章来有效化解不确定性。只有到了后工业社会，随着科技的迅猛发展，各国经济交流的日益频繁，整个社会、经济、政治和技术变化加速，而且也越来越复杂，组织开始面对着成堆的不确定性问题，并驱使着人类步入"风险社会（Risk society）"，其景象恰如吉登斯描述，"核战争的可能性，生态灾难，不可遏制的人口爆炸，全球经济交流的崩溃以及其他潜在的全球性灾难，为我们每个人都勾画出了风险社会的一幅令人不安的危险前景"④。置身风险社会中的人们关注焦点也因而发生了变化，即对风险的关心替代了对经济短缺和财富增长的关心⑤。由于风险社会的到来，实际上宣示了传统规则型领导的失灵，正如张康之所言，风险社会下非得让精通规

①康特妮等：《新公共行政寻求社会公平与民主价值》，《中国行政管理》2001年第2期。

②罗伯特·B.登哈特：《公共组织理论》，中国人民大学出版社2003年版，第117页。

③同②，第205页。

④Anthony Giddens. The Consequences of Modernity. California: Stanford University Press, 1990:4—9.

⑤张海波：《风险社会与公共危机》，《江海学刊》2006年第2期。

则型领导的官僚制"决策者与不确定性或风险斗争只能是徒劳的，即使决策者通过集中各方面的智慧而充满与不确定性和风险斗争的热情和信心，也会在昙花一现的成功之后遭遇挫败。"①风险社会的到来和各种公共危机的伴生，需要行政领导者重新实施一种危机领导策略，其要求：①领导者不应拘泥于僵化的决策规则，更要坚持一种非常规的思维，包括注重定性方法、直觉和想象力的作用；②推动官僚机构的"去科层化"，将底层官员从规章的束缚中释放出来，激励其尽早识别风险苗头和应对可能出现的危机；③领导建立完善的公共危机预警机制、应急机制和善后处理机制，领导者并且善于从危机中捕捉未来的发展机遇；④领导者注意要从琐碎的并且已经条理化的日常管理中超脱出来，集中精力思考和部署长远战略性规划。

公众对政府提供尽善尽美的公共服务的要求几乎是无止境的，而政府部门也确有义务努力改善自身的服务水平。行政领导力的锤炼则是其中具有决定性的一环。在工业社会，基于对效率的迷恋和当时的社会现实，行政领导力借由实施交易型领导、内向型领导、独白式领导、规则型领导等路径来体现和增进。也着实应该肯定，如此塑就的行政领导力对于推动大工业时代经济、社会的发展确乎起到了重要作用，所以也不难理解文森特·奥斯特罗姆在极力批判传统公共行政的同时，却也只得承认"现代文明的进步和官僚制的完善，是携手并进的"②。然而，后工业社会到来了。由于新技术的广泛应用及其推进的社会景象的巨大改变，行政领导力的锻造需要也正在发生着一次彻底的变革，例如转化型领导、开放型领导、共同领导与危机领导这样一些新型领导方式已逐渐深入人心并被广为接受，并推动着后工业社会良好治理的形成。

---

① 张康之：《历史转型中的不确定性及其治理对策》，《浙江学刊》2008年第5期。

② 文森特·奥斯特罗姆：《美国公共行政的思想危机》，上海三联书店1999年版，第38页。

略论政府建筑供给
——公共管理的话语分析*

政府建筑顾名思义，即是指政府部门日常办公之用的各类建筑物。不难理解，很多公众感知政府很可能先从政府建筑而非政府官员开始，即如认识和评价某人通常从其外貌和穿着开始。也正由于此，政府改革若仅仅以政府官员及其工作流程为对象，而忽略了作为政府形象重要标识的政府建筑，改革难以取得全面的成功。

步入20世纪六七十年代以来，传统官僚制政府正面临着空前的效率危机。由此，20世纪末西方国家一场轰轰烈烈的新公共管理改革发生了。改革力图借助市场力量打造"企业家政府"，改善政府管理效率。然而单纯这样的努力并不令人满意，正如思想家们所鼓吹的那样，改革在增进效率的同时，还应注意到各种价值例如公平、民主和参与价值的嵌入，从而将仅仅满足于张扬工具理性的新公共管理运动进一步推进到一个全新的阶段或范式——公共管理。也正是基于公共管理的语境，笔者主张既应通过持续创新推动政府官员及其管理方式发生有利于效率改观和价值显现的变化，而作为一项间接消费型公共物品和政府形象重要体现的政府建筑在供给和设计时，也同样应坚持效率导向，并努力渗入公平、民主和参与等价值考量的内容。下文将进行详细阐述。

政府建筑供给：效率的诉求

传统官僚制机构曾一度标榜其效率至上的理性设计，然而具有嘲讽意味的

---

*原文发表于《四川大学学报》2009年第3期。

是，一直以来人们对官僚制机构公共物品供给的低效率已经到了忍无可忍的地步。透过公共选择学者的视角，原因可以归纳如下[①]：

（一）政府具有扩大公共物品供给的倾向

这是因为：①政治家和官僚们现行的报酬制度并不与公共物品的供给效率相关，他们只需提出问题，制定解决方案，而并不对结果负责，所以常常谋求公共物品的增加。②官僚机构具有预算最大化的倾向。他们常常以本机关的预算最大化为追求目标，以为公众提供公共物品为由向议会索要更多的经费。而由于官僚的永业性及他们对信息的垄断，他们也容易说服议会，获得成功，形成公共产品的"过剩"供应。

（二）政府具有长期效益的公共物品往往供给不足

在西方国家，选举上台的政治家任期有限，时间贴现率很高，因而在决策中的时间偏好是更注重现在，体现在公共物品供给上，则是具有短期效益的物品过量，具有长期效益的物品不足。而在当前我国，同样可以视作政治市场中的"经济人"的各级政府官员，在压力型体制下为顺利获得升迁，并满足各种私益需要，在任期内也常常热衷于举办各种具有短期效应的"政绩工程"，而很少考虑辖区长远发展和生态环境的承受能力。

（三）政府缺乏提高供给效率的动力

原由是：①公共物品的生产成本与收益是分离的，而且公共物品的实际产出和效益难以测量，这就使得政府官员严重缺乏降低公共物品成本、实现利润的意识。②政府独家垄断了公共物品的供给。

政府建筑实际上也是由政府所供给的公共物品之一。不过，相比国防、公共交通、环保等可以直接用于公众消费的公共物品而言，政府建筑作为公共物品则具有间接消费型公共物品的性质，对于公众而言，其独特的使用价值在于可以作为供给各种直接消费型公共物品的前提条件。事实上，传统官僚制机构不仅在生产直接消费型的公共物品时常常陷入低效的境地，供应政府建筑这样的间接消费型公共物品也同样如此，这在当前我国各级政府中表现得尤为明显。诸如盲目扩

①句华：《公共服务中的市场机制——理论、方式和技术》，北京大学出版社2006年版，第24-28页。

大政府建筑规模和用地面积、在建筑材料的选择上过于考究，在建筑装潢上则大肆铺张浪费；片面强调政府建筑作为城市标志和经济"推进器"的功能，从而一味求"高"、求"大"、求"异"；将政府建筑当作身份和级别的炫耀，从而不恰当地追求奢华；在政府建筑生产过程中，官员与建筑商私下合谋，暗箱操作，以"豆腐渣工程"套取公共资产……诸如此类现象，可谓不胜枚举。

针对政府建筑在设计和建造过程中出现的上述种种无效率现象，需采取以下措施：

（一）构造政府建筑供给的监督机制

是否应决定上马某一项目的政府建筑，主要坚持四个方面的衡量标准：一是该项目是否实属改善办公条件所必须，而该项目投入运营也确实可以起到预期的作用。二是该项目交付使用后，是否确实可以为公众提供更为便捷、高效的服务。三是现有政府财政状况下，是否足以承受这一项目。四是即使满足以上三方面的标准，然而该项目的投产和使用是否具备足够的合法性资源——在公众也即纳税人心理可以承受的范围之内。

对于政府机关建造某项政府建筑的动议，就应围绕上述四个标准，完善和加强体制内外的监督环节和措施：①体制内的代议机关发挥自身法定监督职能。听取该项政府建筑倡议方的意见或报告；对其做详细、严格的咨询或质询；举办有关该项目的充分包容专家和公民意见的具有广泛代表性的听证会；统合审计机关密切关注业已实施的财政预算执行情况，从而施以预算的硬约束。②体制外的新闻媒体发挥舆论监督作用。例如通过媒体尤其是网络媒体对于启动某项政府建筑建设的主张或决定给以评头论足，向公众及时传输相关信息，并广泛表达公众的各种批评和建议。

（二）稳健推进政府建筑供给的民营化

"民营化方案有吸引力的方面是其可促进竞争。从理论上讲，竞争对有效生产和有效价格具有强有力的刺激作用。"[①]也正由于此，政府建筑的供给同样可以引入在新公共管理运动中大放异彩的民营化模式，以便提高供给效率。政府建筑

①欧文·E.休斯：《公共管理导论》，中国人民大学出版社2001年版，第137页。

供给的民营化即采取将政府建筑的"提供"职能与"生产"职能分离的办法，提供职能——做出政府建筑供给的决定，仍由政府来承担；但是，生产职能——政府建筑的直接供应则可以通过外包方式交由私人组织来完成。

然而也应注意到，政府建筑生产的合同外包行为会出现很多问题。例如招标的竞争性程度不足；合同细则过于详细加剧了绩效衡量的复杂性；最为严重的问题莫过于"政府合同与腐败是老朋友"①，类似招标中的舞弊行为、政府官员通过吃拿回扣和接受贿赂来暗中帮助企业（甚至是资质不合格企业）取得合同并降低合同标准等等，这些现象俯拾皆是。对于政府建筑民营化进程中可能出现的这些风险，作为发包方的政府就应做到：提高招标环节的竞争性，并努力做到公正、公开、透明；所签订的外包合同细则力求做到清楚、全面，但不宜过于详细；合同一旦生效，必须进行系统的绩效监测，包括委托公信力良好的建筑监理企业作出监理，政府安全生产部门实地观测、检查作业流程，以及开展民意测评、信访接待等；尤其要从完善相应法律法规入手，对民营化过程中的政府官员行为进行有效约束和监督，一旦存在舞弊行为，坚决给以惩处。

（三）树立政府建筑供给的理性文化观念

当前我国各级政府建筑的低效率供给，也是政府官员一些非理性心理在作怪，包括：①受传统建筑文化的影响，盲目攀比政府建筑的高大、华丽。古代中国社会，先民频遭自然灾害的侵袭却又无力降服，渐至产生恐畏心理，历代统治者遂借此将雷电等各种令人敬畏的自然意象附着于建筑，追求政府建筑的高大、华美、威严，并在其上装饰狞厉兽面，进而呈现雷霆万钧的大壮之势，既可以震慑百姓，亦可表明自己的高贵身份。这样的政府建筑风格和追求传承至今，影响了很多政府官员对政府建筑的审美需求。②过度赋予政府建筑的经济功能。可以理解却又耐人寻味的现象是，很多欠发达地区由于二、三产业难以安置太多就业人口，政府产业遂畸形发达起来，政府机构规模和从业人员大肆扩张，政府建筑也随之呈现蔓延、扩张之势，对此，很多政府主要官员无论情愿与否，行为上通常会选择默认或支持。另外，更有很多官员将政府建筑的大兴土木以及极尽奢华

---

①詹姆斯·W.费斯勒、唐纳德·F.凯特尔：《行政过程的政治——公共行政学新论》，中国人民大学出版社2002年版，第353页。

当作宣传本地区招商形象的重要手段，所有这些，实际上均很不恰当地让政府建筑承载了过多的经济功能。

由此，文化观念的调适和改造对于避免政府建筑过多消耗各类资源，进而提高政府建筑供给效率将具有非同寻常的意义。为此，既可以考虑在对政府官员进行行政伦理教育时添加这方面的相关内容，积极倡导节俭、务实、别致的政府建筑伦理；同时，对政府建筑生产过程中的节约行为也应给以有吸引力的奖励以及宣传推广，并与官员的考核、晋升紧密联系，以此来推动和引导良性政府建筑风气的形成。

政府建筑供给：价值的嵌入

传统官僚制行政奉行价值中立原则，坚持效率导向，将工具理性推向极端，放弃对价值理性的追求，从而导致对公平价值的缺失、对民主价值的背叛及对参与价值的损害[1]。当代风起云涌的公共管理改革中，几个主要的思想流派遂就此对官僚制做出了批判，进而纷纷倡导公共行政的价值重塑：①新公共行政一如既往，要求重塑公平价值，认为公共行政要致力于实现社会公平，尤其要"合理地分配公共物品和服务，要代表那些没有渠道参与公共政策过程的人，要追求公共的利益或更大的善"[2]。新公共行政另外还特别强调了要致力实现与生态问题有关的代际公平。②制度分析学派重点强调了民主价值的重塑：拆卸垄断信息进而垄断权力并由此造成腐败多如牛毛、效率却十分低下的大规模官僚机器，代之以交叠管理、权力分散、体现多中心治理和政府、企业及公民合作生产的民主制公共行政。③新公共服务与后现代公共行政共同强调了参与价值的重塑。前者主张政府应实现"把问题提交给大众以及政策议事日程，使多种意见不同的人参与到问题中来"的"催化型领导"[3]，后者则构造了避免官僚单向度独白的"公共能量

---

①王勇：《公共行政学定量方法运势析论——后工业社会的维度》，《四川大学学报》2008年第2期。

②弗雷德里克森：《公共行政的精神》，中国人民大学出版社2003年版，第101页。

③罗伯特·B·登哈特：《公共组织理论》，中国人民大学出版社2003年版，第205页。

场"，参与其中的"一些人"就公共事务真诚交谈和协商，并且参与者均能为这样的话语交谈做出切合情境的实质性贡献。

如前所述，政府建筑属于政府提供的一种间接消费型公共物品，也是政府形象的重要体现，公共管理对官僚制行政的价值重塑同样对其具有指导意义。要之，政府建筑的供给在效率诉求之外，还应考虑公平、民主、参与等价值的嵌入。

（一）公平价值的嵌入

政府建筑在地理空间上的布点具有其经济后果，表现为，政府建筑尤其是群体性建筑在城镇某一区域的出现，对推动该区域经济发展和增加就业机会起到一定的促进作用。原因或在于：①拥有公信力的政府对入驻周围的工商企业起到了榜样带动作用，让他们在当地持续投资有了十足的信心；②政府建筑的出现，将可以凭借政府财政资源改善所在区域的基础设施状况，迁入的工商企业乃至居民从而可以明名正言顺地"搭便车"；③政府建筑上马或完工后，政府甚至会动员一些工商企业和居民迁入。

基于此，政府建筑就好比一种稀缺的经济或政治资源，其在空间上究竟配置给何方区域及其居民，也因而攸关社会公平。流行的观点是，城镇的经济资源和能量应该尽量聚集于某一中心区域，从而充分促进发挥该区域的经济增长及作用，在城镇经济欠发展时期，这一想法完全在理，然而一段时间的发展之后，乃至在该中心区域与其他区域之间形成了明显分化和反差，经济资源仍旧一如既往地向类似于城镇"飞地"的中心区域集中，就显得很不合适了，因为这将严重损害城镇其他区域居民的公平。越是这样的时候，政府建筑促进公平的功能就越可以显现出来，通过政府建筑向城镇欠发达区域的重新迁移和布局，进而带动欠发达区域的经济发展，维护完全可以上升到宪政层次的公平价值。

在新公共行政和后现代主义看来，公平还应包括人与自然之间的公平，要求公共行政应致力于维护人与自然关系的平衡，实际上也等于为后代着想进而体现为代际公平。政府建筑的供给和布点，同样应该担负起增进此种公平的使命，进而展现生态美学的审美要求：避免强暴周围已有自然景观、造成环境的污染以及能源的巨额耗费，更应实现建筑的人工与自然的相得益彰，浑然一体，造就人工和生态景观的和谐美①，最终体现出政府建筑供给的"科学发展观"。

（二）民主价值的嵌入

在公共管理视界中，人们已重新意识到公共行政理应在多个维度、全方位地展现民主价值，政府建筑的供给同样是其中一个值得注意的方面。如上述，当前在我国司空见惯的现象是，各级政府建筑的修造均倾向于选择高大、威严的外表，设置多级台阶，大面积用地，而且政府建筑区正门也是收拾得十分宏伟，并且门口安排武警或保安严密看守，另外还要摆上栩栩如生石狮像之类的器物。如前所言，这显然是受了传统建筑文化的影响，然而实际上也正体现出是一种"权力美学"在作怪：政府意图以大尺度、大体量，阔大和崇高来炫耀权力、威慑公众。这样的政府建筑风格负面影响实在太大，从民主的角度来说，公众将在心理上对政府不由产生畏惧感和距离感，这既倒置了主权在民的宪政原则，也使得公众难以实现与政府官员的平等沟通，堵塞了公众言路，进而影响了决策的民主化、科学化以及社会的和谐与稳定。除此之外，政府建筑群的整体格调也往往显得很不透明，重重叠叠，幽长阴暗地通向难以瞥见的纵深处；从色调来看，也多以灰暗的深色为主，从材质来说，多用砖瓦堆砌，而少见明亮的玻璃或窗户……所有这些，均可能不必要地增添政府机关的神秘色彩，加深公众对政府部门的隔膜和猜疑。

鉴于以上情况，为了更好地体现公共行政的民主价值，政府建筑的设计和供给应力求做到：①结合政府职能的转移和机构的合并重组，政府建筑的创意总体上以小巧、精致为主线；尽量精简用地，裁撤台阶，去除显示高贵、雍容的各种装饰意象；减少甚至撤销门卫尤其是武装门卫；②政府建筑群整体布局应略显活泼，色调明快，多用透明材质，多开巨型窗户，建筑区道路通畅连贯，视野开阔。经过这些方面的努力，最终可以缩短政府与公众的空间和心理距离，凸显政府官员亲民色彩，维护和增进民主。

（三）参与价值的嵌入

参与主要是指公众对行政过程的参与，公共管理凸显了参与价值，这恰如登哈特所言，负责任的行政官员应该努力使公民不仅参与计划，而且还参与执行实

---

①胡伯利：《关于建筑美学浅论》，《今日科苑》2007年第16期。

现公共目标的项目[①]。政府建筑如何更好地体现参与价值，促进公众参与？除了将上述有利于增进其民主价值的各种设想逐一落实之外，还应重点注意这些方面：①添设市民论坛、公共议事大厅、信访调解大厅一类的建筑场所，政府意图做出某项重大决定或需要解决复杂纠纷时，即可以广泛邀请利益相关各方以及有意发言或旁听的公众列席其中，就有关事项进行辩论、谈判和平等协商，从而构建类似于"公共能量场"一类的议事场所，在后现代公共行政看来，这将可以更好地促进参与和解决问题。②政府建筑信息化和虚拟化。信息化要求政府建筑的修建必须按照电子政务的运作流程进行微机和网络的通畅串接；而虚拟化则是基于信息化的技术支持，在一些办公业务上网后，原先提供此类业务办理的政府建筑可以随之"上网"，实行网上挂牌办公，成为虚拟建筑。通过政府建筑信息化和虚拟化的建设，既节省了资源，也极大方便了公众的参与。

参与价值的实现也要求让处于第一线的街头官僚参与组织的决策。秉持价值中立的传统公共行政恰恰反对这一点，从而贬抑了街头官僚人性价值。政府建筑也随之表现出同样的特点，在建筑面积、材料、装潢等方面过分渲染等级差异，造成街头官僚工作积极性的降低。根据这一情况，就应注意到政府建筑要想办法淡化身份差别，根据岗位性质不同而非官阶大小来修建；缩短政府高层与街头官僚在建筑上的空间距离；对后者的办公建筑在色调、装饰等方面进行更符合人性的设计。通过这些努力，进而提高街头官僚的参与兴趣和能力。

综合上述所析，立足于公共管理语境，需要拷问和检视的并不止于政府官员及其管理活动，实际上，政府建筑作为政府提供的一项间接消费型公共物品和政府形象的重要体现，同样应该成为改革的对象。公共管理批判传统官僚制进而期许政府所致力实现的效率诉求以及公平、民主、参与等价值也一样要在政府建筑的供给和设计中得以鲜活体现。惟其如此，公共管理改革才可能取得全面成功，政府也才可以真正赢得公众发自内心的认同和拥护。

---

①罗伯特·B.登哈特：《新公共服务——服务，而不是掌舵》，中国人民大学出版社2004年版，第165页。

"大学生就业安全"及其治理路径[*]

"大学生就业安全"：概念的提出

高校逐年实施扩招政策，渐至造成一个前所未有的公共话题——"大学生就业难"。自2008年以来，美国次贷危机引发的全球"金融海啸"亦重创我国经济，在此情形下，大学生就业更是雪上加霜。据统计，2009年全国高校毕业生达到611万人，2007年和2008年毕业的大学生分别还有100万人和150万人尚未找到工作。加在一起合计860万人的数字，使得大学生就业步入改革开放30年来最为艰难的时期。

大学生就业面临困境，使得各种问题接踵而至。

（一）大学生"吃饭"成了问题，引发"生存恐慌"心理疾患的渲染和蔓延

"吃饭"最成问题的是两年来尚未就业或今年毕业后无法立即就业的大学生群体。但即便已经或可以就业的大学生，也不得不面对"低工资时代"的到来。其实早在2005年，就有两件事让求职的大学生倒吸冷气：在广州，有公司在招聘会上打出"月薪五百招聘本科生"的横幅，而500元已低于当时广州最低生活保障线；个别应届大学生求职时被迫亮出"零薪水"求职策略。总体上，2005年大学毕业生起薪点较前降低25％之多。之后情况并未见好转，到了2009年由于金融危机影响，大学生起薪下降趋势相信更是难以遏止，新近调查显示，在中国经济最繁荣的上海市，企业给付大学生的薪酬在2008年基础上也有大幅降低：硕士毕业

　　*原文以《风险社会下的"大学生就业安全"治理分析》为题，发表于《国家教育行政学院学报》2009年第7期。

生起薪点下滑11.96%；本科毕业生起薪点下滑11.84%[①]。

正由于大学生吃饭成了问题，生存受到威胁，"生存恐慌"心理病症开始在大学生群体中出现和蔓延。一方面，表现为求职时"慌不择路"现象，抱着"有奶便是娘"的想法，乃至出现广东一家食品企业开设30个卖猪肉岗位，引来1300多名应届硕士生应聘的奇特景象；另一方面，"生存恐慌"强化了各种不良情绪，一些大学生甚至就此对于人生厌弃绝望，过早选择轻生，比如石家庄学院的刘伟临近毕业却选择了自杀，密密匝匝近10万字的日记，多处渗透着面对就业的压力[②]。

（二）形形色色的就业歧视，造成社会不公平感的持续堆积和放大

由于等待就业的大学生队伍十分庞大，招聘方轻易就可以主导就业市场，由此放纵了各种就业歧视现象的出现。举其要者：①性别歧视。据统计，全国高校有80%的女大学生表示曾在求职过程中遭遇性别歧视，有34.3%的女生有过多次被拒的经历[③]。②相貌歧视。《都市女报》与山东人才网联合调查发现，26.7%的女生说到求职经历中曾遭遇长相问题带来的麻烦。③学历歧视。常可见手持名牌大学博士、硕士学位还不够，用人单位还得看求职者本科就读院校，此所谓"查三代"。④年龄歧视。中央机关公务员招考同样存在这种歧视：人事部对报考者历年都设置18—35周岁的年龄限制。⑤户籍歧视。通常表现为，一是某些行业和工作岗位限聘外地人；二是同工不同酬；三是某些企事业单位不面向外市招聘或者不对外地员工提供社保和其他福利。

各色各样的就业歧视，实际上剥夺了一部分人的工作机会和就业权利，这会增加社会的交易成本，降低社会总体福利水平。更严重的是，就业歧视使得弱势群体很难凭借自身努力改变处境，其利益诉求也就很难通过常规渠道表达出来，正由于此，就业歧视就将造成社会不公平感在弱势群体中弥散和寻求释放，这一

---

①《通用型岗位倾向大学生起薪下降成定局》，http://yk.china91.com/elepaper/epaper.asp?No=1395&colid=32&resourceid=34153, 2009-01-20//2009-04-06。

②《女大学生不堪就业压力自杀》，http://press.idoican.com.cn/detail/articles/20090227751562,2009-02-27//2009-04-06。

③姜蕾、史丽丽：《女大学生就业难问题探析及解决对策》，《科教文汇》（上旬刊）2007年第12期。

情况远比大学生找不到工作更有杀伤力。

（三）就业时的"人格缺陷"和专业不对口现象，最终将影响民族的创新活力

一方面，由于一职难求，并且目睹和受制于各种就业歧视，导致了越来越多的大学生在就业过程中显露"人格缺陷"。对四川6所高校的一项调查即揭示了这一问题，体现如下：就业挫折承受能力差；就业中盲目从众和对别人产生依赖；就业中的自卑心理；面试临场发挥差；择业时的个性固执；等等①。另一方面，因为工作难找，同时高校开设的一些专业市场不对路，造成大学生在就业时很难真正专业对口，例如搜狐网一项抽样调查就表明，对于"您目前所从事的职业和您在大学所学的专业"问题的回答，肯定"对口、吻合"的只有26%；选择最多的是"有关系但非本专业对口工作"，占43%；根本没有关系的则有22%。

江泽民同志曾指出："创新是一个民族进步的灵魂，是国家兴旺发达的不竭动力。"大学生正应是一个民族最具潜力的创新群体，然而可以想象，上述就业难引起的大学生就业时的"人格缺陷"，最终势必影响到大学生群体的自主意识和创新精神，普遍的专业不对口现象则会导致很多大学生无法学以致用，或需要很长时间才能得心应手于新专业工作，这同样会削弱大学生群体的创新能力。

要之，正如温家宝总理感言，就业不仅关系一个人的生计，还关系一个人的尊严②。而当前大学生就业难引发的上述问题，笼统来讲，实质上都可以理解为大学生作为人之尊严受到了前所未有的挑战，也正由于此，这些问题中的每一个都可能造成严重的社会风险或导致社会发展遭遇险阻和断裂。就此而言，政府对于大学生就业问题已无法只作为市场经济下的常规事项来处理，更应作为攸关社会稳定和民族繁荣，从而堪比经济安全、外交安全的大事来对待。故而，相应就须形成"大学生就业安全"的概念。这一概念的核心内涵即在于，国民经济和社会发展处于一种免受大学生就业引致巨大社会风险所威胁的状态。这一状态何以实现？这就要求相应提升对大学生就业问题的重视级别，进而寻求这一问题的一种

---

① 陈静等：《大学生就业心态表现出的人格缺失调查报告》，《西南民族大学学报》2008年第7期。

② 《温家宝：就业不仅关系个人生计而且关系到尊严》，http://news.sina.com.cn/c/2009-02-28/152817308553.shtml,2009-02-28/2009-04-06。

根本性、系统性的解决路径，这一路径也正是"治理（Governance）"。

大学生就业安全：治理向度的对策

需要强调的是，从传统的单中心官僚体制走向多中心的治理体制，营利部门以及志愿组织对自身功能的主动拓展固然很重要，但对转型期的当下我国而言，国家与社会关系历来存在着向前者一边倒的不均衡性，营利部门和第三部门自觉朝向治理的努力通常并不成功和十分费力，在此情形下，政府部门顺应治理变革要求，积极推进制度供给和创新，吸引私营部门和第三部门对公共服务的参与，就显得尤其重要。也正由于此，治理路径下求解风险社会大学生就业安全，对于我国社会来说，根本上仍需依靠政府发挥其主观能动性，尝试做出以下各项制度创新，方可真正显现治理，实现政府部门、营利部门及第三部门对大学生就业安全风险的协同应对。

（一）消除大学生进入政府部门就业的制度瓶颈

只要政府规模可以维持于一个合适的水平，在此前提下，政府部门就应尽量降低或拆卸大学生进入政府就业的制度门槛，从而对于解决大学生就业带头担当起责任。为此政府在相关制度供给方面，首先要剔除公务员招考的不合理年龄限制。即如上例，中央、国家机关公务员招考对报名者18-35周岁的年龄要求本质上是一种就业歧视，这样做，既无视扩招后35周岁以上的硕士、博士人群同样面临就业难题需要解决，更会造成特定政治资源在35周岁内外两个人群间的不平等配置，从而有违宪政公平，所以应予取消。一个可以对照的例子是，美国联邦政府从未对其公务员报考人员最高年龄做出任何限制。其次，还需在其他方面改革和完善公务员招考制度，以便于大学生通畅、公平地进入政府就业。例如实施公务员全国统考，避免异地成绩互不承认，加大了考试成本从而损害低经济能力者的考试公平；抵制对大学生特殊群体（例如选调生、服务西部志愿者等）加分政策不严谨的现象；在题型、考官及监督等环节改进公务员录用面试工作，增强其科学性和规范性；等等。再次，完善"大学生村官"各项配套制度建设。村级政权近似于一级政府组织，所以当前选聘"大学生村官"笼统上也可以视作大学生进入政府部门就业的一个新渠道。对于这一新生事物，各级政府要特别注意各项配套制度建设，诸如对大学生村官在户籍、待遇方面的优惠制度；确立公平、合理的大学生村官选拔机制；对大学生村官的培训制度、日常管理制度与奖惩考核机制；高校对大学生村官的帮扶制度等等。

（二）创新市场干预机制，增强营利部门吸纳大学生就业的能力

作为营利部门的中小企业从来都是吸纳大学生就业的主力军。据统计，一些发达国家中小企业就业人数占到就业人口的70%~80%。但由于中小企业规模偏小，各国政府在干预市场时，往往更倾向于扶持大企业发展。我国表现得更为明显，由于国有大型企业在大企业中居多，不仅利润雄厚，其经营者亦享有较高的行政级别和政治影响力，各级政府官员任期内也极需要从推动国有大企业发展中取得短期效应，所以政府对于国有大企业的扶持和优待往往竭尽全力，相形之下，对于中小企业则关注甚少，尤其是处于体制外的中小民营企业。实际上，这样做不仅会窒息经济活力，更可能加剧大学生就业危机，当前情况即是如此。政府因而必须重新思考如何创新市场干预机制，加强对中小企业的重视和政策关怀。大体说来，一是要推进中小企业重组；二是要设法解决中小企业融资难问题；三是为中小企业创造公平的市场环境；四是组织对中小企业经营者的培训和信息服务。通过这些措施促进中小企业的发展，相应也就可以恢复和提升中小企业解决大学生就业的能力。除此之外，2007年颁布的《就业促进法》，对于中小企业吸纳就业给予了税收减免、小额担保贷款和社会保险补贴等诸多优惠措施，政府因此更应坚决贯彻执行这一法案，从而对中小企业解决大学生就业起到直接的鼓励和推动作用。

（三）促进第三部门快速、健康发展，为大学生就业新辟广阔渠道

第三部门是公民社会的组织载体。一直以来，无论是政府部门还是民间人士对于第三部门均十分看重其维护民主的政治意涵。然而不仅新公共管理改革以来，第三部门利用自身优势展现出可以与政府通力合作、推进治理的全新意涵，同时，在萨拉蒙所谓全球"社团革命"中，人们也看到了第三部门对于安置就业的重要意义。例如当前美国大约20%的劳动力存在于第三部门；在英国，1997年有100万人在第三部门工作，占就业人口的4%；在巴西，第三部门NGO数量接近20万个，也由此提供了大批就业岗位。总之，第三部门在今天世界各国均已成为解决就业的重要渠道。在我国，第三部门近年来亦有了较大发展，但由于政府部门常常过于强调第三部门上述政治意涵，受历史传统的影响，对于第三部门发展往往表现出提放心理，也即担心第三部门会以组织化形态同政府作对，所以对于其成立发展往往施以相对苛刻的限制，从而也造成其安置就业的强大功能难以释放，这直接助长了当前大学生就业困境。对此，首先仍要鼓动政府部门转换观念，对第三部门发展给以肯定态度，进而在登记注册、业务拓展等方面为第三部门松绑，推动其更快成长和吸纳大学生就业；其次可以借鉴北京市今年做法，由政府出资购买2000个社区工作者岗位用于大学生就业，这既促进了作为第三部门的社区自治组织的发展，也缓解了大学生就业危机，可谓一举两得；再次，政府还可以通过实施有吸引力的创业扶持政策，引导大学生发挥专业特长创办公益性NGO，这同样可以兼顾推进第三部门发展和大学生就业的双重目的。

综上所述，当前大学生就业困境引发"生存恐慌"心理疾患的渲染、就业歧视的泛滥、大学生就业时较为严重的"人格缺陷"与专业不对口的现象，从而有可能造成巨大的"大学生就业安全"风险。立足于一个更为宽广的视界，则可以将其看作业已到来的风险社会一部分，为此极需要摒弃明显势单力薄的传统单中心官僚体制，引入多中心治理的管理路径，实现政府部门、营利部门及第三部门对大学生就业安全风险的合作应对。而为了形成和凸显治理，政府相关制度的供给与创新尤其显得重要，比如消除大学生进入政府部门就业的制度瓶颈；创新市场干预机制，通过加强对中小企业的政策关怀提升营利部门吸纳大学生就业的能力；更快、更好地促进第三部门发展，开拓大学生就业的新的广阔渠道。

大学生村官计划行政生态环境的
问题与再造[*]

2008年3月，中组部会同教育部、财政部、人力资源和社会保障部等部委联合决定，从2008年开始，将用5年时间选聘10万名高校毕业生到村任职，此即"大学生村官计划"。总体上，这一计划的积极效应值得期待：既有助于改善农村干部队伍的人才结构，拓宽培养选拔干部的新途径，亦可以部分缓解当前愈益严峻的大学生就业压力。然而，在行政生态学看来，任何一项行政创新若要取得料想的成功，需能为其创造最佳的行政生态环境。所谓行政生态环境，即是指可以对行政系统及其制度或政策供给产生明显影响的经济、政治、社会等各种要素的总和。故此，为确保大学生村官计划的顺利实施，就应理性剖析现有行政生态环境在政治、经济、文化等各方面存在的突出问题，从而相应采取对策，做出再造和革新。以下详细阐述。

大学生村官计划行政生态环境的突出问题

（一）大学生村官计划政治环境的问题

当前，大学生村官计划所处政治环境并不宽松。存在的主要问题是大学生村官政治身份定位不清以及合法性资源不足，这使得大学生村官颇感窘迫和不安。

（1）大学生村官惯有的困惑在于"我们到底算什么？""我们不是农民，因为我们没有土地；我们也不是公务员，因为我们没有编制；我们不是工人，因为

---

*原文发表于《广东行政学院学报》2009年第4期。

没有各种等级；我们也不是事业人员，因为我们没有职称①。"由于政治身份定位不详，大学生村官不仅难以摸清工作方向，工作态度为此也显得较为尴尬和消极，并带来个人前途发展方面的很多顾虑。

（2）根据中组部部署，选聘的大学生村官主要下村任职村支部书记和村主任的助理。而助理一职权责定位不明也同样令大学生村官履职时束手束脚，无法大方施展身手。一方面，若将助理职责仅仅定位为帮助村主要领导出出主意，做点写材料、办宣传栏及法律咨询等方面的杂事，不仅大学生村官自身会产生很强的失落感，这与大学生村官计划希图利用大学生之知识所长改进农村干部配备，推动新农村建设的目标也相去甚远；但是若将助理一职过分拔高，乃至越俎代庖，取代村主要领导发挥作用，则不仅会遭到书记、主任的抵制，并且作为选聘村官，这样做也不符合现有的党组织体制以及《村组法》相关规定。

（3）大学生村官系由上级政府统一选聘下村任职，因而其身份主要为上级政府所认可，这固然使大学生村官行使职权时获得了极重要的自上而下的合法性资源，然而，现代民主政治的诸多研究均表明，更紧要的还是取得自下而上的合法性资源，对此，大学生村官恰恰是缺失的。因其乃是"空降"至村庄，对于村民而言，不仅显得突兀，大学生村官与村民之间事先的陌生更会加强这一感觉；而且，由于村民对下派充当助理的大学生村官并不拥有选举、罢免等类似村民自治的各项民主权利，大学生村官到村后也难以在短期内与村民通畅交流和赢得村民认同，凡此种种，就使得大学生村官缺乏来自村民的权力授予和相应取得自下而上的合法性资源。

（二）大学生村官计划经济环境的问题

（1）给予大学生村官的优惠待遇尚不够稳定、可靠。大学生村官扎根农村工作，除去个人自我价值实现的考虑之外，更现实的算计在于获得就业和生存机会。而这也正是政府部门推行大学生村官计划的一个重要促发因素。故此，各级政府须能保证下村任职的大学生村官可以获得较有吸引力且较为稳定的收入待遇，然而这在当前似乎并没有很好实现。一方面，一些地区由于财政吃紧，或者领导人对于大

---

① 《大学生村干部的定位》，http://www.dxscg.cn/html/00/n-1300.html,2008-02-26/2009-04-30。

学生村官计划执行上的懈怠和不以为然，给予大学生村官的经济待遇偏低，从而导致后者产生较为失望的情绪甚至选择去职。另一方面，还有一些地区受中央政府驱动，近两年来对于选聘大学生村官工作明显重视，进而大幅度提高大学生村官工资待遇，较好地稳住了后者的"军心"。例如四川在2007年以前10年内选聘到农村和基层社区任职的8000余名大学生流失率，高达70%。而2007年度以后按照显著提高了的待遇选聘的大学生村官，安心留任的比率则在90%以上[1]。但这又会带来一个问题：大学生村官待遇实际上仍受制于政治气候和领导人意志力的影响，这使得政府提高了的待遇也很难保证大学生村官可持续性和可预期性。

（2）村级组织负债累累，致使大学生村官难有作为。取消农业税后，农民负担大为减轻，但是乡村两级政权自此却背负了沉重的债务。国务院办公厅所下发的《关于做好清理化解乡村债务工作的意见》公开承认，乡村债务已成为当前农村工作的一个难点，其影响了基层政权组织的正常运转，制约了农村经济社会事业的健康发展。仅以农业大省吉林省为例，目前全省负债村比例为97%，村级债务总额超百亿元。2003年，乡村集体投入几乎为零。前郭尔罗斯蒙古族自治县在吉林经济发展较快，全县22个乡镇中亦有17个负债；235个村中则有226个负债[2]。由于这一情况，大学生村官尽管履新时可以满怀憧憬，然而"巧妇难为无米之炊"，所面临的债务状况使其对于村级经济的发展很可能无所作为，从而想干一番事业的理想和激情极易消退。

（三）大学生村官计划文化环境的问题

（1）"熟人社会"的排外性，使得大学生村官难以顺利进入和引领村庄政治生活。"熟人社会"一词，社会学意义上借指传统上人与人之间基于血缘、地缘、业缘等关系形成的生活群落。当前，中国乡村总体上市场因素并不浓厚，仍在很大程度上保持着熟人社会的面貌，熟人社会的排外性特征在村庄里也就表现得十分明显。正如有学者指出，熟人社会成员间考虑到"抬头不见低头见"，彼

---

① 《大学生村官的待遇落差》，http://news.sina.com.cn/c/2008-10-13/144416445127.shtml。

② 《乡村债务　历史欠账何时化解》，http://www.hebeidaily.com.cn/20060107/ca591553.htm。

此互济、宽容和平等成为通行的准则，然而一旦面对外来的陌生人，熟人社会内部的平等性即开始推演为对陌生人的不平等性[①]，要么对其排斥，要么对其压制。不幸的是，大学生村官正是上级政府下派的陌生人，其因而不免要面对这一现实难题：村民对其通常并不买账，想要介入和引领村庄这一熟人社会的政治生活显得异常艰难。

（2）村庄熟人社会的主要维系力量是宗族势力及其编织的人情关系网络，而这也同样考验着大学生村官的工作能力。一方面，已然复兴的宗族势力常会采取以族姓来建构和和参与村庄公共权力的行为，不仅严重影响了选举的公正性，也直接刺激着选举产生的村级组织及村干部与村民之间的矛盾[②]。作为外来户的大学生村官由于与村庄主要宗族势力不搭界，并且作为新手缺乏与其打交道的经验，故而会对其正常开展工作构成不小的挑战。另一方面，村庄作为熟人社会，人情大于法律的现象十分严重，对于村庄公职人员而言，既要坚定地执行国家的法律和政策，也不得不接受错综复杂的人情关系的影响，而这对于刚出校门的大学生村官来讲无异是一种玄妙难通的政治技巧，一旦掌有某一方面的村庄公权力，进而就可能将其用作熟人社会的交易工具，这样的危险在大学生村官身上是存在的。

大学生村官计划行政生态环境的再造

综上，当前大学生村官计划尽管具有很高的政策预期效应和价值，然其所面临的行政生态环境尚存在着上述诸多问题，基于此，就应对症下药，循着以下路径对其相应做出再造：

（一）大学生村官计划的政治环境再造

（1）妥善解决大学生村官政治身份的定位问题。合理的定位应能实现三方面目标：一是定位明晰，使得大学生村官对自身担负的角色有鲜明体认；二是定位

---

① 蔡永飞：《从熟人社会到陌生人社会——对重庆踩踏事件的反思》，http://theory. people.com.cn/GB/49154/49156/9133689.html。

② 龚志伟：《论宗族复兴与新农村建设中的人民内部矛盾》，《学术论坛》2007年第11期。

应对于大学生村官有明显的激励效应，使其对政治前途与人生目标有所预期和憧憬；三是定位应为现有政治体制所容许，并有助于总体工作效率的提高。考虑到这三点，可以发现，若给予大学生村官公务员身份虽然满足了第一、二点要求，但并不满足第三点要求，因为这同时也意味着五年来一下子要增多10万名公务员，这不仅会增加政府的财政负担，而且大学生顶着公务员身份与并不具有这样的正式身份的现有村官也会产生抵牾和张力，进而影响村级政权的运转效率。明确大学生村官为农民身份更为不妥，很显然，村级政权需要的是有知识、素养更高的大学生村官，而非大学生村民，而且更糟糕的是，这会使得大学生村官对自己的工作毫无动力可言。综合考虑，江苏省目前的做法值得借鉴，其给予大学生村官专项全额拨款事业编制，实际上对大学生村官在公务员身份和农民身份之间巧妙做了折中，从而既明确了大学生村官的定位，亦较好地回避了上述问题。

（2）明确大学生村官未来发展路向和夯实其合法性资源。大学生村官较多担任的村书记（主任）助理一职，一方面最好明确其将来发展方向，比如让大学生村官从事一些"打杂"的事务也并不为过，但须是有益于培养其未来充当村官乃至录用为上级政府公务员的基层管理经验，如果长期将大学生村官深陷于这些琐杂事务中不得解脱，这与大学生村官计划的初衷是背道而驰的。另一方面，担当助理职务应划定时限，比如以两年为限，要么两年后出台一些优惠措施鼓励其进一步考取政府公务员，要么两年内通过担任这一职务，锻炼其各方面能力，增加其和村民接触以及展示自己才智的机会，进而慢慢为村民所接纳，之后，参与村委会选举或村党支部推选，或当选村委会主要成员，或推选为村支部主要成员，以此真正得到村民的认可而取得自下而上的合法性资源。

（二）大学生村官计划的经济环境再造

（1）改善大学生村官的经济待遇，并尽可能保持政策的均衡性和持续性。由于中央政府对大学生村官计划的强制性供给，很多地方采取了各种办法来提高大学生村官待遇。例如通过比照公务员或给予事业单位编制等方式提高薪酬级别；允许参加当地的各项社会保险，并办理人身意外伤害保险；统一缴纳住房公积金、计发住房补贴；等等。当前仍需解决的问题是，一方面，仍有些地区对于改善大学生村官待遇比较消极，不仅挫伤了大学生村官的工作积极性，而且也造成不同地区间大学生村官待遇的政策不均衡，并最终削弱了这一计划的权威性。对此，中央政府一是要严加督促，财政确有困难者，也应考虑划拨一定的中央财政专项资助。另一方面，如上所言，各地为改善大学生村官待遇所做的努力，往往受长官意志和政治气候左右而难以持续。对此，可由中央政府出台专门性条例或规章，对落实大学生村官各项待遇提出较为统一的原则性意见，进而将改善大学生村官待遇纳入制度化管理轨道。

（2）沉重的乡村债务，使得大学生村官即便可以对村级经济和新农村建设提出有益的发展思路或建议，然而交付实现时也常常会因为缺乏资金而泡汤。而一旦出现这样的结果，本身就缺少村民认同的大学生村官就将更为村民包括本地村官所冷淡，甚至被认为是花架子而从心理上加以排斥。对此，大学生村官自身所能采取的办法并不多，比如向母校求援，向亲人伸手……然而所争取的资金亦很有限。基于这一情况，上级政府的支持必不可少，可以在实施大学生村官计划的同时，牵头建立专门的创业基金来资助大学生村官启动项目；在工商注册、税务登记、场地安排、用电用水、费税减免等方面给予大学生村官优惠扶持，进而降低其创业门槛。当然，除了这些归根到底是资金方面的支持以外，政府在现代农业、科技创新、脱贫攻坚、信息服务等方面给予支持也同样很有意义。

（三）大学生村官计划的文化环境再造

（1）尽力祛除村庄熟人社会的排外性，让大学生村官更能为村民所接受。这通常需要一个较长的过程。眼下最应做到尽快消除二元经济结构，推动农村市场化进程。事实上，市场经济的发展除了经济效应，也会改变村庄本身的预期：村庄在市场条件下不再宁静，不断有人进出，外来的价值观迅速渗入，无论是舆论力量还是组织力量，都不能为农民提供可以把握的未来[1]，这固然会增加农民接触市场的风险，然而也驱使其越来越主动或被动地摒弃熟人社会的排外心理，去接纳外部世界，习惯各种新鲜事物应接不暇地出现，包括大学生村官对村庄熟人社会的介入。其次，务实一点来讲，也可以接受附加户籍限制来选拔大学生村官的做法，也即优先让原村原籍的大学生经选聘回村任职，毫无疑问，因其与村民之间本不存在陌生感，故而具有天然的优势可以避开村庄熟人社会排外性的制约。

---

①贺雪峰：《熟人社会的行动逻辑》，《华中师范大学学报》2004年第1期。

再次，也应鼓励和引导大学生村官放下"架子"和矜持，深入田间地头和村民家中，同村民广泛接触，与其打成一片，进而以积极主动的姿态较快融入村庄熟人社会，成为内在一分子，从而更好地开展工作。

（2）增强大学生村官在村庄复杂的宗族人情网络中良好的应对能力和工作能力。为此可从三方面着手：其一，由组织部门选配有责任心、业务能力强的乡村干部担当大学生村官"导师"，或为大学生村官授课培训，传授管理宗族及其人情关系网络的亲身经验和技巧，以及自身应培养和完善的伦理素质。其二，大学生村官应利用自身的知识和信息优势，向村民宣法、讲法，引导村民抵制宗族和人情关系的不良影响，并支持大学生村官冲破宗族和人情阻力依法行使权力。其三，更应依赖和支持村民自治组织、农民合作社等体制内组织资源替代体制外的宗族组织发挥维护农民权益和抵御市场风险的作用，由此也就可以限制宗族势力的扩张及其对大学生村官工作所造成的不利影响。

大学生村官计划的实施确有应对大学生就业危机的现实考虑，但也绝不能就此视其为中央政府采取的一项权宜之策，实际上，这一计划对于提升乡村干部素质、促进新农村建设也有着极重要的意义，故而更应从战略高度去认真对待和组织落实这一计划。鉴于此，对大学生村官计划现有行政生态环境做出再造和革新也就显得很有必要。如上分析，在政治环境方面，重点要解决大学生村官政治身份定位不明和合法性资源残缺的问题；在经济环境方面，应着力提高大学生村官经济待遇，以及给予其创业基金扶持等优惠措施；在文化环境方面，则应用力抖去村庄熟人社会的排外性，并且锤炼大学生村官置身村庄宗族人情网络中的良好工作能力。

新时期地方政府"开门"决策模式探讨：基于温州经验[*]

文献概述与研究缘起

改革推动中国社会从传统型向现代型逐步转变，缘此"社会转型"与"现代化"几乎同义，由于身处全球化、信息化和治理变革洪流，又使得我国同时经历着从工业化向后工业化的转型，进而呈现双重社会转型。投射于政府管理领域，以法治与文官制为取向的官僚化建设和简政放权、推进国家治理体现的"去官僚化"努力并行不悖。就公共政策领域而言，相关趋势是政治精英与官僚专业人员决策仍占主导，但各类社会行动者参与决策的现象已经屡见不鲜，无论中央，亦或地方，借由各种正式与非正式的官民商讨、多方汲取与整合社会智识的"开门"决策方式蔚为流行。"开门"相对于"关门"而言，意味着打通门里门外，不再由少数领导者关起门来决策；意味着开启"进善之门"，允许、欢迎、鼓励利益相关群体登堂入室，在政策形成的各个阶段均可做出意见表达；意味着决策者放下身段，主动体会民情、听取民意、吸收民智[①]。"开门"决策又区别于与"关门"决策对称分布于另一端的"民主"决策，非由大众平等拥有决策权力，精英对于决策过程仍具有明显的引领与掌控能力。概括而言，"开门"决策体现与转型社会相一致的中间状态。

从文献梳理来看，传统上，西方学界对于中国政府决策过程通常持有精英决

---

*原文以《地方政府"开门"决策新取向：基于W市经验》为题发表于《云南行政学院学报》2017年第2期。

①王绍光、樊鹏：《中国式共识型决策："开门"与"磨合"》，中国人民大学出版社2013年版，第3页。

策、派系斗争、官僚组织决策等分析倾向。精英决策模型强调高层领导依据自身对国家利益的理解人格化制定政策并经由动员体制执行[1]；派系斗争模型以权力斗争诠释中国政策过程[2]；官僚组织决策模型认为中国政府决策充斥着讨价还价、各自为政、关系网络、竞争性说服等"权威碎片化"现象[3]。西方学者如是认识不可谓不深刻，但显然已落后于形势。另一些学者揭示了中国政府决策的新变化：专业化、分权化、多元化、全球化[4]；专家尤其政府所辖政策研究机构更大程度的参与[5]；科技精英也参与到政策过程中[6]；思想库政策专家影响力明显增加[7]。国内研究者更为敏锐、直观地探讨了这些朝向政府"开门"决策的趋势。尽管在农地征用、城市拆迁、邻避设施等决策事项中社会参与仍不尽如人意，然而总体上，相较过去的"个人决策""集体决策"，中国政府决策已走向民主化、科学化程度更高的"公共决策"、以多元主体间利益妥协、意见融合为旨趣的"共识型"决策模式已然形成[8]；传统"内部集体决策""一言堂决策""咨询决策"逐步让位于"集思广益决策"[9]；科学决策、民主决策已成为中共中央领导集体一项重要的

[1]Klein, Donald. Sources for elites Studies and Biographical Materials on China. in Robert Scalapino, ed. Elites in the People's Republic of China. Seattle: University of washington Press, 1962:609-656.

[2]Nathan, Andrew. A Factionalism Model for CCP Politic. The China Quarterly, 1973(53).

[3]Lieberthal, K. G., Lampton, D. M.. Bureaucracy, Politics and Decision Making in Post-Mao China. University of California Press, 1992.

[4]Lampton, D. M.. The Making of Chinese foreign and Security Policy in the Era of Reform, 1978-2000. Stanford : Stanford University Press, 2001.

[5]Halpern. Social Scientists as Policy Advisers in Post-Mao China: Explaining the Pattern of Advice. The Australian Journal of Chinese affairs, 1988(19/20).

[6]Cao, C. China's Scientific Elite. New York : Routledge, 2000.

[7]Tanner M. S.. Changing windows on a Changing china: The Evolving Think Tank System and the Case of the Public Security Sector. The China Quarterly, 2002(171) .

[8]陈玲、赵静、薛澜：《择优还是折衷——转型期中国政策过程的一个解释框架和共识决策模型》，《管理世界》2010年第8期。

[9]鄢一龙、王绍光、胡鞍钢：《中国中央政府决策模式演变——以五年计划编制为例》，《清华大学学报》2013年第3期。

基本制度①，各类思想库得到广泛重视②。从地方层面来说，地方政府专家决策咨询作用取得大多数地方领导认可③，地方智库作用日益增加④。

概览相关研究，西方学者仍需克服对于中国政府决策行为或多或少的偏见，国内研究则应继续拓展或改进，"开门决策作为一种影响重大的决策模式，相关的理论探索和经验总结并不太多"⑤，而且研究者往往宏观探讨中国政府决策模式嬗变及重构，地方性个案分析有待加强。为此，笔者选择以地处浙南沿海的温州新近经验为个案，实证考察地方层面"开门"决策。温州对于中国改革具有标本意义，20世纪80年代以来，资源禀赋匮乏但却富有冒险意识的温州人不断"创新性违法"，将别人看不上、懒得做的各种小商品销往四面八方，成为著名的民营经济高地，为中国经济市场化作出了先行试验。近年来，温州上下再次发力，踊跃开展多项改革试点，力争占领新一轮改革制高点，实现温州民营经济"再出发"与社会新发展，就此，对于公共政策水平亦提出了更高要求，温州渐至形成鲜明、典型的"开门"决策模式，为笔者研究提供了颇具代表性意义的地方素材。

背景考察：地方政府"开门"决策驱动因素

（一）协商民主与群众路线：国家层面新政治气象

十八大报告分析了执政党所面临的"精神懈怠危险、能力不足危险、脱离群众危险、消极腐败危险"，脱离群众危险当为最大危险。新时期中央领导集体对此有深切体认，寄希望于承继和发扬本土政治资源，重构执政党与民众血肉联

---

①胡鞍钢：《中国集体领导体制》，中国人民大学出版社2013年版，第129页。

②薛澜、朱旭峰：《中国思想库的社会职能——以政策过程为中心的改革之路》，《管理世界》2009年第4期。

③朱旭峰：《专家决策咨询在中国地方政府中的实践：对天津市政府344名局处级领导干部的问卷分析》，《中国科技论坛》2008年第10期。

④徐晓虎、陈圻：《地方智库运行机制研究：基于地市级智库的实证研究》，《南京大学学报》2012年第5期。

⑤王绍光、樊鹏：《中国式共识型决策："开门"与"磨合"》，中国人民大学出版社2013年版，第273页。

系。十八届三中全会为此高度评价与肯定"协商民主"，指出"协商民主是我国社会主义民主政治的特有形式和独特优势，是党的群众路线在政治领域的重要体现"，必须"深入开展立法协商、行政协商、民主协商、参政协商、社会协商。加强中国特色新型智库建设，建立健全决策咨询制度"。2014年末，中央政治局专门审议通过《关于加强社会主义协商民主建设的意见》，系统阐述协商民主的意义及方向。实践与理论相一致，近年来，中央政府是凡拟定重大决策均十分注重党内外协商，广泛征询"外脑"，这是当代中国政治的新气象①。中央对于协商民主的空前重视与身体力行，为地方提供了指引与榜样，推动温州领导密切注意践行协商民主、实施"开门"决策。2014年温州政协成立65周年大会上，时任市委陈一新书记表示"坚持发展协商民主，把协商民主贯穿履职全过程，推进党委政府决策科学化、民主化。"亦于2015年1月市专题政治协商会议上表态："要充分发扬社会主义协商民主，切实提高决策的科学化民主化水平，广泛凝聚全市人民的智慧和力量，努力推动新常态下温州赶超发展。"对于地方协商民主和"开门"决策的重要载体——温州决策咨询委员会（下称"市决咨委"），陈一新"充分肯定"其工作成就，希望将其打造为"温州特色的新型智库"。

（二）"新常态"下跨越式发展：地方层面新决策场景

李克强总理指出，"对各级政府来说，无论是当前稳增长，还是长远谋发展，都要靠改革创新"②，地方政府要想实现跨越式发展，更需如此。然而改革动一牵全身，操作不当即可能全盘皆输，实现"开门"决策，提高政策素质，显得尤为迫切，以温州来说，世纪前后经济发展形成强烈反差，2002—2012年间增速全省垫底，呈现产业"低小散"、实业"空心化"、资产"泡沫化"。这部分源于近年来较为不利的国内外经济环境，但更应反思温州政府公共职能滞后的问题，原市委书记陈德荣对此有清醒认知："在市场经济高级阶段，温州在公共品供给方面的缺位是最大问题，导致高端要素外流，导致低端要素流入，要让温

---

①王绍光、樊鹏：《政策研究群体与政策制定——以新医改为例》，《政治学研究》2011年第2期。

②《李克强：地方政府改革是一场自我革命》，http://news.xinhuanet.com/politics/2013-11/08/c_118053776.htm。

州政府成为有效率的，低投入、高产出公共品的组织，来满足温州经济社会发展的需要①。"正是在陈德荣推动下，温州委成立以其为首任主任的市决咨委，如今已成为联结政府与社会力量、共商决策以改进地方公共服务的桥梁机构。继任的陈一新书记同样以提升政府部门公共服务能力破题，在市委全面深化改革领导小组会议上要求"进一步破除影响发展的体制机制障碍，释放改革新红利，激发改革新活力，赢得体制机制新优势"，实现"新常态"下温州跨越式发展。经过争取，温州成为金融改革、民办教育改革、社会办医改革、民政改革、城乡统筹配套改革五大国家级改革试点地区，2014年再度获批开设民营银行等18个国家级新试点、要素市场化配置改革等23个省级新试点。温州复又成为名副其实的改革"试验田""模范生"。如此密集、重要的改革举措，必定牵涉各种利益纠葛，涌现诸多复杂新问题，"试点"成败也攸关温州能否再次抢占改革先机。为此，敞开地方决策大门，广聚社会智识，吸纳社情民意，成为以陈一新为首的温州决策层鲜明、一致的认识，2015年1月通过的《中共温州委关于全面深化法治温州建设的意见》明确要求，"把公众参与、专家论证、风险评估、合法性审查、集体讨论决定确定为重大行政决策的法定程序"。

（三）参与性公民：社会层面新政治文化

"由于公民接受了更多良好的教育，他们也就更多地要求参与到那些影响他们生活的公共政策。"②这一情形也正演现于中国社会，贴近民众、生活面向的地方"低阶政治（Low Politics）"显然更可能激起民众的参与兴趣，同时，"新的信息技术又进一步刺激和推动了知识传播和扩散进程，公民有了更多获取信息的渠道"③，也拥有了更为开放、自由的表达空间，网络型政治参与异常活跃，围绕地方议题的各种虚拟政策社群广泛设立。另外，市场经济中异军崛起的私营企业主阶层亦表现出浓厚的决策参与兴趣，或借助行业协会、或通过个人接触乃

①《三生融合·幸福温州 建设公共服务型政府》，http://news.66wz.com/system/2011/07/15/102611146.shtml。

②约翰·克莱顿·托马斯：《公共决策中的公民参与》，中国人民大学出版社2010年版，第4页。

③同②。

至取得体制身份来做出意志表达。以温州来说，其教育人口占全省五分之一，系浙江省教育大市，向来人才辈出，公民参与的社会氛围浓烈，"中国·温州"网一则调查显示，温州人"经常"或"非常"关注本地新闻者高达八成，半数受调对象对于本地各种公共事务"非常"或"比较"热心参与[①]。全市目前有各类高校近10所，拥有素质良好的人才队伍，他们积极融入地方，成为地方决策重要咨询力量。温州网络媒体发达，网民活跃度全省领先，社会性官媒"温州网"《问计于民》板块以及政策性官媒"中国·温州"《网络问政》栏目成为网民热议时事、表达心声的主阵地；部分网民组成"温州网"市民监督团、市民观察团，表示"该赞颂的我们要赞颂，该批评的我们要批评"[②]。温州民营经济兴盛，造就庞大、精明的民营企业家队伍，过去资本原始积累时期，他们对于地方政策条例鲜少发表意见，现今所办企业上规模尤其遭遇市场各种挑战后，就开始呼唤政府的引导和支持，与政府部门积极沟通，力图影响地方经济政策走向。

实践逻辑：地方政府"开门"决策运作形态

大部分公共管理者对民众参与持复杂的矛盾心理——政治系统的设计既为了产生更为活跃的公民参与，又要保护现有政治和行政过程免受过度活跃的公民参与的影响[③]。加之转型社会矛盾多发，民众决策参与诉求难免夹杂诸多非理性因素，地方政府又需维持相对稳定的政治环境。综合而言，现阶段我国地方政府实施"开门"决策需能摈弃过程混乱、结局难料的政治动员方式，争取在威权治理与民众参与之间取得平衡，实现"可控的"、"一定程度"但又"效果明显"的决策参与，事实上，这也正是"开门"决策与"民主"决策的原则差别或间距所

---

①《对主题为：温州人公共形象调查 的网上投票调查情况》，http://220.191.204.205/inquiry/2011xingxiang(Result).asp?ID=38。

②《网聚网民力量 温州网首届网民大会召开》，http://news.66wz.com/system/2013/06/21/103695450.shtml。

③King, C. S., Feltey, K. M. & Susel, B. O. The question of participation: Toward authentic public participation in public administration. Public Administration Review, 1998,58(4):317-326.

在。以温州来说，从这一理念出发，基于以上各个层面的决策新境遇，"开门"决策模式呈现出三个动态衔接的运作形态（图4）：

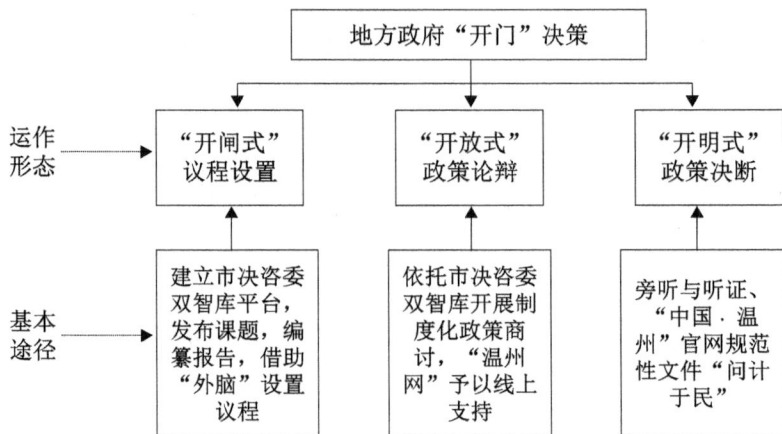

图4 地方政府"开门"决策运作形态

（一）"开闸式"议程设置

能否影响决策过程固然是权力的一面，能否影响议事日程的设置则是权力更重要的另一面[①]，鉴于此，议程设置应可视为公共决策关键意义环节。所谓议程设置，即是对政策议题的酝酿、排序和选择。对于中国政府议程设置，有学者根据议程提出者及方式，概括为"六种模式"[②]，强调决策者知识运用[③]、自媒体触发模式[④]、"闹大"策略等[⑤]，由于现实中我国政策议程设置往往交织多方力量、

---

①Peter Bachrach & Morton Baratz. Two Faces of Power. American Political Science Review, vol. 56, no. 4 (Dec. 1962), pp: 947-952.

②此即关门模式、动员模式、内参模式、借力模式、上书模式和外压模式（参见王绍光：《中国公共政策议程设置的模式》，《中国社会科学》2006年第5期）。

③朱旭峰、田君：《知识与中国公共政策的议程设置：一个实证研究》，《中国行政管理》2008年第6期。

④陈娇娥、王国华：《网络时代政策议程设置机制研究》，《中国行政管理》2013年第1期。

⑤韩志明：《利益表达、资源动员与议程设置——对于闹大现象的描述性分析》，《公共管理学报》2012年第2期。

多种途径，这些理论认识或偏向于静态描述，或显得失之偏颇。另有学者基于历史或个案分析，提出"多元主体互动模式"①"协同回应模式"②，但又未能凸显地方威权体制对于决策的有力影响。此处毋宁用"开闸"一词来形容转型期地方政策议程设置。其基本意涵有二：①民意堰塞湖已经打开，乃至呈现"井喷"趋势，多元利益主体纷纷抢夺话语机会，寄希望于影响政策议程设置，网络尤其自媒体的发展，则为此提供了功能强大的平台，对于决策者形成明显的社会压力；②尽管如此，地方决策层仍有体制赋予的权力空间与制度供给能力，通过设置"闸门"，有序安排各种社会诉求进入政策议程。

以温州而言，如前所言，工商阶层、知识精英、网民群体均有着旺盛的参与热情，共同作用之下推动着地方政策议程设置。对中国市场化改革具有突破性意义的温州金融改革试验区政策出台过程清晰体现出这一情况③。面对公众参与"爆棚"及其对于政策议程的强大影响力，对传统治理有深刻反思的温州地方决策者变被动为主动，"开闸放水"，在议程设置上顺乎民情，同时又利用制度（组织）"闸门""守闸"，实现民意的有序表达，提高议程设置效率。标志之举即2010年底建立以市委领导领衔、社会智识人士参与的市决咨委，以其为平台疏通和接纳民意。市决咨委下设双智库：由市内外知名专家、工商精英组成的专家智库（核心人员约180名），以及汇集各类草根人士的民间智库（现有成员183名），设计者称前者体现出决策咨询的高度，后者体现广度，为决策者提供来自基层的意见和建议。市决咨委另辖温州公共政策研究院（与本土高校温州大学公共政策研究院合一，挂靠温州大学）以及办公室（与温州委政研室办公室合一），办公室经由公共政策研究院渠道面向市决咨委专家智库定期征集和发布课题，课题研究采取招标及委托方式，权力部门给予课题调研协助，研究成果一旦为市委、市政府主要领导批示，研究主题及建议即可进入政策议程。民间智库人

①刘伟、黄健荣：《当代中国政策议程创建模式嬗变分析》，《公共管理学报》2008年第3期。
②王春福：《论公共政策议程的协同回应模式——以温州金融体制综合改革试验区议程为例》，《浙江社会科学》2013年第7期。
③同上。

员建议相对零散，但不乏真知灼见，办公室按期汇编为《民间智库报告》，上报市委、市政府主要领导。借助市决咨委及其双智库渠道，诸多体制外专家意见和草根智慧得以进入决策核心区域，建构起相关政策议程[①]。

（二）"开放式"政策论辩

政策论辩是指决策参与各方就政策问题与政策目标界定、政策方案选择等事项，展开对话、辩驳进而谋求共识的行为。在具体政策过程中，每个政策行动主体都有建立在不同利益追求基础上的价值倾向。要想形成一个建立在各种利益协调基础之上的被大多数政策行动主体认可的政策价值，就需经过一个民主的论辩过程[②]。此为政策论辩主旨所在。除此之外，由于决策信息的分散，"两个相互独立的头脑，比两个相互依赖的头脑更好"[③]，通过政策论辩，相互碰撞思想，可以聚合信息，激发灵感，以及教育决策参与各方，矫治非理性观念，实现彼此移情思考，凝集政策共同体意识。但同样需注意到转型期社会主体决策参与意识激增，政策论辩如不加以有效引导，就可能导致各说各话，乃至各自为战，后现代话语理论反感于传统官僚制独白，但也同样反对话语讨论的无政府状态，为此限定政策论辩"公共能量场"的话语条件：交谈者的真诚、表达的清晰、表达内容的准确及言论与讨论语境的相关性[④]。何能如此？总体来说政策论辩过程中的平台搭建与话语导引十分重要。

温州政府的重要努力是：1. 依托市决咨委双智库，制度性开展政策对话。一是结合地方政府中心工作以及地方经济社会发展热点话题举办专家政策咨询会，包括不定期召集专家智库人员、部门代表举行政策座谈会，以及定期邀请专家智库人员、市外嘉宾以及行业知名人士举办"帕累托公共政策沙龙"与"高校智库论坛"（下称"沙龙"与"论坛"），座谈会通常涉及地方转型与发展的宏观战

---

①据统计，自温州市决咨委成立，已立项课题269个，形成各类报告近500篇、获各级领导批示近200次。

②严强：《公共政策学》，社会科学文献出版社2008年版，第78页。

③盖瑞·J. 米勒：《管理困境——科层的政治经济学》，上海三联书店/上海人民出版社2002年版，第113页。

④查尔斯·J. 福克斯、休·T·米勒：《后现代公共行政——话语指向》，中国人民大学出版社2002年版。

略性话题，由市领导主持，发言者为此需要"拿出干货"，言谈过程体现高峰性、针对性和对话性；沙龙与论坛则相对偏重战术性、前沿性主题，每期围绕一个焦点话题，部分源自市决咨委智库人员前期课题研究成果，1—4人主讲，之后与场下互动，热烈辩论，结果整理呈报市领导，地方媒体配合报道，搅动社会舆论对沙龙（论坛）话题的进一步讨论。二是在民间智库中定期举办"米利都讲坛"，该讲坛定位为智库成员间及其与政府间的"交流平台"，坚持"开放、多元、包容、自由、理性、建设性"的宗旨；话题涉及城市出行、市容环境、小区治理、居家养老等各种草根事项；活动安排为"主题微演讲（每期6人）+演讲者与听众互动+嘉宾点评+现场打分"，演讲的荣誉性、嘉宾与观众的现场评价及"拍砖"，均驱使演讲者演讲之前必须备足"功课"，在各方"头脑风暴"中形成对于政策议题更为完善的思考。2.为增强政策论辩的开放性、政策意见的尖锐性与政策设想的广泛性，"温州网"《问计于民》板块与市决咨委民间智库形成线上线下关系，通过计分考核和"金点子"评比，激发网民重点围绕市决咨委近期议题踊跃发言，表现突出者邀其加入民间智库，其智见亦有机会经由政研部门呈报市委、市政府主要领导。

（三）"开明式"政策决断

参与不足，公众沦为"沉没的多数"，地方决策就可能欠缺"地方性知识（Local knowledge）"，脱离民意与社会土壤而难以为继，亦可能偏离公共利益轨道，服务于少数权贵，深层次来讲，还会削弱公众投身公共事务、行使自决权利的信心。是故，"参与政策的协商不仅具有公共政策制定的工具价值，而且具有公民个人内在的价值"[1]。话虽如此，"公共管理者和政策规划者依然需要选择在什么时候、在多大频率上、以什么方式、以及在多大程度上接纳公民的参与"[2]，应避免善意鼓励参与，结果却弄巧成拙。实际上，以参与为特征的强势民主近些年来尽管周遭兴起，其负面性也愈多显现，参与失控所可能导致的民粹主

---

[1] 全钟燮：《公共行政的社会建构：解释与批判》，北京大学出版社2008年版，第29页。

[2] 约翰·克莱顿·托马斯：《公共决策中的公民参与》，中国人民大学出版社2010年版，第7页。

义"街头政治",令许多国家和地区深受其害,立法机关被肆意冲击,行政领袖难于决断,政府部门乃至瘫痪、无法实现功能。鉴于此,至少从决策层面来说,"开明式"政策决断方式对于既身处现代化进程、制度力量又尚且不足的后发国家和地区更可能带来福音,以地方政府来说,其关键特征是,一方面,决策权集中行使,地方性法律必须经由立法部门表决方可生效;行政决定则一定由行政领导者拍板断案;另一方面,决策"最后一公里"——立法表决与行政决定出台又充分听取民情,或接受民众过程监督,根本上,"开明式"政策决断就是主张公共决策决断环节践行"民主集中制"。

温州政府相关举措有:①允许公民旁听人大、市政府常务会议,推动权力部门决策公开,保障公众对于公共决策行为的知情权与监督权。旁听公民仅列席会议,不应干预会议表决,依此,旁听制度体现"开明式"政策决断方式。温州人大、政府于1998年、2002年先后创新出台了公民旁听人大会议、市政府常务会议的相关方法。近年来愈多尝试,市十二届人大召开以来,先后有五次与民生相关的人大及常委会会议公开征集公民旁听。②开展公民听证。听证过程体现政策论辩,但现实中其政策合法化意义浓厚,更可归为"开明式"政策决断范畴。温州做法,一是预算听证。市人大2012年10月出台的《温州市市级部门预算审查监督办法》明确,"涉及民生的重大项目预算和重点审查的部门预算草案,市人大常委会可以召开预算听证会",2012年底以来,这一做法陆续针对国土资源局、卫生局、体育局、住建委、民政局、城管与执法局、文广新局等部门实施,参与者评价听证推动部门"账单""越做越细、越好懂"[1];二是行政听证。例如市区江心屿景区门票提价、公安部门市区烟花爆竹限制燃放新规均召开了行政听证会,数家地方媒体报道了听证现场意见分歧,引入专家视角,以及配合做出网络与微信平台民意调查,对于听证过程及其结果应用发挥了舆论监督作用。③规范性文件"问计于民"。市政府办公室2014年3月专门下达《关于加强网络问政工作的实施意见》,要求"涉及群众切身利益的重要改革方案、重大政策措施、重点工程项目,在决策前必须通过网络广泛征求群众意见",截至2016年9月,已有111项

---

① 《温州召开部门预算听证会 民政局草案详细总共60页》,http://news.66wz.com/system/2014/11/27/104284156.shtml。

规范性文件进入官网"中国·温州"《问计于民》板块征集社会意见，大多获得网民善意回应，给予各有特色的评点意见。随着地方立法权下放，为求解地方立法人才及专识缺乏的问题，市人大首开先河，挂靠温州大学法政学院设立地方立法研究院，诸如地方版《市容管理条例》《物业管理条例》等均尝试交由该院专家论证定稿，体现出立法外包意蕴，也充分吸取了民间和专家智慧。

结语与讨论

政策科学传统上分析决策行为，多以美国政治为背景，或认定为自上而下模型，强调政治精英、政治活动家、领导集团或有影响力的人士，其意志起决定性作用；或理解为自下而上模型，肯定公共舆论、媒体、利益集团、民意测验等社会因素的支配性意义[①]。如此各执一端，未免体现一种非此即彼的极化思维，更重要的是，无法涵括转型期我国地方政府决策模式特点。基于上述观点，新形势下我国地方政府决策过程更可理解为精英意志与社会智识的互动和桥接，从而形成"开门"决策模式。究其背景，一是宏观层面中央政府善意自察，将协商民主确立为我国社会主义民主的发展方向；二是地方政府遭遇经济"新常态"下复杂化决策情势；三是借助网络条件，民意对于地方决策的影响空前加大，甚或"民意政治"形成[②]。这三方面因素共同驱使地方政府在一元化体制框架下愈发重视在决策过程中引入公众参与，以至呈现"开门"决策及其三个前后相继的运作形态——"开闸"式议程设置、"开放"式政策论辩、"开明"式政策决断。基于中国政治话语来认识，地方"开门"决策承继与体现群众路线，但相比以往，又在很大程度上推动群众路线向制度化、操作化、信息化方向发展，通过建立健全线下组织平台与线上互动平台，出台各种鼓励和方便民众参与的地方性规章办法，让地方政府决策"从群众中来，到群众中去"不再停留于表面功夫，而是更多地获得制度层面保障与技术力量的支持。而从公众来说，非但拥有了比过去更多、更常态化的表达机会，其参与决策的审慎性与理性力量也会在制度轨道上和

---

① 托马斯·R·戴伊：《理解公共政策》，中国人民大学出版社2001年版，第29-33页。
② 俞可平：《民主还是民粹——中国的民意政治》，《中国治理评论》2014年第1期。

官民互动中相应增强，这反过来又会进一步加强官方吸纳民众参与的决心和信心，从而形成地方"开门"决策的良性循环。明显可感觉的是，温州目前正呈现出这一前所未有的景象。

当然，温州人天性敢于挣脱束缚，民间财力和社会自组织相对发达，这些个性因素使得温州政府的创新动力和压力、民众决策参与的信心与条件或与兄弟城市有所不同，从而温州一地经验难以涵括全部地方政府，地方"开门"决策必定存在着地区间形式、内容亦或程度的差异。另外来讲，地方"开门"决策毕竟体现为与转型社会相一致的过渡性模式，精英意志与民意并非总可以处于一种较为融洽、稳定的坦诚交流状态，张力与矛盾难免充斥其中，二者间非均衡的决策权力配置甚或有时会使其徒具象征意义。换言之，地方"开门"决策的效应和功能有着固有限制，毋宁对其抱以谨慎的乐观态度。比如仅以温州案例来说，仍需推敲或继续做出微观考察的是，威权框架下的地方决策是否仍只是向一些人而非各种人"开门"？"开门"尺度究竟有多大？"开门"的制度效应、政策效应与社会效应总体如何评估？"开门"的可持续性怎样保障？"开门"之后是否还有"门中门"等着开？要想这些问题获得更令人鼓舞的现实答案，一方面需要决策者充分体认自身阅历、知识与信息必然存在的各种欠缺，从而虚心、诚意地"开门"，积极吸收民间智慧做出弥补；另一方面，更需仰赖体制层面的深层变革，根本而言，如何将地方领导决策权力关进"笼子"，并真正驱使其在决策行为中"眼睛朝下"？

参与式环保生成逻辑：
W市"五水共治"为例*

概念界定、文献综述与问题提出

十八届三中全会首次提出实现国家治理现代化的要求。应对当前复杂、尖锐的环境问题，尤需贯彻这一要求，实现政府部门与社会力量互动协作，走参与式环保之路。笔者拟以浙江省W市近年来"五水共治"为例，总结其所显现的参与式环保生成与演展逻辑，为助推各地参与式环保提供启发。

笔者将参与式环保理解为从传统环境管理走向环境治理（Environment Governance）的中间形态，区别于一些学者提出的"参与式治理"概念。因治理本身即意指公共事务的多中心参与，"参与式治理"这一概念可谓同义反复。笔者所指参与式环保承继传统环境管理下政府发挥主导作用的规模与动员优势，同时又吸纳社会各界的加入以实现环保合力，将其视作介于传统环境管理与环境治理的中间环节更显合理，而且符合环保管理自然变迁规律。"传统环境管理着重关注具体管理技术、政府规制行为以及产权划分等对环境问题的影响，而参与式管理突出地方知识的重要性和公众参与环保的力量，环境治理则强调通过多元组织参与解决复杂环境问题。"[1]

参与式环保旨在引入和激活社会力量，弥补政府环保力量欠缺。但从现有文献来看，法律学者更强调社会力量对政府环境事务的法理权利，研究集中于公众

---

*原文发表于《四川行政学院学报》2016年第5期。
①杨立华、张云：《环境管理的范式变迁：管理、参与式管理到治理》，《公共行政评论》2013年第6期。

发起环境公益诉讼、参与"环评"或环境行政的相关理论探讨与立法建议①。社会学者聚焦于环境抗争事件，分析抗争类型与抗争困境、抗争文化及其心理基础、抗争的社会网络与策略等②，实则呼应了法律学者，都十分重视社会对政府监督、制约的一面，虽具研究意义，却可能迷离参与式环保更为看重的政府与社会合作的价值指向。经济学者构造了影响广泛、近于常识的官员晋升锦标赛范式，剖析改革以来我国经济发展迅猛、环境问题却持续恶化的体制症结，主张让公众满意度纳入官员考核过程③。然而也有分析指出，官员晋升锦标赛范式解释力不足，央—地关系和政—企关系变化更可以解释中国经济增长④，官员晋升也还有政治网络、技术背景、年龄性别等方面因素。而在这里，需推敲的是，这一范式隐现的假定是追求GDP与生态保护存在悖反关系，这是否一概而论？

政治学者多从治理范式出发，认可参与式环保是进一步保护公民环境权以及社会可持续发展的需要⑤，可以推动地方政府环境与发展的综合决策、环境公共产品的多中心合作供给，以及环境治理的协商与合作⑥；环境问题的根本解决，必须

①蔡守秋：《从环境权到国家环境保护义务和环境公益诉讼》，《现代法学》2013年第6期；吕忠梅：《环境公益诉讼辨析》，《法商研究》2008年第6期；王灿发、程多威：《〈新环境保护法〉下环境公益诉讼面临的困境及其破解》，《法律适用》2014年第8期；别涛：《环境公益诉讼立法的新起点——〈民诉法〉修改之评析与〈环保法〉修改之建议》，《法学评论》2013年第1期；朱谦：《公众环境行政参与的现实困境及其出路》，《上海交通大学学报》2012年第1期，等等。
②景军：《认知与自觉：一个西北乡村的环境抗争》，《中国农业大学学报》2009年第4期；张玉林：《政经一体化开发机制与中国农村的环境冲突》，《探索与争鸣》2006年第5期；朱春奎、沈萍：《行动者、资源与行动策略：怒江水电开发的政策网络分析》，《公共行政评论》2010年第4期；郭巍青、陈晓运：《风险社会的环境异议》，《公共行政评论》2011年第1期。
③周黎安：《中国地方官员的晋升锦标赛模式研究》，《经济研究》2007年第7期。
④陶然等：《经济增长能够带来晋升吗？——对晋升锦标竞赛理论的逻辑挑战与省级实证重估》，《管理世界》2010年第12期。
⑤张慧卿、金丽馥：《苏南参与式环境治理：必要性、经验及启示》，《学海》2014年第5期。
⑥肖建华：《参与式治理视角下地方政府环境管理创新》，《中国行政管理》2012年第5期。

政府、企业、公众三方在博弈中走向合作，缺一不可[1]。当前大气污染治理，同样需建构政府与企业、社会力量的横向协调机制[2]。然而参与式环保在各地推进的现状并不容乐观，威权主义背景下，一些地方政府对于鼓励社会群体参与环境行动存在着矛盾心态：期望民众环境参与，又担心社会组织不好管理，容易失控酿成社会问题[3]。也需检讨社会自身原因，受差序格局影响[4]以及出于理性算计，多数公众参与环保意愿并不强烈，个体公众参与环保行为的表现较差，尤其是公众环保行为的表现更差[5]。而从企业来说，主动承担环境责任往往并不容易，"最普遍的企业行为是，生产者把转嫁为生态损耗的成本外部化作为实现利润最大化的本质手段"[6]。甚或地方政府和企业具有利益一致性，两者常自然地形成合谋关系。无论通过正式的制度激励结构还是非法的腐败方式，一些地方政府都倾向于支持甚至帮助企业规避环保法规[7]。参与式环保下最可能充当公众利益代表的环保组织，政府和公众对其参与环境治理认识仍不到位，缺乏制度保障，资金和专业能力普遍不足[8]。针对参与式环保各方主体不一而足的问题，汇集到一点就是需要地方各级领导的积极推动[9]，地方政府核心行动者，其意愿与行为将直接影响政府

---

①马晓明：《三方博弈与环境制度》，北京大学博士学位论文，2003年。

②王勇：《从"指标下压"到"利益协调"：大气治污的公共环境管理检讨与模式转换》，《政治学研究》2014年第2期。

③林卡、易龙飞：《参与与赋权：环境治理的地方创新》，《探索与争鸣》2014年第11期。

④冯仕政：《沉默的大多数:差序格局与环境抗争》，《中国人民大学学报》2007年第1期。

⑤邝嫦娥等：《长株潭城市群公众参与环保行为的实证研究》，《湖南科技大学学报》2013年第2期。

⑥钟茂初、闫文娟：《企业行为因应生态环境责任的研究述评与理论归纳》，《经济体制改革》2011年第3期。

⑦任丙强：《生态文明建设视角下的环境治理：问题、挑战与对策》，《政治学研究》2013年第5期。

⑧谢菊、刘磊：《环境治理中社会组织参与的现状与对策》，《环境保护》2013年第23期。

⑨朱德米：《公共协商与公民参与——宁波市J区城市管理中协商式公民参与的经验研究》，《政治学研究》2008年第1期。

生态治理的政策走向与政策效能①。西方国家经验亦表明，公众通过多种途径积极参与环境保护与环境决策既是环境运动蓬勃发展的结果，也是政府制度设计的产物②。需要肯定的是，在应对周遭发生的环境邻避事件中，一些地方政府已初步做出参与式环保的主动尝试，以柔性维稳取代了刚性维稳，公开相关信息，提供平台与公众沟通。民众则从纯粹的反对政府政策转向政策倡导，寻求与政府理性对话的机会③。一些地区水环境治理中，政府治理技术层面已由公共议题的特殊性质与有效治理的目标取向引致了"运动式治理"向"制度化治理""行政管控"向"参与式治理"的转变④。

笔者将要引入的W市"五水共治"案例⑤，其参与式环保特征较为鲜明，亦已取得阶段性效果，地方政府在其中发挥了核心行动者作用。政府部门不再懈怠于环保，反而举科层之力推动治水；与此同时，治水相当程度上也吸引了既往"沉默的大多数"民众乃至企业的参与。地方政府何以"华丽转身"高调治水？各种社会力量又何以展现出相对积极的姿态投入治水？概言之，政府与社会如何牵手实现参与式环保的？背后的动力与条件何在？W市"五水共治"彰显的参与式环保生长逻辑，值得从理论层面上认真总结。

参与式环保经验叙事：W市"五水共治"

W市地处浙南沿海，下辖11个县（市、区），境内有大小河流1104余条，总长度达5652公里，水域面积达622平方公里。改革开放以来，W市民营企业蓬勃发

---

①金太军、沈承诚：《政府生态治理、地方政府核心行动者与政治锦标赛》，《南京社会科学》2012年第6期。

②楼苏萍：《西方国家公众参与环境治理的途径与机制》，《学术论坛》2012年第3期。

③张紧跟：《从抗争性冲突到参与式治理：广州垃圾处理的新趋向》，《中山大学学报》2014年第4期。

④黄俊尧：《作为政府治理技术的"吸纳型参与"——"五水共治"中的民意表达机制分析》，《甘肃行政学院学报》2015年第5期。

⑤政策文本层面具体指治污水、防洪水、排涝水、保供水、抓节水这五项，以治污水为主。

展，地方政府"无为而治"提供了管理支持，或也源于此，助长了产业"低小散"态势，并造成惊人的水污染形势。虽经历年治理，2013年76个市控以上地表水监测断面中，劣V类水断面31个；全市平原河网以劣V类水质为主，部分河段污染严重，已丧失使用功能①。2013年10月，W市出台《关于建设美丽浙南水乡的实施意见》，启动"五水共治"，截至2015年底，W市治水投资、创建省级示范生态河道、新建滨水公园、募集治水捐资等多项指标位均居全省第一，全市基本消除黑臭河，各主要水系水质均有提升，O江和FY江水质稳定在三类以上，A江江口渡断面水质由劣五类提升到三类，市区平原河网氨氮、总磷、高锰酸盐平均浓度与2014年比分别下降13.5%、15.2%、10.5%，与2013年同期相比分别下降29.7%、30.2%、13.4%②。W市实施"五水共治"全省最早，历经三任市委书记，不改治水姿态，社会力量则在政府带动下踊跃配合，进而形成参与式环保，这是W市"五水共治"最值得关注的经验。

（一）政府科层管理：参与式环保主导力量

依靠分权改革赋予的自主权能，以及娴熟的政治动员经验，地方政府既可能酿成生态危机，但也具有快速纠偏的能力，仍应视其为地方生态治理的主导力量：首先，相比中央政府，地方政府在获取和了解辖区生态治理的需求和效用方面更具优势；其次，环境保护经济学意义上为非排他、非竞争的纯公共物品，地方环保重点由地方政府供给也属必要；再次，地方政府对所拥有的权力手段、规模效应、资源优势等非其他社会主体所比拟，以其科层力量主导地方生态治理是交易费用较低的务实选择。W市政府推进"五水共治"，正充分发挥了科层管理政策供给与组织实施的主导作用。

当然，政府科层管理也因其上下信息传输障碍与监督成本高昂而易于失灵，所谓科层制两难③。以环保领域来说，研究发现，下级官员往往利用信息优势与非

---

① 参见温州市环保局网站《温州环境状况公报（2013）年》。
② 徐明：《"五水共治"的温州速度》，《浙江日报》2015年12月18日。
③ 盖瑞·J·米勒：《管理困境——科层的政治经济学》，上海人民出版社2002年版，第49页。

正规关系网络，与上级伺机展开序贯博弈，从而使得环保指标的执行大打折扣[1]，通行解释是，晋升是官员目标函数的集中体现，现行官员晋升自上而下重点采用了GDP标准，由此就导致官员致力于推动经济增长，以其为进取性职能，指标偏软的环保工作则属于防御性职能，地方政府常以"污染合理"与"不出事"两种逻辑在场[2]，缘此，官员往往将操纵环保统计数据作为完成环保任务的一个捷径，这成为地方环境治理失败的一个根源[3]。

一定时期内，环境保护确可能与经济增长构成矛盾，降低官员环境投资意愿，曾有研究发现，一个中国地市政府环保投资占当地GDP的比例每升高0.36%，市委书记升迁机会便会下降8.5%。然而，罔顾环境代价的单纯经济增长终究会达至生态阈值，并会引发民众普遍不满，造成官方被动；换个角度思考，环保工作对于地方政府及其主要领导，也具有潜在收益，从而也有可能获其重视与投入：一是财富效应，地方政府致力于改善生态，可以优化投资环境，并且更适合投资于房地产业、服务业；二是改革效应，地方政府进行生态治理无不从产业转型升级下工夫，因此可以促进产业改良和创新，带来新的经济增长机遇；三是文化效应，地方领导推动环境治理，可以实现社会效应（上级和公众的广泛认同）以及通过离任生态审计[4]。

再从政府环境科层管理的效应来说，尽管难于摆脱信息传输与监督困境，科层管理的优势亦不容否定。制度经济学认为，"就激励的意义而言，科层制减弱了作为双方均不受对方控制的正常谈判之缩影的侵犯性的态度倾向。科层制最显著的优势也许是，在科层制内部可以用强制实施的控制手段比市场更为灵敏，当出现冲突时拥有一种比较有效的解决冲突的机制"[5]。概括来说，科层制提供了附

---

①周雪光、练宏：《政府内部上下级部门间谈判的一个分析模型——以环境政策实施为例》，《中国社会科学》2011年第5期。

②张金俊：《转型期国家与农民关系的一项社会学考察》，《西南民族大学学报》2012年第9期。

③冉冉：《"压力型体制"下的政治激励与地方环境治理》，《经济社会体制比较》2013年第3期。

④张劲松：《去中心化：政府生态治理能力的现代化》，《甘肃社会科学》2016年第1期。

⑤奥利弗·E·威廉姆森：《反托拉斯经济学》，经济科学出版社1999年版，第29-30页。

加的激励和控制技术，从而可用来应付机会主义，有效聚合成员间意志及行动，减少相互间摩擦阻力。

W市政府实施"五水共治"，其科层管理主导作用和努力体现于：

1.加强制度供给，保障治水工作

（1）健全四级河长制。河长制在无锡"蓝藻事件"后首创，在太湖、滇池治理中均显示有助于明确治河责任和增进治理合力，W市地方领导积极予以推行，指其为"推进'五水共治'的龙头和关键"。全市8700名党政干部被任命为四级河长，对于各自联系河道整治负领导与协调责任。市委领导多次实地检查、督促和协调亲任河长的XP江治水工作；L区300多名河长人手一本《河长工作日记》，敦促河长经常下河；W市下辖T县将河长业绩作为干部考核重要依据。

（2）首创河道警长制。全市三级公安机关一把手带头担任河道警长，对接和协助河长进行水环境保护的指导、协调、监督，开展治安巡查，打击破坏水环境的违法犯罪行为，处置涉水纠纷、排查水污染隐患。W市河道警长制还建立起市、县、乡镇三级联动打击模式，实现多警种、多层级立体打击。对跨地域、网络化、形成产业链的涉水犯罪案件以及属地打击存在较大阻力的案件，河道警长制采用异地用警、异地羁押、挂牌督办方式，攻坚克难。

（3）强化责任追究制。出台《W市河道整治工作责任追究暂行办法》，明确各类治水主体责任；每月公布各地治水项目进展排名，对落后单位通报约谈；组建专项督查组，联合市民及媒体明察暗访；加强部门联合执法，出动执法人员10多万次[1]，刑拘人数在全国、全省均排前列；建立质量监督制度，把好工程施工、监理、验收等环节，并定期开展工程建设质量"飞检"；发挥媒体监督作用，"电视问政""新政聚焦"等时政电视栏目，《W日报》，"W网"等媒体，跟踪报道"五水共治"。

（4）制订水保护法规。市政府通过《W市城市蓝线管理办法》，为城市水系管理提供重要依据。蓝线范围内禁止从事违反城市蓝线保护和控制要求的建设活动；擅自填埋和占用城市蓝线内水域；影响水系安全的爆破、采石、取土；擅自建

---

[1]此处及下文数据，除特别说明外，均引自《温州日报》相关报道。

设各类排污设施等。市人大利用W市首次取得地方立法权的契机，启动《W市SX饮用水水源保护条例》立法草拟工作，该法规通过后将可以为执法部门打击W市"大水缸"SX水库非法捕捞、投饵垂钓、网箱养殖等行为提供更完善的法律保障。

2. 系统谋划治水，倒逼产业转型

（1）产业整顿，企业入园，实现水岸同治。2015年底，全市技改投资占工业性投资比重攀升至70%以上，超额完成国家、省下达的淘汰落后产能任务，建成电镀园区12个、制革园区1个、印染园区1个，逐步实现"集中生产、集中供热、集中治污"；与此同时，按照"拆改结合、能拆则拆、能改则改、退岸纳管、拆违建绿、退围还绿"等多种模式，抓好水乡核心区河道沿线城中村改造，通过这些努力实现"水岸同治"，保障治水和倒逼产业转型。数据显示，近些年拆除、"三改"面积居全省第一；传统产业焕发活力，截至2015年7月，市重污染行业年生产总值较整治前提高42.5%。

（2）管网配套，集中整治，坚持城乡联动。2014年一年即完成396公里城镇污水配套管网建设，完成率达152%；组织"两河"整治会战，省内率先消除垃圾河，整治471条共573公里黑臭河；2015年底，建成24个镇级污水处理厂、500个滨水公园、24条省级示范生态河道，各项数据均居全省第一；2014年以来启动农村生活污水治理三年行动计划，完成1101个村生活污水处理设施建设，占年度计划的119%，完成1756个规模化畜禽养殖场提升改造，完成率100%。投资9.2亿完成40个"水乡文化提升工程"。

"治河先治岸，治岸先治官"，"环保执法必须长牙齿"，这是各地治水一致教训。W市政府以上科层举措，正显示出其相应努力。缘此，"五水共治"也才可能取得实效。2016年初，W市的省"两会"代表、委员提案中关于河流污染整治极少涉及，前两年则呼吁较多，从一个侧面反映出W市治水成效[1]。2014年群众对"五水共治"满意率达80.4%，对"两河整治"满意率达81%；公众对生态环境满意度较上年度提升4.61%，提升幅度8.7%，居全省第一；2015年W市民对一年来水环境治理成效满意率达88%；对推进"五水共治"决策的支持率达99.1%[2]。公众

---

[1]《提交通建设的多了 喊河流治污的少了》，《温州日报》2016年1月27日。
[2] 根据温州市统计局2014年和2015年"'五水共治'工作群众满意度调查"结果。

"点赞"确认了地方政府合法性；W市治水投资已超500亿元，亦为全省第一，有力拉动了地方经济增长以及改善了投资环境，获批全国水生态文明建设试点，W市在外商人纷纷回归置业，生态旅游和农业项目愈多落户，地方经济获得新的发展机遇，这是W市各级官员从治水中另取得的回报。

（二）社会公众参与：参与式环保配合力量

环保工作千头万绪，所需资金庞大，地方政府仅凭自身有限管理资源，未免捉襟见肘，疲于应付，社会力量参与可以在人力、财力等不同层面做出弥补；例如，由于生态环境的系统性和流动性，污染行为被发现既存在概率低的可能，又存在一定时差[1]，地方政府对于污染行为可谓防不胜防，分散的社会公众可以充当政府部门监控污染的"第三只眼"；社会公众介入环保，另可以对管理者秉公行事、严明执法予以外部监督和民意支援；可以揭示特定污染的形成机理，利于"对症下药"采取对策；可以对参与者产生教育作用，提高环保意识及能力；可以安抚公众情绪，宣泄环境诉求与不满，维护环境权利，正面促进社会稳定。宏观而言，公民环境参与直接体现一个国家生态文明的发展状况，拓宽公民环境参与渠道、激发公民参与热情是生态文明建设的核心问题之一[2]。正由于这些方面的意义，2014年新修订实施的《环境保护法》首次将"信息公开和公众参与"单列一章加以规定。

据统计，过去几年里中国大规模群体性骚乱多与环境维权有关，环境污染导致的伤害与恐惧，已成为中国社会动荡的首要因素[3]。究其原因，我国各级政府尚未能将社会方方面面主体都纳入到环境治理中来，缺少社会广泛参与及支持的政府决策，就有可能遭受局部利益相关者的挑战[4]，引发环境群体事件。地方政府需要"从基层开始把公众参与机制转变为政府的责任，需要政府对其治理方针做出调整，包括以更宽容的态度提前发布相关信息，并让公众在计划以及冲突解决的

---

①金太军、唐玉青：《区域生态府际合作治理困境及其消解》，《南京师大学报》2011年第5期。

②秦铁铮：《新型城镇化背景下我国环境公共参与的制度理性选择》，《北京交通大学学报》2014年第4期。

③刘鉴强：《环境维权引发中国动荡》，http://www.ftchinese.com/story/001048280。

④张劲松：《邻避型环境群体性事件的政府治理》，《理论探讨》2014年第5期。

早期阶段进行介入"①。

从W市来说，鼓励公众参与"五水共治"，形成参与式环保，恰恰契合地方政府一贯的追求。鉴于社会自组织力量发达、民营经济和民间智慧活跃的地方性优势，W市政府向来重视与民间互动，近年来基于财力紧张以及民间呼声，更是有意识地将民间力量纳入城市化建设与公共服务，"五水共治"牵涉广、难度大、投资多，同样需如此。决策者为此要求打好民间人士、民企组织、民营资本三张"民"牌，"在强化政府职责的同时，充分发挥W市'民资、民力、民办、民营、民享'的优势，使政府'有形之手'与市场'无形之手'共同发力，形成全民治水的生动局面"②。由此造成"五水共治"从议程设置到决策执行，均可见各类社会主体参与其中，不但帮助政府坚定了治水决心，而且起到了多方面的配合、支持作用。

1. 回应网络民意，建构治水政策议程

W市"五水共治"议程设置源于地方主政者的主动作为，亦是对网络民意善意回应的结果。2012年5月，时任市委C书记调研城市污水处理时说："不以部门报上来的数据为准，要以环保局长和公用集团董事长带头下河游泳作为河水治理好的标准"。C书记还强调在哪条河道游泳，要由大家说了算。此事报导后，网友就忙着给环保局长和公用集团董事长找"游泳胜地"，列出一批重污染河道。这一过程加深了决策者治水决心，C书记不久即表态："WR塘河（注：横贯W市区的水系）现状令人痛心，塘河成了城市的下水道。塘河的问题，必须在我们这一代人得到治理。"2013年初，有W市在外企业家微博出钱邀请家乡环保局长下河游泳，推动网络治水民意进一步发酵。随后全国"两会"期间浙江省长李强坦承："环境治理距离每条河都能下去游泳的要求，还有较大距离。"习总书记亦予以关注："现在网民检验湖泊水质的标准，是市长敢不敢跳下去游泳。"高层与网络民意的充分关注，最终推动了2013年底W市乃至浙江全省"五水共治"决策的出台。

①埃里森·莫尔、阿德里亚·沃尔：《中国环保公众参与中的法律倡导》，《国外理论动态》2009年第5期。

②陈一新：《以治水推动经济转型升级》，《温州日报》2015年11月17日。

2.鼓励企业参与，弥补治水力量不足

W市"藏富于民"，W市人秉性中对家乡情结又极为看重。W市政府大张旗鼓推进"五水共治"，同时利用各种管道向在外W籍企业家宣传鼓动，引发企业家纷纷解囊，截至2015年6月，以W籍商人为主的各类社会捐资已达6.87亿元，对于地方政府"治水"资金起到一定的补充作用。一些企业非但出钱而且出力，比如D公司自愿拿出88万元，承诺包治1.3公里的CJ河；S集团向治水基金捐资1000万元，同时主动承担S集团XQ旧工业区、LQ新工业区及未来S学校周边河流的清淤、驳坎、美化工作。为鼓励民资参与治水，W市政府发行并成功募集"蓝海股份"；各县市区"治水办"与银行资本互利合作，2015年上半年，W全市金融机构共为98个"五水共治"项目提供了约116亿元资金。借力民资另包括引入北京B公司等企业，采用PPP模式开展各县（市、区）污水处理、黑臭河治理、污泥资源化等项目的建设与运营。

3.支持民间组织，推进治水自愿治理

W市行业协会数目众多，地方政府一直以来通过各种措施扶持其发展，发挥其行业自治以及政府与市场中介的功能。政府与行业协会合作同样可以推进环境自主治理，以更灵活的方式和更低的成本达到治理目标。这在W市"五水共治"中有鲜明体现。大量自下而上设立、具有更高自主管理能力的行业协会领导与规约企业，显著提升了环境治理绩效[①]。近年来，W市环保组织亦在官方有意识支持下取得快速发展，在"五水共治"中形成更为直接的志愿治理机制。数据显示，全市组建治水志愿者队伍800多支，共有3万多名志愿者，仅在2015年上半年民间组织发动志愿者治水就超过26万人次，他们与官方合作，组织巡河，外包河道保洁，举报违法线索，监督工程建设。一些企业主亦自发成立环保协会参与治水。例如W下辖R市T镇就成立了以企业主为骨干的镇环保协会，成员达2万多人，募集资金1500多万，协会开展环保宣传，组织志愿者游塘河，协助H村老人协会清理河道，购置分发2000个环卫垃圾桶，发动X村企业共建污水处理中心。

---

①周莹、江华、张建民：《行业协会实施自愿性环境治理：温州案例研究》，《中国行政管理》2015年第3期。

4.发动全民治水，广泛吸取民间智慧

除了民间环保组织，村委会、民兵连等传统治理组织亦在政府统一部署下发动全民治水。例如W下辖Y市给每条河流配备一名民兵连河长，负责河道养护；建立民兵巡河日制度，发现问题及时上报；每月召开一次全市专武干部治水会议。如今，Y市十万民兵大治水已初见成效，在暗沟暗河整治攻坚战中出动民兵上万人次。治水需要众人热情，亦需要广聚智慧。为此，W市政府注重相关平台建设。2014年以来先后举办"五水共治"群英会、"五水共治"专家咨询会、"河长论坛""江湖大会""金点子征集评选"等活动，征询各界治水智见；领导成立市"五水共治"技术服务团，该团汇集相关市直部门、W大学、J公司等机构，提供水污染生物监测技术、黑臭河道微生物治理和修复技术、雨水利用技术、透水性路面技术等实用技术支持；L区"五水共治"两新社会组织公益联盟是该区政府主导设立的民间治水平台，聘请的"技术顾问"通过实地考察，问诊"五水共治"，提交诊断治理参考方案。

生成逻辑：参与式环保何以运转？

求解严峻、深刻的环境问题，传统环境管理常显低效，这几方面根由较多为学者总结：一是发展主义意识形态与"次生焦虑"。改革开放以来，我国政府部门抱持发展主义意识形态，接续近代以来怕落后、求速成的"次生焦虑"心理状态[1]。各级政府纷纷以招商引资为第一要务，并依靠GDP导向的考核体系将各级官员晋升利益锁定于经济发展目标，驱使官员不惜牺牲环境图谋增长。二是环境管理体制不顺。环保部门隶属于地方政府，在地方发展大局支配下，各种象征性、选择性、替换性和附加性环保"土政策"大行其道[2]，除此之外，环境管理事项又分散于其他部门，呈现"九龙治水"的状态，进一步耗散了环保治理力量。三

---

①陈阿江：《太湖流域水污染的社会解读》，中国社会科学出版社2009年版，第10-16页。

②耿言虎、陈涛：《环保"土政策"：环境法失灵的一个解释》，《河海大学学报》2013年第1期。

是寻租与异化行为。基层环保部门处于政府食物链低端，又较不受重视，所能分得的人财物资源严重不足，易于造成环保执法行为的寻租和异化，使得权钱交易、以罚代管、养鱼执法成为常态，对此，中央政府也会不定期开展专项检查等动员型管理加以矫治，然其要求大密度资源与注意力投入，难于持久，并会削弱常规管理，执行结果容易走偏。四是公众对于环保参与不足，尤其使得政府环保工作常常陷入孤立无援状态。而这一方面源于环境损益具有分散性特点，现实条件下个人利益又大多未经组织，从而使得理性个人在环境事务中往往选择"搭便车"[1]；另一方面，关于公众参与的法律规定模糊。《宪法》《环保法》较长时间内缺失公众参与环境治理的地位、途径、方式及其保障的规定[2]。

然而，十八大以来生态文明成为主流政策话语，"经济新常态"又历史性到来，习近平总书记强调"不简单以GDP论英雄"，中组部随后印发《关于改进地方党政领导班子和领导干部政绩考核工作的通知》做出相应要求，中央政府则基于经济形势判断一再调低GDP增长预期，决策层这一新气象明显改善了环保管理宏观生态；2014年新《环保法》修订通过，被评史上最严环境立法，而且专门对于公众参与做出规定，明确公民的环境知情权、参与权和监督权，环保部《关于推进环境保护公众参与的指导意见》以及作为新环保法实施细则的《环境保护公众参与办法》此后相继配套出台，进一步细化公众参与的内容及要求；报道称，旨在理顺权责的环保部"大部制"改革建议已经接受中央政府咨询[3]。所有这些，使得新时期地方参与式环保具有了不同于往常的政策与制度氛围。

而从W市来说，水污染不但已突破民众心理底线，激起广泛治理共识，给予政府巨大社会压力；亦折射出当地产业之困，皮革、电镀、金属冶炼等高耗能、高污染的传统产业长期占据主导，转型缓慢，致使W市经济年年下滑，直至2012—2013年W市GDP排名全省垫底。这一情况很难说"不利于"但至少"无益于"地方官员政

---

[1] 吴卫星：《论环境规制中的结构性失衡——对中国环境规制失灵的一种理论解释》，《南京大学学报》2013年第2期。

[2] 易波、张莉莉：《论地方环境治理的政府失灵及其矫正：环境公平的视角》，《法学杂志》2011年第9期。

[3] 章轲：《环保"大部制"设想与争议：三个"统管"部门》，http://money.163.com/15/0617/02/AS9DBQKC00253B0H.html。

绩与晋升追求，如何既能回应治水的民意压力，又能为经济增长注入新的活力？W市主政者决计以治水为突破口，推动经济转型升级，为此要求将"浙南美丽水乡"建设考核结果与领导政绩、部门业绩相挂钩。考绩部门随后明确，"五水共治"占各地总考绩分值的6%，单项分值最大。如此，治水既呼应了顶层政策转向，又关系到W市地方主政者的政绩利益，同时也将各级下属官员晋升利益捆绑在一起。地方政府各级官员重视治水有了不一样的内驱力，在此情形下，与以往动员式环保有所不同，治水长效性更有保障：一是权责得以厘清，在省里统一部署下，W市将各级"治水办"挂靠水利部门，由其统一调配管理各部门治水；二是制度化建设受到重视，即如前述，地方政府引入河长制和创新河道警察制，加强了责任追究制度和相关地方立法；三是坚持了水岸同治、城乡联动的系统性思路。

再从公众来说，赋予环保更多意义，投身治水也有了更充分的动力和条件。利益相关者（Stake-holder）分析揭示，公民参与的动力来自于与利益关联的程度、自身的行动能力和占有社会资源的状况[1]；参与行为还受到公众结社状况的影响，民间自治组织的发展有益于培育社会资本，聚合个体利益与行动。所有这些公民参与的有利条件，W市当前已一一具备。各种环境危害尤其水污染已趋近公众身心极限，成为攸关各阶层切身利益的公共议题，环境治理连年占据市民关注的"十大民生问题"突出位置（图5）；公众受教育水平大大提高，教育人口占了全省1/5，居民收入2015年超过全国平均水平近四成，这极有助于提升市民环保参与意愿及素质；W市民间结社与社会资本状况较之其他地区更为优良，社会组织与场经济同步，形成了领域广泛、门类齐全、大小各异、上下结合的社会组织发展体系。首先是民间商会的发展，W市政府不断赋权于商会，商会则持续提高自主治理能力，从而形成政府与商会的良性互动[2]，在政府支持下，全国262个地级以上城市成立W市商会，塑造了W市人强大的社会资本，不但成为其闯天下的"本钱"，也对于组织W籍商人反哺家乡、支持"五水共治"起到了纽带作用；其次则是近年来各种社会组织包括环保组织的发展，2012年10月，W市政府出台《关于加快推进

---

①朱德米：《回顾公民参与研究》，《同济大学学报》2009年第6期。
②江华、郁建兴：《民间商会参与地方治理——温州个案研究》，《阴山学刊》2011年第3期。

W市社会组织培育发展的意见》"1+7"系列文件，将公益慈善类、社会福利类、社会服务类和基层社区社会组织登记成立资金"门槛"降为零，2014年初，W市推出全国社会组织建设创新示范区建设，试行直接登记，使得W市社会组织不断涌现，2015年下半年全市登记社会组织已达到7726家。新增长的社会组织大都是城乡基层类、公益慈善类的社区社会组织，并且多数具备购买政府服务的能力及强烈意愿[1]，从而在"五水共治"中对于政府部门起到了重要配合作用，表现出在开展宣传教育、河道保洁、学术支撑、建言献策、募集资金、微治水公益创投、第三方监督和评估等方面相比政府更大的优势[2]。

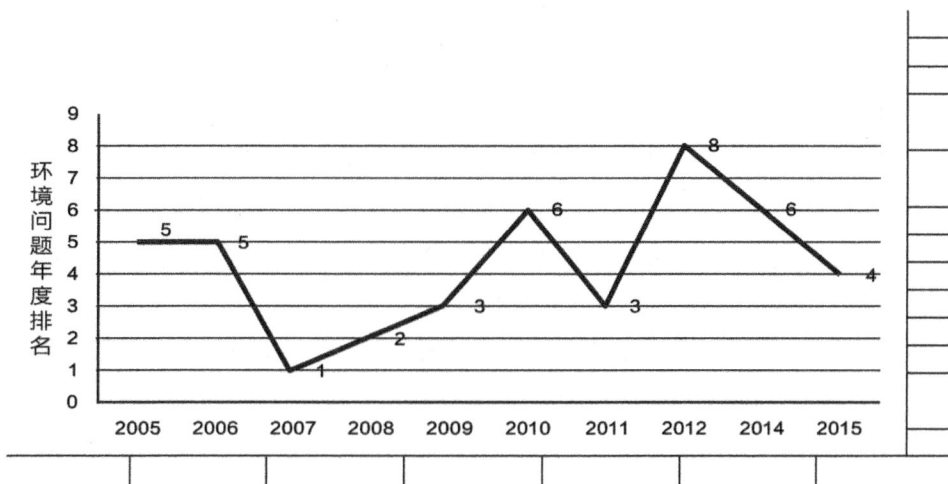

图5 2005—2015年环境问题
W市民最关注的十大问题排名变动情况

注：根据W市统计局数据整理而成（2013年环境问题未进入市民关注的"十大"问题）

W市开放、活跃的舆论环境亦为公众参与环境事务提供了重要便利。《W市互

---

[1]薛无暇等：《从财政经费视角研究政府购买社会组织服务——基于温州市社会组织参与政府购买服务的能力及意愿的调查》，《经济研究参考》2013年第29期。

[2]蔡建旺：《让公众更好参与"五水共治"》，《浙江日报》2015年6月26日。

联网发展报告（2012年度）》即已显示，W市上网用户总人数达594万人，互联网普及率达到65.13%。2014年度浙江最受欢迎网站名列第三的"W网"、以及人称"第二信访局"的"703"网站，网民热情高涨，参与热点问题讨论，浏览海量民生信息，曝光热点事件，中山大学发布的国内第一份中国网民性格研究报告在67个城市中评价W市网民"最公共参与""最严肃"（指的是网民对于法治、时政、经济等三类"硬新闻"的关注度）[1]。市级 4 家报纸、4个电视频道与有关单位合办的专栏、专版亦形式多样，讨论热烈，涵盖市民生活各个方面，涌现"电视问政""政情民意中间站"等品牌节目。如此舆论条件下，"五水共治"亦是很长时间内各地方媒体互动板块与栏目绕不开的中心话题之一，公众对于环境事务"说长道短"的"议论政治"非但促成治水议程设置，而且贡献了诸多民间智见，亦加强了彼此治水认同与行为合力。

参与式环保作为一种合作型环境管理，并不意味着将政府和各种社会力量放在一起，环境可持续性就能顺利实现[2]，还需重视政府部门究竟如何吸纳公众、社会组织乃至企业部门投身环保。实际上，"政府与社会的合作互动往往不会自然而然地发生，决定双方能否合作的因素除了政府与社会的自主性，还在于政府面对社会的策略选择，以及双方在互动中的复杂机制设计"[3]。吸引公众参与绝非一时兴起，"公共管理者和政策规划者需要选择在什么时候、在多大频率上、以什么方式、以及在多大程度上接纳公民的参与"[4]，舍此，参与要么沦为形式，乃至地方领导标榜"开明"的"作秀"行为；要么参与混乱无序，本身即成为问题。

W市政府为吸引社会力量投入"五水共治"，不仅采用了各种展现创新与进取精神的策略安排，甚或体现出"混合性治理"的整体性逻辑。所谓混合性治理，亦即在多元治理主体格局下，各主体在同一个领域通过竞争与合作共同存在，并

---

①胡超然、王佩诗：《国内首个城市网民性格研究报告发布 W市网民"最严肃""最休闲"，你认同吗？》，《温州商报》2015年7月3日。

②朱德米：《合作型环境管理的知识图景》，《同济大学学报》2012年第4期。

③汪锦军：《合作治理的构建：政府与社会良性互动的生成机制》，《政治学研究》2015年第4期。

④约翰·克莱顿·托马斯：《公共决策中的公民参与》，中国人民大学出版社2010年版，第7页。

且这种共同存在能有效提高治理绩效，因此，混合治理认为各种主体在实践中不可能明确划清各自治理领域的界限，在很多时候，各主体在同一个领域、同一个项目上，是共同存在甚至是相互竞争的关系，政府对社会组织的扶持与发展即体现出这一追求[1]，W市政府不仅通过用地、项目、税收、场所等方面优惠措施支持公益性社会组织发展，而且力推"第五张清单"改革，促使政府向社会组织转移职能，在"五水共治"中，政府就做出了向社会购买服务的诸多尝试，例如W下辖C县"壹加壹"社区服务中心与该县J镇签署协议，接手该镇4个社区范围共长113公里河道保洁、巡视和清洁教育工作；委托"绿色水网"组织开展"小鱼治水"公益行动，委托绿文化环保组织开展环保宣讲活动等。为利用民间资本治水，通过市场行为与金融机构合作引入金融"活水"，以及灵活选择PPP方式发动企业助力治水，以Y市F镇H溪治水工程为例，该项目采用半公益半市场的治水模式，首先由民间捐资主导治理工程，在公益基础上，允许民间投资部分利用因整治而得以开发的资源进行营利。为汇聚公众治水力量与智慧，政府部门联合社会力量开设"河长论坛"、成立"技术服务团"，组建"治水公益联盟"，联盟成员开展水环境公益诉讼项目，对原先较为薄弱的"法"的力量进行补充；宣传部门发起成立"市民监督团"，数百名网友自愿奔走于"五水共治"一线，监督和体验治河成果，2015年，"市民监督团"案例入围第八届中国政府创新最佳实践项目。为保障公众知情权，加强"两微"环境信息公开工作，增进了公众对于治水工作的认知与监督能力，2014—2015年度，W市获评全国120个重点城市污染监管信息公开指数（PITI）第一名，显示出相比国内其他地区更高的环保工作透明度。

正如环保部副部长潘岳早前已强调："中国环保事业的推进需要媒体、NGO组织、民众、专家等各方力量的加入。"[2]W市"五水共治"体现的参与式环保，对此给予了生动诠释，其各项举措均有启发意义，其生成逻辑则可以总结如图6所

①汪锦军、张长东：《混合治理构建中的政策依赖与政策限度——基于温州社会组织发展的政策创新分析》，《浙江学刊》2013年第6期。
②《〈循环经济法〉今年可能出台》，http://www.chinacourt.org/article/detail/2005/05/id/163252.shtml。

示。当然，W市作为国内民营经济发祥地，民间经济与组织力量发达，地方政府近年来亦显示出时不我待的创新激情，因而"五水共治"开创的参与式环保经验也必定有着地方性因素，无法简单复制于其他地区。同时，现实来看，W市"五水共治"仍不免过分仰赖政府主导作用，政府又主要依靠科层命令与考核机制推动治水，各级官员经过一定时期的密集投入，逐渐显露疲态，"河长制"等制度举措有时难以到位，治水财政资金缺口仍然较大，基层官员治水工作存在不同程度的"虎头蛇尾"现象。林林总总的问题，也正好说明了参与式环保的过渡性特征。如何既能发挥政府科层管理之长，又怎样规避其短，成为参与式环保内在深刻要求。继续强化生态文明政策话语以致于环境考核指标不断趋硬、经济转型逐渐奏效从而产业持续升级，这些应可以为矛盾解决创造适宜的政治与经济条件；长远则寄希望于公民社会及其环保志愿作用获得更大的体制信任与政策空间，政府部门积极尝试并善用PPP模式，激发民营资本对治水等环保工作愈多介入，通过这些努力，将以往的环保管理对象与旁观者变为和政府互动配合的环保管理者，政府部门不用事事"当头"甚至"单兵突进"，而是重点履行好环保转化型领导角色，建构政府—公众—企业三方对话与协作机制，最终走向"环境治理"。

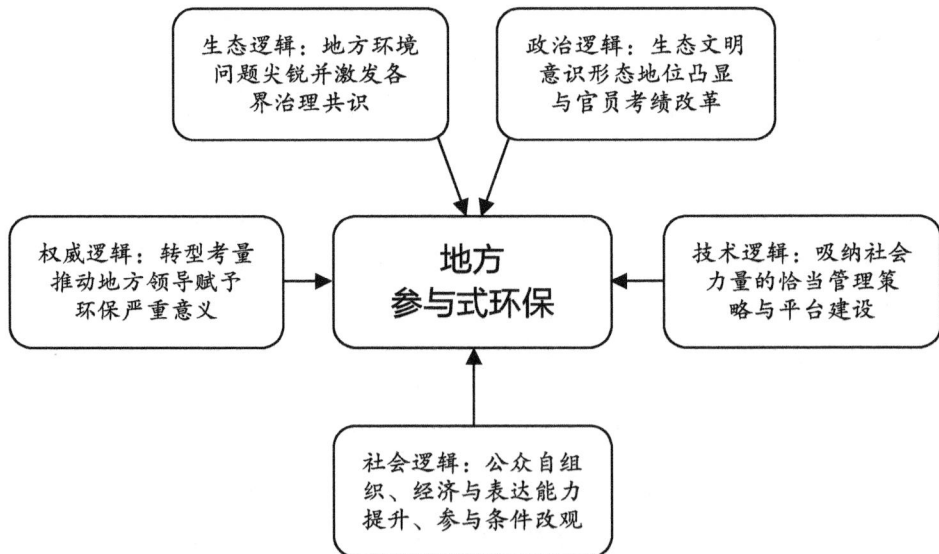

图6 参与式环保生成逻辑

乡村治道的组织创新：
制度变迁理论的视角*

新制度经济学的诸多分析工具迄今已被广泛应用于政治学研究之中，研究者所极力称道的是，其对于观察政治现象时形成更为深刻和独到的认识着实大有裨益。例如，检视当下我国乡村治道（Governance）变革，并对其趋向做出探讨，制度变迁理论即可以提供一种相对"另类"的视角，进而引出和廓清有关乡村治道的一些深层次问题。由于治道的现实基础即是民间组织的发育和成长，运用制度变迁理论做出考量尤其可以辨识和厘清乡村治道的组织创新或再造的问题。

国家政权建设：乡村治道制度变迁场景

诺斯是制度变迁理论的主要代表。尽管其将制度限定为"一系列被制定出来的规则、秩序和行为道德、伦理规范"①，不过，笔者更愿意引入另两位学者W.W.拉坦以及舒尔茨对制度内涵的认识：由于"组织"本质上乃是用于确立公共品的生产与分配的框架安排，所以组织其实也是一种制度。对此，W.W.拉坦说道："一个组织一般被看作是一个决策单位，对资源的控制由组织实施，制度概念当然包括组织的含义。"舒尔茨也认为："制度概念应扩展于公司、学校、飞机场、农业实验站等组织或机构②。"将组织同样视作制度，这是一种很精辟的理

*原文发表于《社会主义研究》2010年第1期。

① 道格拉斯·C.诺斯：《经济史中的结构与变迁》，上海三联书店/上海人民出版社1994年版，第225-226页。

② 《财产权利与制度变迁——产权学派与新制度学派译文集》，上海三联书店/上海人民出版社1994年版，第329、253页。

解，也正由此，笔者才决定大方地借用制度变迁理论来思考乡村治道的组织变迁与创新。更明了地讲，所谓制度变迁在此处主要指组织变迁。

制度变迁是如何发生的？这里要引入新制度经济学一个中心概念：交易费用（Transaction cost）。最初，这一概念在科斯观点中，指"产权从一个经济主体向另一个主体转移过程所需要花费的资源的费用。这包括做一次交易（如发现交易机会、洽谈机会、监督费用）的费用和保护制度结构的费用（如维持司法体系和警察力量）"①。张五常后来对交易费用作了更为开放的界定：广义而言，交易费用是指那些在鲁宾逊·克鲁梭（一人世界）经济中不能想象的一切费用，在一人世界里，没有产权，也没有交易，没有任何形式的经济组织。要之，交易费用将会包括经济交易实施过程中所需花销的全部执行费用。为降低交易费用，新制度经济学者的核心主张即是：制度的供给是极其重要的，制度的产生和功能即是为了降低交易费用。科斯的制度起源论对此解释为：社会生产专业化程度越高、主体数目越多以及交往的密度越强，不确定性和信息的不完善性就越严重，交易的障碍和费用就越高。所以，环境的不确定性和信息的不完备性，以及因此而产生的交易费用的增加，是合作进步的主要障碍因素。为了减少达成合作的诸多障碍因素也即降低交易费用，相关制度的设计和改进就是必须的。由此，进一步也就可以认为，制度包括组织的相互替代和更新，最主要的考虑即在于节约交易费用。除此之外，制度变迁理论亦发现，国家在制度创新中起着决定性作用，其可以以法律、命令的形式承认诱致性变迁产生的新制度，或者利用公权力推行强制性制度变迁。当然，出于交易费用的思量，国家也可能会维持低效或无效的制度。

事实上，当代中国乡村治理所演现的制度（组织）变迁，最为重要的推手正是国家，并且也正像制度变迁理论所揭示的那样，国家这样做，乃是考虑到降低管理乡村社会的交易费用。当然，这里最好先弄清楚国家与乡村社会之间是否存在"交易"？若将交易一词单纯理解为经济市场交易，就很难得出这一结论，好在公共选择理论（Public choice）提醒我们，经济市场与政治市场是可以打通的。比如国家对乡村社会的管理，就完全可以看作具有经济交易的性质。交易一

---

①斯韦托扎尔·平乔维奇：《产权经济学》，经济科学出版社1999年版，第43页。

方是国家，另一方则通常是代表和实际治理乡村社会的组织；国家所付是接受和认可后者对乡村治理的合法地位，所得则是后者助其落实相关法律政策，提取乡村经济资源，以及维持乡村的社会秩序。

结合对国家政权建设（State-building）历史进程的回顾，更应可以加深对上述问题的认识。由查尔斯·蒂利(Charls Tilly)提出的这一概念，简单地说，即是现代化过程中以民族国家为中心的制度与文化整合措施、活动及过程，其基本目标是要建立一个合理化的、能对社会与全体民众进行有效动员与监控的政府或政权体系①。历史研究表明，传统中国的治理结构实为"官民共治"，国家政权并没有深入乡村社会，乡村真正的管辖权掌握在族长、乡绅等治理权威手中，只要获得这些治理权威象征性的承认，国家总是不轻易越过与地方体之间一个相安无事的隔层（Gap），去挑战其在乡村的治理秩序的。晚清以来，由于背负了现代化的强烈使命，国家政权建设由此提上历史日程。国家有意识地加强了对乡村社会的渗透和控制，毋宁说，是实施一场"交易"：通过建制改造授予乡村治理权威官方身份；等待的结果并非限制也非扩大后者对乡村的管制权，而是希望其更好地帮助完成国家庞大税赋的收集任务。在这场交易活动中，乡村治理权威收获颇丰：原先必须以服务乡村利益共同体而获得来自乡民的合法性，现在的支持系统则转向了国家，但其有恃无恐，不仅可以继续自己的统治原则，而且逐渐减少了对乡村公共责任的承担。非但如此，他们还利用官方身份，进一步混同私益目标和国家目标，在为国家征税的同时，往往借机自己提取一部分或干脆打着国家名号直接向乡民敲诈勒索，从而蜕变为"赢利型经纪（State-brokerage）"，并使得国家政权"内卷化（State-involution）"②。如此，就不难理解，国家在这

①龙太江：《乡村社会的国家政权建设——一个未完的历史话题》，《天津社会科学》2001年第3期。

②杜赞奇：《文化、权力与国家》，江苏人民出版社1994年版。有时杜赞奇也将"赢利型经纪"称为"掠夺经纪人"或"贪婪经纪人"。而所谓国家政权的"内卷化"是指，一方面国家不得不依靠这些赢利型经纪征收赋税，通过他们实现对乡村社会的统治；另一方面，国家又没有能力有效掌控这些人的赢利行为，使他们成为乡村社会一支不可控制的力量。更广泛地说，国家政权内卷化是指国家机构不是靠提高旧有或新增机构的效益，而是靠复制或扩大旧有国家与社会关系——赢利型经纪体制来扩大其行政职能。

场交易中反而相应付出了极其高昂的交易费用，无论是收集乡村士绅真实信息的费用，监督乡村士绅的费用，被乡村士绅讨价还价而暗中截留的费用，这些都达到了难以承受的地步。

中华人民共和国成立了。国家要真正减少管理乡村社会的交易费用，就需适时推动制度的创新。实行土改铲除旧的赢利型经纪是一项重要举措，随之更重要的制度创新则是确立人民公社体制。一方面，作为国家代表的公社在农村社区发起建立了强有力的下级组织——生产大队和生产队，国家的决策、指示可以很快传达乡村每个角落；另一方面，公社通过各种运动、宣传让主流意识形态在乡村广泛传播，从而进行了有效的文化整合①。借由这两方面，不仅"几近"完成了国家政权建设的任务，而且国家对乡村社会管理的交易费用也确实大为减少：一是公社之下的生产大队和生产队乃是乡村新的治理权威，其成了国家政权体系的一部分，与国家之间真正形成了内部的等级分工关系，运用新制度经济学的话语，即是将之前主要为外部的交易费用转化为了在一定时间内相对低廉的内部交易费用②；二是在诺斯看来，意识形态能修正个人行为，减少集体行为中的搭便车倾向③。公社代表国家对大队和小队干部进行严格的意识形态教育和灌输，正起到了这样的作用，从而也在相当程度上节约了国家所需付出的交易费用。

不过，研究显示，公社体制后来对国家管理乡村的交易费用的控制并不理想。由于公社体制下的乡村治理仍是沿袭以往惯例，生产大队、小队乃至公社机构的权威均系上级授予，所以主要以上级要求而非农民需要为准绳，达不到上级

---

①刘晔：《治理结构现代化：中国乡村发展的政治要求》，《复旦学报》2001年第6期。

②晚清直到建国前的乡村治理权威多为自发衍生进而获得国家认可的地方势力，其与国家之间的交易行为更像是一种外部的市场交易，产生外部的交易成本；而建国后的生产大队和小队作为乡村新的治理权威，为国家自上而下所设置，故而与前者不同，与国家相互间的交易成本是一种基于纵向分工协作而产生的内部交易成本，也叫作组织成本。在新制度经济学看来，"其通常有可能小于由市场来协调类似活动所造成的交易成本。因为，组织为各类主体提供了更稳固的秩序，并且许多组织内交易是重复性的常规活动，它们提供了获取规模经济的机会"。（参见柯武刚、史漫飞：《制度经济学——社会秩序与公共政策》，商务印书馆2003年版，第325页）

③道格拉斯·C.诺斯：《经济史中的结构与变迁》，上海三联书店/上海人民出版社1994年版，第59页。

指标则以虚报充之，直至形成"制度性说谎"现象；更有甚者，干部掌握着实际的定税权，虽然上缴国家的税收部分一直是确定的，但以完成"公共"任务为名，提留的"公共积累"部分却不顾对农民利益的损害逐年增多，并且多数被干部不受限制地浪费性使用甚至贪污①。由此可见，公社体制并没有真正消除赢利型经纪，至少其仍有产生的可能。也因此，一定程度上类似于建国之前的情景，国家在同新的乡村治理权威交易活动中，对交易费用的约束是极其有限的。除此之外，由于公社的集体化并没能得到农民内心的完全认同（60年代初一些农村出现的包产到户乃至分田单干的做法即是例证），"一大二公"的经营方式、平均主义的分配方法严重挫伤了农民的生产积极性，导致了公社经济上的低效率运行，国家对乡村资源的汲取能力式微。这也意味着国家在与乡村治理权威的交易行为中所获交易物并不足量，反过来也喻示着交易费用的加大。

而综合这些情况，同样可以认为，公社体制并没有真正完成国家政权建设，最多可以说初步完成②。缘此，公社无法避免解体的命运，市场化改革也就合乎逻辑地开始了。新时期的国家政权建设似乎已经注意到了之前一直难获解决的根本问题：怎样才能防止乡村治理权威演变为"赢利型经纪"进而带来国家政权的"内卷化"③？不言而喻的是，只有这一问题得以较好地解决，国家管理乡村社会的交易费用也才可以降至尽可能低的程度。

村民自治制度创新：意义与困局

鉴此，国家需要在乡村重新推动一次真正可以求解上述问题的制度创新。不过在手法上，与建国后对公社体制的创新仍属相似：及时察觉民间诱致性制度变迁的成果——村民自治制度，进而认可和变换为国家意志，成为由国家推行的强制性制度变迁。由是，1980年广西农民自发创立的村委会，1982年即获新宪法确

---

①张静：《基层政权——乡村制度诸问题》，浙江人民出版社2000年版，第19-25页。
②龙太江：《乡村社会的国家政权建设——一个未完的历史话题》，《天津社会科学》2001年第3期。
③王勇：《乡镇机构改革的宏观视角:国家政权建设》，《农村经济》2004年第10期。

认；1988年6月国家就出台了《村民委员会组织法（试行）》，此后近60%的行政村初步实行了村民自治；十年后，随着《村民委员会组织法》（下称《村组法》）正式颁布实施，至今，中国大陆农村已遍地确立了村民自治制度。

村民委员会代表村民实行自治的制度（组织）创新，确应看到其在相当程度上可以降低国家管理乡村的交易费用。这首先体现于"账面上"：作为新时期国家在乡村的交易对象的村委会不再是一级政权组织，这意味着国家可以不必支付其等值于正式公务人员的工资、福利，出自稳定村干部队伍和更好地变现国家法律政策的考虑而给予村干部的薪酬，也多为各地酌情商定，法理上对此并没有提供极其严格、正式的依据。故而这对于国家而言，不能不说节约了相当多的交易费用。其次，更为重要的是，村委会的制度创新，单就制度设计本身而言，已经很好地解决了上述导致国家政权建设迟迟未能完成、亦使得国家管理乡村的交易费用一直居高不下的难题：不再片面依赖国家对乡村的交易对象实施合约情况做出监督，交易对象之前屡屡轻重不一地成为"赢利性经济"，这已经明确宣告了国家的外部监督常常难逃失败的命运，换句话说即是，由国家自上而下对交易对象做出监督，这会使得交易费用达到非常巨大而无力支付的地步。缘此，村民自治强调了民主选举、民主管理的制度内涵，村委会组织主要不再由国家而是改由村民监督其日常工作。村民与村委会人员共同生活于"熟人社会"之中，"低头不见抬头见"，对其是否为国家保质保量地提供各种交易物，例如对涉农方针政策的落实以及对乡村繁荣稳定的增进，相比国家正可谓了如指掌。也因此，村民的监督不仅分担了国家在监督环节上的高昂的交易费用，而且在监督效果上也是令人满意的。几乎可以认为，这样的制度设计如果丝毫不差地演展为现实，那么避免"赢利性经纪"的再生是完全可能的。果真如此，无论新时期国家政权建设，还是国家管理乡村的交易费用均可以达到一个十分理想的状况。

由村民自治所开启的制度创新究其本质也正是"治道"。治道一词最初即是在形容一个强大的公民社会的兴起，进而体现出"以权利制约权力"的政治行动逻辑。村民自治制度强调村民对村委会的民主监督，这正符合治道的独特内涵。也因此可以这样说道，村民自治历史性开创了"治道"的时代，而治道变革将可以真正完成国家政权建设的使命，更可以实现国家管理乡村社会的交易费用最小化。实际上，换用委托代理理论对此也可以做出解释。国家可以视为委托者，乡村的治理权威，例如当下的村民委员会则是代理者，按照双方隐含的交易合约，代理者需为委托者尽心尽责，认真完成所交付的各项任务。不过，对于委托者来说，这充其量只是一种理想的情形。新制度经济学者研究发现，委托代理问题无论在经济活动中还是选民与政府之间的契约关系中都是经常存在的，轻则体现为代理人做出"出工不出力"、懒散懈怠的"败德行为(Moral hazard)"；重则体现为采取与委托人目标函数完全相反的"逆向选择(Adverse selection)"行为。晚清以来，作为代理人的乡村治理权威经常成为"赢利性经纪"，并使得国家政权"内卷化"，这正体现出败德行为尤其是逆向选择的委托代理问题。新制度经济学将委托代理问题引以为核心问题①，一针见血地指出，正由于委托人与代理人之间存在着严重的信息不对称，代理人通常占有更充分的信息，故而可以从私益出发，做出背离委托人意志的行为。因此要解决委托代理问题，关键还是在于设计一种宪法性控制：曝光代理人，促其信息公开。"治道"的制度创新对此也正有着深切体认，一方面，村民对村委会人员真实信息的了解要远甚于作为委托人的国家，由其对村委会做出监督，本身就体现出依赖信息公开来矫治代理人——村委会人员机会主义行为的意图；另一方面，治道的制度创新给予村民民主监督的权力，这反过来更驱使着村委会人员必须公开其所掌有的各种公务信息，从而可以进一步防止其败德行为乃至逆向选择行为的出现。回到前文，如此也就意味着国家在与新时期乡村治理权威村委会的交易行为中，交易费用尤其是一直以来十分惊人的监督费用真正可以被大幅度削减。

不过，在中国农村施行如此大规模的村民自治制度创新，无论从制度创新的主要推动者国家来说还是从制度运行所依赖的主要维系力量村民来说，两者的准备都还显得严重不够。这使得村民自治制度功能的健全仍需一个较长的时间。

第一，从国家方面来说，尽管为保障村民自治的实施加强了法制的供给，尤其是经过长达十年的试验期之后才正式出台了《村组法》，其中对"保障村民实行自治，由村民群众依法办理自己的事情"做出了十分严肃的规定；强调了村民委员会是"基层群众性自治组织，实行民主选举、民主决策、民主管理、民主监

---

①柯武刚、史漫飞：《制度经济学——社会秩序与公共政策》，商务印书馆2003年版，第80页。

督"；要求农村基层党组织"支持和保障村民开展自治活动、直接行使民主权利"①。但考察村民自治的现实运行情况，就不得不承认，《村组法》这些规定和设想相当程度上还只停留于纸面。由于代表国家的乡镇政府权力过度介入，村民应可通过村委会行使的各项自治权利很难真正兑现。对于乡镇政府与自治组织村委会之间的关系，《村组法》虽然明确规定是指导和被指导的关系，而不再是过去的行政隶属关系，但在实践中，许多乡镇政府仍倾向于把村委会当作自己的行政下级或派出机构，习惯于传统命令型的管理方式，往往对村委会从产生到日常工作做出干预。如通过村党支部间接领导、控制村委会；实行村财乡管，使村里失去自己的财务权和资金使用、支配、收益权，从而制约村委会等。特别是，民主选举是村民自治的一个重要特征，乡镇政府却千方百计地对村委会的选举施加有力影响，以力求选出"听话的人"。若村民民主选出的村干部不"听话"或认为其不满意，则通过对其工作不支持或百般刁难，促其主动辞职，甚至通过行政命令直接撤免"村官"。基于这些原因，乡镇政府与村委会之间仍属一种领导与被领导的关系，也正由此，村民自治的"自治成分"实际上相当有限，从而例如上文所析，通过这一制度创新来控制国家管理乡村的交易费用，这样的想法难免要落空。

第二，从村民方面说，由其对作为村委会人员做出监督，促使后者开放信息，减少委托代理问题的出现，进而降低国家对于村委会组织的交易费用，这样的设计也通常受村民自身两方面因素的限制：①村民对村委会的民主监督，本质上体现为对村庄政治的参与。而这样的参与行为很大程度上要受到村民自身理性选择的影响。村民至少在潜意识里会考虑参与成本的问题，例如能否承受拿出一定的农时、精力、金钱等来收集有关信息、研究相应策略及加入到投票与监督过程中。而对于每一位村民来讲，在此过程中也只起到微弱一票或一分子的作用，通常很难左右最终的结果。如此理性分析后，就不难理解为何很多村民对于村委会人员的选举亦或监督缺乏足够的兴趣，体现出政治冷漠直至成为超然于村庄政治之外的"无政治阶层"。不仅如此，对落后地区的村民而言，青壮年本应是最

---

①引自《中华人民共和国村民委员会组织法》。

活跃和最有意义的村民自治参与力量，然而大部分青壮年由于生活所迫，出于经济利益的核算，外出打工对改变其经济状况将更有好处，从而也导致这一人群长年累月脱离村庄，对于村庄公共事务甚少过问，兴致索然。②我国漫长的封建专制的历史形成了十分浓厚的臣属型政治文化①，尽管这一状况由于市场经济的快速发展不断推动着文化的世俗化②而逐渐得以改观，但并不可能在一朝一夕之间就可以朝向与现代民主政治最相匹配的参与型政治文化转变。由于农村市场化进程相对滞后，农民的识字率和受教育水平也比城市居民落后许多，缘此，臣属型政治文化在广大农村体现得极为明显。置身这样的文化场域，农民对于参与村民自治内心也很难形成一种主动、积极的姿态和认识。

总之，由于上述两方面的原因，村民自治的制度创新当前还很不完善，故此，其对于降低国家管理乡村的交易费用的非凡效果，当下来看或只具有一种象征意义，远未成为现实。所以对于国家而言，就需思考如何进一步进行更为彻底的治道路径的制度创新，以使其完全释放出预期的制度效应。

治道维度的乡村自治组织创新与再造

质言之，治道的制度创新，由于强调了通过自治组织的成长来形塑乡村公民社会进而发挥对乡村治理权威卓有成效的监督作用，故而仍应是降低国家管理乡村的交易费用的不二选择。当下的问题也只在于治道难以真正演现为活生生的现

---

① 臣属型政治文化下的人们也知道他们是"公民"，并关注于政治，但是他们是以一种被动的方式来卷入政治的，他们听从政治新闻的宣传，对自己国家的政治体制并无自豪感。他们感到自己对政治的影响力仅限于当地官员，组织团体的现象并不普遍。他们关于政治能力与政治功效的感觉是低层次的。当人们习惯于把自己视为驯服的客体而非积极的参与者时，民主难以扎根。

② 文化世俗化意指这样一种文化状态：个人自信他们拥有改变环境的能力，并选定有助于自己改变环境的行动方案；个人并且要求传统的倾向和看法让位于更具有能动性的决策过程。文化世俗化的结果因此便是公众参与行为的不断增加，合法性越来越取决于政府的作为（参见加布里埃尔·A.阿尔蒙德、小G·宾厄姆·鲍威尔：《比较政治学：体系、过程和政策》，上海译文出版社1987年版，第22-23页）。

实。既如此，对于国家而言，下一轮必须强制性实施的制度创新仍应朝向治道的愿景而展开，并按照上文所析，以治道维度的自治组织创新与再造作为主要内容，具体可考虑以下两种选择：

（一）自治组织内涵的创新与再造

也即通过继续发掘和完善治道语境的村民自治组织的内涵，使得村委会具备实质上的自治功能。为此，结合村民自治制度上述问题，可从这两点分别做出努力：

1. 再次修订《村组法》

其中，对村委会地位尤其是与乡镇政府的关系以及与村党支部的关系做出更为明确的说明。继续闪烁其词或者使用模棱两可的语言对此做出规定，只会为乡镇政权侵蚀村民通过村委会行使的自治权力一如既往地提供法律本身的"掩护"，而这种掩护不仅与出台该项法律的初衷相违背，更紧要的是，如前所述，将会使得治道的制度创新对于降低国家管理乡村的交易费用的不俗效用丧失殆尽。显然，这对于国家而言，最终也并无半点好处，更不必说，由于乡镇政权挤压村委会的自治空间，对乡村正常的治理秩序以及市场化进程都造成了不可估量的负面影响，近年来，乡村群体性事件在数量上和规模上的快速发展，不能不说与此有着很直接的关系。当然，也可以在一定程度上给予理解的是，我国所启动的赶超型现代化一开始即需要从乡村更多、更轻易地获得资源来推进大规模的工业化和城市化进程，以早日缩小与发达国家的差距，出于这一考虑，改革之初，在法理上对于村民依托村委会行使的自治权力有意不做出准确界定，以此为乡镇政权代表国家更为方便地控制村委会，实现对乡村资源的汲取提供充分的余地。然而，30年改革开放之后的今天，虽然我国尚未追上发达国家的步伐，但工业经济总量、城市化水平均得以明显提升，工业和城市并且形成了良好的自我发展能力以及反哺农业和农村的能力，在此情形下，仍纵使乡镇政府过度干预村委会代表村民所行使的自治权力，已很难再为此找到令人信服的理由。缘此，再度修改《村组法》，真正明确和还原村委会的自治地位，并给以完善的法律保障和有力的司法救济，不仅刻不容缓，而且理所当然。

2. 采取有利于激发村民参与自治的各种制度或措施

一是实行对村民参与行为发放误工补贴乃至津贴的制度，从而对村民参与施加经济因素的激励；二是倡导温岭式的民主恳谈制，保障村民对村庄公共事务的知情权和发言权，让村民通过争辩的方式形成集体决策，在此过程中村民亦可获得一种被尊重的感觉，从而对自身的参与行为给予积极评价和期待；三是鼓励村民以村民小组、互助组、合作社等利益结合紧密且人数不多的小团体形式参与村庄政治，借用奥尔森的集体行动逻辑来说，各个小团体成员在参与行为中游离团体之外的"搭便车"现象能够有效减少，从而可以整体上提高村民的参与水平；四是以社会主义新农村建设为契机，将打造社会主义"新农民"作为其一项重要内容，甚至是核心内容。不言自明的是，没有新农民就绝没有新农村。新农民和传统农民的区别不仅仅在于知识水平的提高、生活习惯的改进及市场竞争意识的加强，更重要的一点则是自信、自尊和自主等世俗化文化品质的形成。进一步来讲，便是明确产生从单纯的村民角色转变为公民角色的要求，因而对于参与村庄政治，渴望"当家作主"的意识会变得十分强烈。新农民的形成或需要一个很长的过程，但是，政府部门的大力引导和宣传，尤其是对农村市场化和对农民文化科普教育的高度重视以及加速推进，将可以大大缩短这一过程。

（二）自治组织外延的再造与创新

我们必须对此有着清醒的认识：希望规范乡镇政府与村委会之间的权力边界，给予后者正式的自治地位，这通常并不容易。由于早已适应了很长时间内对乡村自上而下的科层控制模式，国家从乡村社会撤退，并且实现向传统"官民共治"结构的某种程度的回归，这并不是可以很轻易做出的举动。更应看到，在乡村具体代表国家的乡镇政府，使其让渡对乡村社会实际拥有的大部分控制权，将会遭到这一层级官僚人员的激烈抵制和反弹，原因亦可能是出自管理习惯遭遇改变的痛苦，但更可能是长期以来对村社刚性的既得利益从中作祟。

概言之，对于国家而言，改变既有"乡政村治"模式的现实权力格局，援用制度变迁理论的话语即是，交易费用将会极其昂贵，故而国家至少在短期内并不会看好这一做法，而只会选择继续维持现有格局，对其采取默许或听之任之的态度。那么，国家为了推进乡村治道下的制度（组织）创新，还能另有选择吗？答案是肯定的。大可不必仅仅围绕村委会进行难有作为的组织内涵的创新，自治组织外延的再造与创新同样可以实现治道的制度创新的目的：降低国家管理乡村社会的交易成本。而在这方面，最有意义的选择即是承认村委会之外的另一自治组织——农会的合法地位，推动同样体现出治道取向的这一组织在体制内的平行发展。之所以如此，是因为：

1.农会可以有效监督现有乡村治理权威，分担国家管理乡村社会的交易费用

在中国革命史上，由于共产党曾经将成立农会作为动员农民参加革命的工具，并运用农会组织进行了一系列的革命活动，所以，农会在许多中国人的心目中就仅仅是一个社会革命组织或准政权的权力组织或阶级专政的工具[①]。鉴此，当前不仅政府部门对于农会的成立表现出高度戒备，例如宪法尽管也明确了公民包括农民的结社自由，但是始终缺乏法制意义上的农会制度[②]；即便很多研究者为了使农会在体制内争得更多的成长空间，也提出农会不必复现与政权对抗的传统性能，在此前提下，政府决策层可给予农会更多的发展自由。然而，需要掂量的是，农会一旦失却了对政府的对抗性能，农会或只具有很有限的经济功能，本应具备的政治效用则大为降低。故而，农会的对抗性能并不可以丢弃，只不过，在新时期治道的制度场景下，替代已然过度行政化的村委会来塑造乡村公民社会，农会的对抗性能不应该也无需再继续凸显先前的革命色彩，而应体现为公民社会原初意义上的抵制政府权力不当行使的行为取向，此即对现时乡村治理权威村委会及其上的实际控制力量乡镇政府做出监督，并代表会员依法做出维权行为。果真这样，由于农会真正作为民间自治组织，其活动费用基本上由会员自理；更具有良好的信息优势和动员能力，可以起到国家对乡村交易者所无法企及的监督效果，也正由此，如前述，就将可以为国家分担相当多的用于监督乡村交易者的交易费用。

2.农会可以帮助国家维护乡村的稳定，降低国家管理乡村社会的交易费用

对于农会，很多人会有一种先入为主的印象：农会会煽动成员破坏乡村的治理秩序。其实，正如上述所言，这仍是在沿用一种传统的革命思维看待农会。事实上，农会的成立反而有利于维护农村社会稳定，化解农村社会矛盾。因在当前中国农村社会冲突频发的情况下，成立农会将可以使农民获得集体谈判的渠道，可以更理性地维护自身权益。最近几年，大量的农民上访以个人方式为主，不仅给党政机

---

①于建嵘：《20世纪中国农会制度的变迁及启迪》，《福建师范大学学报》2003年第5期。

②郭殊：《论农会问题与农民的结社自由》，《法商研究》2006年第3期。

关增加了巨大的工作量，而且又往往难以使问题得到真正解决，使得许多农民成为反复上访的"老上访户"。而如果由农会组织出面协调、协商和谈判，就可以在一定程度上有效地解决这些问题，对政府和农民将是一个双赢局面[1]。不仅如此，乡村各种组织间实际上存在着一种此消彼长的关系，禁止农民凭据宪法所保障的结社自由成立农会，限制其合法存在和发挥作用，那么就会助长家族势力的蔓延，甚至促进黑社会组织的发展。当前，以家族势力来说，其愈益呈现复兴之势。要肯定，其在帮助成员抵御市场风险方面起到了一定的作用，但害处似乎更大，会有组织地阻碍国家法律、政策的实施；对农村基层政权以及村民自治造成严重的负面影响；会妨碍农村物质文明、精神文明及政治文明的建设[2]。再从农村黑势力来说，这些年也显示出很快的发展势头，他们或欺行霸市，或敲诈勒索，或寻衅滋事，或残害无辜，甚至要挟政府，对抗法律。有的还通过各种方式和手段侵入农村基层政权，结果是由"民怨沸腾"而导致国本动摇[3]。基于这一情况，如能给以农会合法地位，并由其正当地发挥对农民权益的保护和增进作用，就将可以有力对抗家族势力的无序发展以及农村黑势力的膨胀，进而更好地维护乡村的稳定。

需要指出的是，尽管上文对农会做出了十分肯定的评价，想要真正使得政府决策层认可和接纳这一组织立足于体制内，并不是一件容易的事情，一是有待其随着乡村社会形势的发展以及民众参与需求的扩张从而对这一问题形成更为清晰、普遍的认识；二是成立农会的人们，自身也需树立健全的心智和理性，此即应教育会员在现行的法制轨道内行使对于乡村政权的对抗、监督职能，以及依靠自身所长，更能与乡村两级政权积极展开各种合作，带领成员参与乡村公共物品的供给，包括增进乡村的秩序，等等。

①郭殊：《论农会问题与农民的结社自由》，《法商研究》2006年第3期。
②李朝开、陆昆东：《积极还是消极对待——家族势力对法治的影响》，《学术探索》2006年第4期。
③康树华：《农村黑恶势力与基层组织的弱化、蜕变（上）》，《辽宁警专学报》2005年第3期。

政府绩效评估的地方叙事：
温州"即办制"创新与考核[*]

温州"即办制"创新缘起与制度设计

进入新世纪以来，温州地方政府"无为而治"的职能模式已显得严重滞后于形势，公共品供给缺位成为制约温州发展的短板问题。2010年以来，温州市委新任主要领导多次强调温州政府部门要从生产型、建设型政府转变为公共服务型政府，以提供公共品来留驻、吸引高端人才与资本，当务之急在于改变政府官员慵懒散作风，提高工作效率。为此，2011年3月，温州市委、市政府出台《关于在全市机关单位全面推行即办制的实施意见》（下称《意见》），而这最初缘于市委主要领导考察窗口单位时，针对机关工作效率不高、推诿扯皮、办事拖拉、一些环节运转不灵等问题，现场当即提出"即办要求"，并要求市直机关以"即办制"为抓手，进一步深化机关作风建设。随后，温州市委机关工委（下称"工委"）牵头制定了《意见》，正式形成即办制的制度文本，其中明确和细化了推行即办制的目标：

在机关干部中培养"一日事一日毕"的良好习惯，各类审批时限在2010年基础上压缩30%，其他事项办理时限压缩30%以上[①]。

《意见》对于各单位即办制事项做了泛化和分类处理，此即不单单包括行政审批事项，所有公务事项都要实行即办制。根据公务事项办理的难易程度，应实

*原文发表于《温州大学学报》（社会科学版）2014年第6期。

①《中共温州市委温州市人民政府关于在全市机关单位全面推行即办制的实施意见》（温委〔2011〕5号）

行即办制的事项被区分为三类，相应做出要求：

一是简单事立即办。凡是属于程序简单、不需要集体研究、单个部门可以独立办理的事项，应当场或当天办结，做到当天事当天办、一日事一日毕。

二是复杂事限时办。凡是属于程序复杂、需要集体研究、涉及两个以上部门联合办理或需上级审核批准的事项，应立即启动办理程序，做到并联办理、限时办结。

三是特殊事紧急办。凡是属于上级部门和领导有特殊要求或情况紧急的事项，应迅速办理，做到急事急办、特事特办。

2011年4月底，温州市值各单位对本部门事项逐项进行了梳理分类，明确简单事项、复杂事项、特殊事项划分及其具体流程、办事要件、办理时限、责任人员等，工委和市纪委组织力量进行审核。各单位的各类事项及其办理要求最终都形成即办事项规范表，在"中国·温州"网上向社会公开，接受群众监督。此外，各单位亦被要求健全办事公开制、首问负责制、一次性告知制、AB岗工作制、重大项目行政审批代办制等配套制度，为推行即办制提供支撑[①]。

即办制是否为地方领导人虚张声势、沽名钓誉的人治之举？根据以下几点情况应可给予否定性回答：

第一，即办制非为官员设定"高难度动作"，列入即办制的事项及其承诺办理时间均由部门依法自我规定，仍可称为"自选动作"，实现难度不大，因而保证了其可行性和持续性；

第二，各部门自己确定的即办制事项，均上网公示，公开做出承诺，其可置信度增强，公众也可以据此对其做出监督，促使各部门言而有信；

第三，《意见》未给予领导特权，其配套出台了《关于市领导带头执行即办制的若干规定》，明确要求领导干部对文件传阅和审签、重要事项决定、紧急事项处理等，要按规定限时办结，对请示事项要及时批办，并认真负责地提出明确的办理意见；

第四，即办制覆盖全市所有公务部门，全市各级机关、人民团体及所属企事

---

① 《中共温州市委温州市人民政府关于在全市机关单位全面推行即办制的实施意见》（温委〔2011〕5号）。

业单位，省驻温单位都需实行即办制。这一做法杜绝了部门间不对等要求，为即办制的制度化运行提供了公平条件；

第五，也是最重要的是，即办制必须跟进相关考核工作，方可落到实处。对此，即办制甫一出台，市委主要领导作为首倡者就强调需以考核推进即办制实施，并要求采取外包方式由第三方承担考核工作，保证考核公平。经过多方考察和认真权衡，尤其是考虑到考核工作的便利性因素，最终选定由本土学术机构——温州大学地方政府绩效管理研究中心（下称"中心"）来作为第三方具体实施即办制考核。

相比国内其他地区政府绩效评估活动，即办制考核创新之处在于：

1.考核中心目标突出，指标及相关数据提取操作便利，意义明确

绩效目标必须"少、简单，且能引起最大的共鸣"。美国各州实施绩效预算的成功案例中，绝大部分设计绩效体系的专家都把绩效目标限制在5项之内[1]。然而我国很多地方政府绩效评估工作片面追求多样化目标，罔顾一些目标的可操作性，并使得评估工作与政府现阶段工作大局和主要使命难以契合。即办制考核则较好避免了这类问题：根据市委主要领导的设想和要求，全部考核工作仅关注温州政府部门当前最应追求的效率目标，从而将各单位视为"黑箱"，抽样提取其办事开始到结束的时间，办事过程不予过问，由此得出各单位即办事项办理时间（半）年提速率，这一做法简单、易行，被考核对象也可以清晰了解考核意图和便捷地提供考核所需的原始台账，最终就可以直接、直观地计算出各单位办事效率以及相互间排名。

2.结合政府与第三方各自优势，共同推动考核工作的顺利开展

当前各地政府绩效评估易于走极端，要么由政府部门发动和实施，评价结果主要用于"内部消费"；要么以中立性为名，完全交由第三方机构独立制定考核指标和完成考核工作。此两种做法都有问题，前者采取自体评价方式，主观性和人情关系难以克制，从而很难保证考核结果的透明、公正；后者常因第三方缺乏权力支持，较难从部门足额、准确地获取考核数据，影响考核结果的科学性。即

①平新乔：《政府绩效考评应该关注十个指标》，http://www.gov.cn/zwhd/2006-10/17/content_415032.htm。

办制考核较好规避了这两方面问题，其建立了政府部门（工委）与第三方考评机构之间良好合作关系：前者仅给出从各单位有效获取数据的合理化建议，更安排相关处室领导带领第三方人员前去被考核单位，授予考核权威；后者在考核过程中，也并不唯利是从，而是与工委反复沟通，领会即办制考核意义及要领，从而制定出科学性与实用性兼具的考核方案。

3.重视考核结果运用，并推动绩效考核向绩效管理的转变

《意见》明确指出："即办制执行情况，要作为'五型'机关考核的重要内容纳入市直单位的考绩体系。"在《2012年度"五型"机关创建考核办法》（温委办发〔2012〕78号）中给出的细化规定是：创建"五型"机关考核总分值400分，其中日常考核120分、年中评估80分、年末考核200分（其中即办制年度考核100分），推算可知，仅即办制考核一项，其分值即占有各部门创建"五型机关"年度总分值的四分之一之多，由此就强化了即办制考核结果的意义和影响。另一方面，考核结果的运用也不应只停留于推行各种貌似激进、实则不尽科学的惩戒措施，更需注重与各部门就考核结果进行平等、持续的交流，帮其解读考核结果、分析问题及找出改进的路径，质言之，即需从绩效考核走向绩效管理。就此，中心研究人员做出了许多的努力：在考核过程中，大多会就数据的登记、处理、流程设计乃至本单位即办制事项界定的合理性同被考单位进行沟通，亦于每次考核工作过后，专门召开部门座谈会彼此对话，互相吸收改进意见。通过这些努力，帮助被考单位明确了问题所在，利于其再造办事流程，提高办事效率，也缓解了双方易于形成的对立情绪。

"且行且完善"的即办制考核实践

2011年9月，中心人员着手即办制考核方案的设计，开初设想订立两类指标：各单位即办制承诺时间的兑现率、用户满意度；前者是指各单位即办事项实际办理的平均时间与公布于网上的承诺时间之间的差距情况，后者是和各单位打交道的外部或内部用户对于该单位服务水平的评价状况。这一设计的初衷在于，通过考核驱使政府部门既快又好地办事。

10月，市委主要领导听取了中心考核方案设想。基于温州政府工作大局，其

极为看重对机关办事提速水平的考核。就此，中心与工委再次研商后确定，仅考核各部门工作（区分为办文、办事）上下半年的提速率，用户满意度考核不予考虑。同时决定，11月份对经济发展和服务类单位（共30个）先行做出试验性考核（样本数据提取区间为6—10月），形成的具体方案如下：

（1）组织人员到被考核单位查阅办文、办事原始记录。按照一定比例进行抽样，计算每半年办文、办事平均时间，进行纵向比较，得出办文、办事提速率。按办文提速率40%、办事提速率60%加权，计算各单位即办事项提速率，并进行排序。

（2）办文提速率包括收文提速率和发文提速率。收文（发文）提速率为被考核单位前后半年收文（发文）办结平均时间提高幅度。收文提速率和发文提速率两项平均值即为办文提速率。办事提速率为被考核单位前后半年办事平均时间提高幅度。考核事项包括单位主要职能事项和公开承诺的即办事项。

（3）收文办理时间以收文时间为起始时间、文件涉及事项办结或阅处为办结时间；发文办理时间以拟稿时间为起始时间、印发时间为办结时间。办事时间以收到服务对象申请报告等文书资料为开始办理时间、以事项办结或文书资料印发时间为办结时间[①]。

上述考核方案未予考虑各部门考核事项性质（简单事项亦或复杂事项）及其网上承诺办理时间，显然背离了即办制的最初设计，尽管如此，却使得考核工作凸显了最应增进的效率目标。而且存在的问题也应给予理解，即办制对于温州各类政府部门乃至设计者毕竟是"头一遭"，后来的考核工作中，考核双方愈多发现在即办事项类别及其承诺时间的确定上，几乎所有部门均存在不合理的方面，因而暂且无法将其作为考核标准来对待：一是何谓简单事项、复杂事项，客观上无明确标准，主观上也有很多难以界定的情形，尤其在一些从事非常规事项、工作跨度时间不固定或较长的非审批部门，这一情况更为严重，因而对于承诺事项及其办理时间的开初设定难免不尽合理；二是为迎合上级，一些部门不切实际缩短即办事项承诺时间，另有一些部门则反过来，对于即办事项的规定"短斤少

---

①《市委办公室市政府办公室关于印发市直单位即办制落实情况动态考核办法（试行）的通知》（温委办发〔2011〕153号）。

两"，刻意隐瞒或消极抵制承诺，以及将即时可以办理的简单事项设定为较长时间才能完成的复杂事项。

11月份试水性质的考核工作驱使和指导了各部门改进工作流程、精简办事程序；通过考核工作，考核人员亦与被考单位进行了沟通，了解了部门办事实际情况，从而对于考核方案提出如下修改建议，报送市委主要领导：

（1）建议在即办制考核单列市直机关执行力考核指标。此项考核主要针对完成上级领导交办的特殊事项来进行。

（2）建议市委市政府要求各市直机关加快推进使用OA办公系统。使用OA办公系统的单位，其办文、办事情况记录清楚规范，也可以有效防止提供虚假信息的情况。

（3）建议进一步规范市直单位办文、办事工作情况记录。考核发现，不少单位办事事项基数较少，部分单位提供给考核小组的具体办事及其记录非常有限，个别单位甚至都不能有效提供办文事项的样本量。

（4）考核发现，部分单位原先平均办文、办事时间较快，办事时间提速空间较小，办事提速率自然也就较低，建议增加平均办文、办事时间排名。对平均办文、办事时间较快的单位，在即办制考核中增加其得分项，以提高这类单位的积极性。

（5）建议加大即办制实施情况舆论宣传工作[1]。

市委主要领导肯定了首次考核成果，亦赞同考核人员以上建议。在其支持下，工委与中心商定从2012年开始，考核工作覆盖所有市直部门，一年中上下半年各进行一次，提取数据区间分别为1-5月、6-10月，半年考核分别等比例提取办文、办事各50件。2012年6月开展的该年度即办制上半年考核中，确乎增加了执行力考核。但在具体考核工作中却发现，由于上级领导布置的工作事项（特殊事项）办理时间和期限往往不明确，不方便统计计算，而且事项间前后对应性很差，难于计算提速率。此次考核亦如期增加了各部门办事平均时间和效果的考核及比较，同样在随后的考核工作中发现，部门工作千差万别，此种比较显得僵硬

---

[1] 温州大学地方政府绩效管理研究中心：《关于温州市实施即办制动态考核工作总结的报告》（2011年12月31日）。

而不切实际，故而在2012年11月份考核工作中，这两项考核被剔除。

2012年考核工作在103个市直部门中全面铺开，为便于做出年度同期即办事项办理提速率比较，当年6月份考核工作不但要采集各部门1—5月份样本数据，另需采齐2011年上下半年数据，工作量浩繁巨大。对此，中心显现高校研究机构优势，充分聚合校内科研力量参与考核，最终如期完成了6月份及11月份的考核任务。在考核过程中，遇有不明之处，考核人员均请示中心负责人员，由其给出统一答案或标准；部门办文、办事区间内有节假日或不可抗力时间，均予以扣除；考核人员被要求不得收受考核单位现金或礼品等物，不接受被考单位宴请。

即办制考核效应、局限与改革

（一）即办制考核制度效应

1.即办制在各部门获得重视，"一日事一日毕"的良好习惯逐渐养成

各部门若仅在网上公示即办事项及其承诺办理时间，现有政治生态下，并不可能对其构成显著压力，促其下狠心改进办事效率。正是由于即办制考核工作及时跟进并逐渐制度化、规范化，进一步又被纳入"五型"机关建设，作为其重要内容，从而与各部门年终奖、主要领导升迁等现实因素密切挂钩，如此，各部门方对于即办制真正重视起来，内化为管理需求，落实于具体行动。每次考核过程中，考核人员均可以感受到各部门领导乃至普通办公人员对于考核工作的重视与关心，部门主要领导通常会与考核人员做出面谈，叙说本部门即办制执行的成绩及难处所在，其和具体经办下属对于样本提取等考核细节也一定要问个明白，感觉大体公平、客观方才满意。对于考核过程中发现的问题，考核结束之后也会要求考核人员帮助分析原由、获得改进的建议。即办制考核工作获得部门重视，"一日事一日毕"的习惯逐渐在各部门确立起来。

2.机关办事流程不断优化

通过即办制考核工作的实施，考核数据的反馈以及考核人员与部门的交流，进一步督促和帮助了部门改进工作流程，简化工作程序。例如温州市安监局经受即办制考核之后，决定推进以下工作，实现工作流程的精简和办事程序的优化：

一是优化办事流程。对公开的即办制事项从受理、审查、审批、办理等环

节进行全方位、全过程的规范。在压缩审批时限上自我加压，创新建立授权审批、分级审批、并联审批和部门联审制度，审批时限提速35.82%，办文办事提速35.6%。

二是落实办事制度。按照"简单事立即办、复杂事限时办、特殊事紧急办"的要求，建立健全并全面落实首问负责制、一次性告知制、限时办结制、AB岗工作制等9项配套制度，促进效能提升①。

温州市规划局则在其《2012年度重点工作任务书》中对于机关办事流程优化和制度建设同样重点予以关注和做出明确规定②。考核人员观察，温州市安监局和规划局如此做法在温州各市直单位十分普遍。

3. 机关办事提速明显，电子化办公相应推进

第一次考核过后，公开承诺的即办事项办理时间比即办制实施前明显缩短。第一批考核单位有25个实现了提速。所有单位的平均提速率达到7.19③；第二次考核结果显示，各部门提速率进一步加大，尤其是第一次即已考核过的单位，进步非常明显：

简单事项100%实现了立即办理。复杂事项限时办也都在限定时间内力争提速办结。特别是2011年试点考核的单位今年考核的提速率提高到了8.01%。其中，达到10%以上提速率的党政与综合类单位14个，经济与服务类单位18个，社会管理与服务类单位14个④。

第三次、第四次考核结果亦显示，各部门提速率均有增加。由于电子化办公明显利于增进效率，第三轮即办制考核过后，很多部门对于电子化办公开始倾注较多热情，纷纷提出改造升级部门电子办公系统的计划，包括一些财政资源相对

---

① 《温州市安监局全面执行即办制 扎实推进效率型机关建设》，http://www.zjsafety.gov.cn/cn/gdxx/wzs/64742.shtml。

② 《温州市规划局2012年度重点工作任务书》，http://xxgk.wenzhou.gov.cn/xxgk/jcms_files/jcms1/web16/site/art/2012/5/15/art_3590_168521.html。

③ 温州大学地方政府绩效管理研究中心：《关于温州市实施即办制动态考核工作总结的报告》（2011年12月31日）。

④ 温州大学地方政府绩效管理研究中心：《关于2012年上半年即办制动态考核工作的报告》（2012年7月10日）。

有限的业务部门，市妇联在其《2012年机关党建工作要点》中就有这方面的明确要求：

> 五要推进即办制的落实。加强办公自动化系统建设，优化电子化办公环境，提高办公自动化的水平[①]。

（二）即办制考核局限性及其改革路向

政府绩效评估具有先天的技术局限性，如尼古拉斯·亨利所言，由于考评者的偏见，评估标准模糊不清，文献资料不全，程序失误和缺乏培训，政府部门绩效评定的可靠性和权威性受到影响[②]。这在温州即办制考核实践中同样有所体现。虽然考核人员秉持科学性原则，对于方案持续修改和完善，以及在确保考核数据的真实性和有效性方面做足文章，然而考核过程中以及考核过后召开的即办制考核座谈会上，仍可听闻部门人员言辞犀利的批评意见：

一为误解性批评。例如一些部门提出即办制考核提取的办文、办事起讫时间内所含节假日未予扣除，一些办事含有不可抗力环节未予考虑，等等。实际上，考核方案以及针对考核人员的培训过程中对于这些方面均有科学、公平的规定。经过召开部门座谈会以及督促部门认真学习即办制考核文件，这些批评意见逐渐消除。

二为谈判性批评。谈判是下级政府在"压力型体制"下所能运用的"弱者的策略"[③]。对于即办制考核，一些部门代表同样娴熟运用这一策略，或认为部门间职责不清导致办事效率降低的责任不应由本部门承担；或认为即办制考核采取量化形式很难实施；或认为部门事项近年来有所增加，影响到部门办事提速率，或认为一些部门工作属执法性质，易于得罪人，想快也快不起来。总之，基于这些理由，对工委施压，贬损即办制考核意义，甚至要求废止考核。对此，工委携手中心，经过各种场合尤其是部门座谈会，努力释清即办制考核的创新意义、必要

---

① 《2012年市妇联机关党建工作要点》，http://old.3861.org.cn/public/list.asp?id=21246&type1=&type2=。

② 尼古拉斯·亨利：《公共行政与公共事务》，中国人民大学出版社2002年版，第435页。

③ 县乡人大运行机制研究课题组：《县乡关系的政治体制改革：如何建立民主的合作新体制》，《经济社会体制比较》1997年第4期。

性和操作性。

三为建设性批评。这真正道出了即办制考核尚存的一些技术性局限：

（1）不少部门提出，即办制考核仅仅查勘办文办事起讫时间，考核部门即办事项提速率，无法全面评价部门工作业绩，尤其是未能同步开展服务对象满意度调查，极可能鼓励部门人员"为快而快"、不注重办事效果；亦会挫伤一些部门的工作积极性。尤其是规划、药监、审计、消防等部门，其业务职能专业性较强，崇尚严谨、细致多于快捷、迅速，对其仅从提速率角度做出考核，显然缺失公平；而城管、工商等执法部门过于强调提速率要求，则会助长简单、粗暴的工作作风。

（2）尽管考核工作主要围绕各部门网上公布的即办事项而展开，但在具体考核过程中，对这些即办事项的部门网上公开承诺办理时间并不过问，而是通过抽样调阅部门台账，计算各个事项的平均办理时间，之后先进行部门自身的纵向比较，得出提速率，再进行部门之间的横向比较，做出提速率排名。如上所述，这样的考核设计有其合理性，但客观上造成了即办制考核工作与即办制制度文本之间的脱节。既会导致部门对于即办事项网上承诺办理时间缺乏严肃感，使其形式化；亦会造成部门人员被动，不少部门强调，其某些专业性较强的即办事项网上承诺时间乃是法定的，体现科学规律，现在却被要求突破这些法定要求，再行提速，而这很可能导致一些负面后果，例如药品审批和食品检测工作即是如此。

（3）如前所述，部门全面实现电子办公自动化，领导人与下属均做到网上收发、批阅公文，乃至网上办事，不仅可以实现部门办文、办事规范化与流程化，从而有利于即办事项提速办理；也易于获知部门办文、办事过程中，究竟在哪个环节、哪个领导或科室处有所延迟，从而可以对其做出提醒和催促；亦便于即办制考核人员从OA系统里轻松提取样本数据，而这些数据理论上很难有造假的可能。遗憾的是，不少部门仍旧坚持线上办理与线下办理同步进行，既造成纸张浪费，亦拖延了办文、办事时间。对此，部门人员考核中或事后座谈时道出委屈：一是市里统一的文件收发文系统尚且无法实现网上文件即时、即地处理；二是不少部门领导至今无法在网上熟练输入汉字；对于电子化办公建设与运用缺乏应有的重视，少部分领导以签字圈阅作为权力象征，不愿上网批阅文件，导致部门整体减速。

针对部门上述意见，中心再次对于2013年考核方案提出修改建议。总体仍强调提速率要求，但鉴于三次考核工作过后，各部门简单事项均已经实现即事即办，因此建议2013年度以复杂事项考核为主，简单事项考核为辅，这种考核方式也利于从事复杂事项为主的非审批部门，促进部门间考核公平。此外，方案吸纳部门意见，建议增添部门电子化办公考核，以及回归即办制文本，以部门即办事项承诺办理时间为基准计算提速成绩。

2013年3月7日，工委针对以上考核建议，邀请部门人员进行讨论。部门人员总体上对方案予以肯定，但提出了重新梳理部门即办事项及承诺时间、对于电子化办公程度A、B、C等级做出清晰界定等意见，中心全部予以吸纳。考核于6月如期进行，在意料之外却也是意料之中的是，各部门即办事项承诺时间尽管此前确已重新梳理，但不合理之处仍然很多，考核结果的可信度因此大打折扣，部门纷纷向工委和中心发难、诉苦，12月份的考核继续上演这一情形。经工委与中心商定，2014年考核方案做出重要调整，考核拟改为一年一次；对于办文考核与办事考核进一步简化、精化与合理化。

即办制创新及其考核工作的开展，体现出温州地方政府以提高公共服务效率推动温州二次创业的意图，相比国内其他地方政府绩效评估实践，要求各部门分类梳理即办事项并于网上承诺、引入学术第三方与官方互动实施动态考核，考核方持续与部门沟通改进考核方案等做法的原创性及意义应予肯定。然而，将业务性质林林总总的各市直部门捆绑一起考核，坚持办事效率的单一考核向度，对外部服务对象和舆论的测评意见不予听取，使得考核工作无论方案还是结果均难免存在较多不尽合理的方面。此外，作为即办制"始作俑者"的市委主要领导2013年离职温州，给即办制考核后续命运亦带来不小的变数。

地方政府绩效评估的经验逻辑

——以Z市"即办制"考核为例*

文献回顾与研究缘起

20世纪80年代西方国家掀起新公共管理改革，几乎一夜之间，政府各项活动均被认为需经受效率与结果导向的绩效评估，有人惊呼"行政国家"已然为"评估国家"所替代，这一潮流迅速波及后发国家，上世纪末以降，我国地方政府亦纷纷借鉴英美，绩效评估如火如荼，区分为一般性评估、行业性评估、专项评估等类型，呈现目标责任制考核、公众满意度考核、第三方考核、效能考核、欧盟通用评估框架（CAF）、科学发展评价等不一而足的评估取向，形成甘肃模式、青岛模式、思明模式、珠海模式、岳阳模式、杭州模式、南通模式等各具特色的地方性探索，彰显地方政府作为改革"第一行动集团"的创新冲动与活力。

相关研究跟进开展，涉及西方国家经验介析[①]、政府绩效评估原则、理论与

---

*原文发表于《温州大学学报》（社会科学版）2016年第4期。

①周志忍：《公共组织绩效评估——英国的实践及其对我们的启示》，《新视野》1995年第5期；陈国权、王柳：《基于结果导向的地方政府绩效评估——美国凤凰城的经验及启示》，《浙江学刊》2006年第2期；蔡立辉：《西方国家政府绩效评估的理念及其启示》，《清华大学学报》2003年第1期；陈天祥：《美国政府绩效评估的缘起和发展》，《武汉大学学报》2007年第2期。

方法①、我国地方政府绩效考评历史演进、理论回顾及展望②、我国地方政府绩效评估模式、反思与变革等③。可见我国政府绩效评估研究题材已经相当广泛，不足之处则如学者点评，多数文章以全面性和系统性见长，喜欢面面俱到、蜻蜓点水④；由研究者基于自身对国内外绩效评估理论、方法的理解，针对现实问题，以理论思辨和逻辑演绎的形式提出自己的观点主张⑤，在现实中缺少可操作性。相形之下，以鲜活的地方性个案为例做出深入解读的政府绩效评估实证分析较为匮乏，亟待加强。⑥普适主义则是另一突出问题，将西方经验机械套用于我国，而这"无法为我国各地政府绩效评估的丰富实践提供价值说明和合法性论证，也无法从操作上给予必要的指导并得到实际部门、理论同行的认可"⑦；"西方各国政府绩效评估与其政府治理结构、所处的社会经济发展阶段、历史和文化背景等密切相关，借鉴其经验时必须考虑这些基础性环境因素"⑧。一些研究者正是体认于此，转而探析我国政府绩效评估异于西方的方面：价值、政绩、主体与手段等层

---

①蔡立辉：《政府绩效评估的理念与方法分析》，《中国人民大学学报》2002年第5期；周志忍：《政府绩效管理研究：问题、责任与方向》，《中国行政管理》2006年第12期；张璋：《政府绩效评估的元设计理论：两种模式及其批判》，《中国行政管理》2000年第6期；倪星：《地方政府绩效评估指标的设计与筛选》，《武汉大学学报》2007年第2期。

②蓝志勇、胡税根：《中国政府绩效评估：理论与实践》，《政治学研究》2008年第3期；包国宪：《中国政府绩效评价：回顾与展望》，《科学学与科学技术管理》2010年第7期；周志忍：《公共组织绩效评估：中国实践的回顾与反思》，《兰州大学学报》2007年第1期。

③彭勃：《当代中国地方政府绩效评估分析》，《学习与探索》2009年第4期；金东日：《地方政府绩效评估困境三维分析》，《理论与改革》2012年第3期；郑志龙：《走向地方治理后的政府绩效评估》，《中国行政管理》2009年第1期。

④周志忍：《我国政府绩效管理研究的回顾与反思》，《公共行政评论》2009年第1期。

⑤倪星：《中国地方政府治理绩效评估研究的发展方向》，《政治学研究》2007年第4期。

⑥以国内政府绩效评估研究重点刊物《中国行政管理》为例，其在2000年至2014年7月发表的政府绩效相关文献90篇中，基于个案的实证分析论文只有12篇，占17.5%，不足两成。

⑦盛明科：《政府绩效评估研究的瓶颈与本土化战略的建构》，《行政论坛》2008年第2期。

⑧陈强：《改革开放30年来我国地方政府绩效评估的回顾与思考》，《经济社会体制比较》2008年第6期。

面的多重博弈；[①]理念、信息、主体、测量等方面的悖论；[②]技术理性与政治理性的张力；[③]更深层次，价值观、民族性格、权力距离、不确定性规避尤其政治制度等基础因素构成的影响；[④]总体上即为社会生态环境制约我国政府绩效评估制度的生长。[⑤]如是研究发人深省，却又缺乏实证材料的引入与支撑。

笔者以J省Z市近年来一项政府绩效评估活动——"即办制"考核为例做出进一步研究努力。选择这一案例，一是笔者连续三年（2011—2013年）参与该项考核工作，过程中亦调研获得较为确切的一手资料，几近实现"零距离"考察，有助于弥补我国地方政府绩效评估实证分析不足的缺憾；二是Z市属于经济赶超地区，可以显现当前地方政府基本生存样态（当然，对于身处南方沿海的Z市来说，"赶超"不是说该地区经济绝对落后，而是呈现一段时期的相对落后，地方领导为此形成赶超的鲜明意识），符合个案研究遵循的"分析性扩大化原则"，可以从中外推一般或普遍结论；[⑥]三是相比其他地区评估经验，该项考核举措确有其创新特色所在，结合了某种程度的公共服务承诺制与第三方评估，考核指标单一而有针对性（后文详介）；四是由于此三方面，通过该案例，确乎可以领略我国地方政府绩效评估较之西方的独特方面。曾有学者将我国各地政府绩效管理实践总结为中国特色的"创效式绩效管理模式"[⑦]，显现宏观视野与理论自信，但笔者以为，这一指称不易与西方国家撇清区别，必须承认，对于中西方国家政府绩效评估，创效是共同追求。毋宁使用"发展—谈判型政府绩效评估"这一范畴，以

①郭庆松：《多重博弈下的中国政府绩效管理》，《国家行政学欢学报》2009年第1期。

②臧乃康：《地方政府绩效评估的悖论及其消解》，《北京行政学院学报》2007年第5期。

③付景涛、倪星：《地方政府绩效评估的政治理性和技术理性——以珠海市万人评议政府为例》，《甘肃行政学院学报》2008年第6期。

④孟华：《中国政府绩效评估实践的特色——从基础因素入手的分析》，《上海交通大学学报》2004年第3期；魏四新、郭立宏：《文化因素对地方政府绩效管理的影响研究——基于霍夫斯塔德的跨文化视角》，《中国软科学》2010年第3期。

⑤梁平、滕琦、李国栋：《社会生态环境视域下政府绩效评估的制约因素探讨》，《学术论坛》2007年第7期。

⑥王宁：《个案研究中的样本属性与外推逻辑》，《公共行政评论》2008年第3期。

⑦高小平、盛明科、刘杰：《中国绩效管理的实践与理论》，《中国社会科学》2011年第6期。

为更可以刻画我国地方政府绩效评估异于西方的经验逻辑，而其基本意涵即表现为下文"理论预设"部分将要阐述的若干命题，这些命题针对为何评估、评估什么、谁来评估、评估机理等地方政府绩效评估主要问题提出，作为研究假设，后文由经验对象——Z市"即办制"考核案例予以检验和说明。[①]

理论预设：基于实践指向

新公共管理改革包括了向市场化发展和脱离官僚制两种趋势，二者为"新右派论及国家问题时的受人欢迎的面孔"[②]，体现新右派的意识形态追求。作为新公共管理重要工具的绩效评估活动，"体现了放松规制和市场化的改革取向"[③]，实则同样寄寓了新右派意旨。国内学者引入政府绩效评估的同时，往往对此有强烈共鸣，以至附加政府绩效评估过多政治功能期待，"希冀将对政府的期望转化为绩效评估指标体系并进行测量"[④]；"以政府绩效评估问责政府官员政绩优劣与高低"[⑤]，"建立公共责任机制"[⑥]，推动"全能政府"向"有限政府"、"管制政府"向"服务政府"的转变。作为一项管理手段的政府绩效评估是否堪当此任？这是值得怀疑的，回避政治改革的深层次努力，片面拔高政府绩效评估政治功能，有学者指出，这显然颠倒了技术和制度之间的因果关系，乃至会使绩效评估名誉扫地。[⑦]

---

①因笔者与有关部门达成一定的保密承诺，文中未能一一注明所引事实或话语出处，但笔者对于所有引用材料的真实性负责。

②欧文·休斯：《公共管理导论》，中国人民大学出版社2001年版，第22页。

③蔡立辉：《西方国家政府绩效评估的理念及其启示》，《清华大学学报》2003年第1期。

④倪星：《反思中国政府绩效评估实践》，《中山大学学报》2008年第3期。

⑤彭国甫、陈巍：《政府绩效评估问责功能的形成机理与实现途径》，《湘潭大学学报》2009年第1期。

⑥蔡立辉：《西方国家政府绩效评估的理念及其启示》，《清华大学学报》2003年第1期。

⑦周志忍：《公共组织绩效评估：中国实践的回顾与反思》，《兰州大学学报》2007年第1期。

大异其趣的是，地方政府推行绩效评估，通常较少出自政治民主化诉求，而是源于一些现实考虑，此即或将政府绩效评估视为提高政府执行力的手段，或将政府绩效评估看作打分排队的手段，或将地方政府绩效评估当作新的政绩工程。可资解释的原因则是，其一，"西方国家政府绩效管理是在政府管理理性程度较高的前提下，以评估绩效为主要目的的单一型管理工具；而中国政府绩效管理则是以实现发展中国家跨越式发展为目标的综合型管理方法"[1]。为此，我国地方政府开展绩效评估活动，往往将推进中心工作的实施、提高执行力作为主旨，从而服务地方"发展"——地方"最大的政治"，体现于指标设计，则相应偏重效率取向的各类指标。其二，"行政逐级发包制"[2]是经济学者对我国央地关系很有见地的概括，在此制度设计下，地方领导[3]为超量、提速完成发包任务，从而亦可在激烈的官员晋升锦标赛[4]中脱颖而出，需要形成对于下属部门与人员的排他领导权，强化对自身意志的执行力，地方政府绩效评估因此不免追求打分排队，"变成了一种计划式绩效评估，成为一种新的政治控制手段"[5]——通过评估活动，惩罚懈怠者，奖励跟随者。其三，政治层面的突破性制度创新，往往易于招致各种政治风险，历年"中国地方政府创新奖"分析显示"这些创新不仅数量少，而且面临着诸多的阻力和困难"[6]；政府绩效评估创新归属于管理层面，且体现很强的技术性，可以推动工作，又可以搅动舆论，上级则鲜少会给予反对意见，如此，一些地方领导便大张旗鼓地开展绩效评估，甚至"蜕变"为"政绩工程"。

---

[1]高小平、盛明科、刘杰：《中国绩效管理的实践与理论》2011年第6期。

[2]是经济学者对中国历古以来央地关系的概括，此即从中央到地方把具体的经济、行政事务逐级发包给每个行政下级（属地），下级为此既担负了无限责任，也在属地内被赋予巨大的自由裁量权（周黎安：《中央和地方关系的"集权—分权"悖论》，http://www.cssm.org.cn/view.php?id=16019）。

[3]文中主要指地方政府党委书记或行政首长。

[4]作为一种行政治理的模式，是指上级政府对多个下级政府部门行政长官设计的一种GDP为主要标准的晋升竞赛（周黎安：《中国地方官员的晋升锦标赛模式研究》，《经济学研究》2007年第7期）。

[5]倪星：《反思中国政府绩效评估实践》，《中山大学学报》2008年第3期。

[6]杨雪冬：《过去10年的中国地方政府改革———基于中国地方政府创新奖的评价》，《公共管理学报》2011年第1期。

假设1：经济赶超任务愈沉重，以经济增长换取政绩的诉求愈强烈，地方领导愈倾向于经由政府绩效评估的非政治途径，加强对于下属的控制，以期有效提高执行力，评估相应采取效率取向的指标设计。

也正由于此，评估必然施予评估对象（下级）各种奖惩性压力：轻则荣光或现丑（Fame or shame），重则影响部门财政预算、员工福利，直至官员晋升。下级又会做出怎样的行为反应？由于官僚制长期以来"创造了一种公共雇员相互推诿以及自我保护的文化"[1]，"自利的官员反对任何会导致纯粹削弱他们自身价值的变革"[2]。压力之下，下级仍有可资利用并有动力实施的"弱者的策略（Tactics of the weak）"——谈判。[3]事实上，中国政府内部上下级部门讨价还价的谈判过程是众所周知的。国外研究者亦提出，谈判是中国政府组织关系的几种形式之一，据此而言中国中央集权实则是"碎片化威权主义（Fragmented authoritarianism）"。有研究以环保部门为例分析了下级可能运用的序贯博弈减压谈判策略。[4]就地方政府绩效评估来说，当上级（评估方）施加评估压力后，只要时间容许，下级首先可能采取正式谈判博弈，此即借助合法性和"合乎情理"的逻辑通过正式程序，或发去正式文本，与上级（评估方）谈判，诉说难处，请求降低考评要求；正式博弈有可能奏效，但大多是一次性博弈，上级（评估方）或接受或拒绝，谈判就此结束。为使谈判更有意义和效率，下级有动力在正式谈判博弈之外与上级（评估方）展开非正式谈判博弈，经营与动用各种非正式社会关系游说上级（评估方），争取"网开一面"或特殊照顾。评估工作一旦开始后，面对既定压力和评估要求，下级又会与上级（评估方）进行"准退出博弈"——非台面的、微妙的抵制方式，例如暗中调整数据、消极抵抗评估，或拉拢评估人员。

---

①戴维·奥斯本、彼得·普拉斯特里克：《摒弃官僚制：政府再造的五项战略》，中国人民大学出版社2002年版，第45页。

②唐斯：《官僚制内幕》，中国人民大学出版社2006年版，第209页。

③《县乡人大运行机制研究》课题组：《县乡关系的政治体制改革：如何建立民主的合作新体制》，《经济社会体制比较》1997年第4期。

④周雪光、练宏：《政府内部上下级部门间谈判的一个分析模型——以环境政策实施为例》，《中国社会科学》2011年第5期。

假设2：评估所产生的控制力大小既取决于地方领导与评估组织者的评估推力，也受制于评估对象谈判行为所产生的反弹力；由于评估对象间谈判能力不一，从而形成的反弹力会有大小之别，因此会损害评估公平。

地方领导往往成为政府绩效评估主要发起者，自上而下的内评估作为政府管治的重要手段具有普遍性，如学者评价，体现出评估的内向性、单向性和控制性，[①]"绩效评估的组织体系并非开放扁平式的组织体系，而是封闭的金字塔型组织体系"[②]。这一现状既源于上述行政发包安排下形成的"地方权力一元化"[③]的体制条件，亦源于该体制条件下，地方领导为在有限任期内拿出超常政绩，摆脱四平八稳、按部就班的官僚运作范式所限，因而往往沿用传统运动式治理来推动地方发展计划的落实。政府绩效评估则是其中一环，换言之，地方政府绩效评估不但是管理手段，也是政策手段，这有别于西方国家将政府绩效评估仅作为一项旨在"诊断问题、持续改进"的管理措施，有学者甚至认为"以考评推动党和政府的中心工作实现是我国的宝贵经验"[④]。但也正源于此，当地方领导"发生更迭或者主要人事变动时，政府绩效评估在政府体系内的定位与作用也会随着工作重心的转移而发生变化"[⑤]，使得评估难于取得长效，并会助长评估对象应付评估的各种短期行为。

地方领导任期愈长，评估置信度愈高，来自评估对象的反弹力愈小，反之亦然。

有鉴于此，学者多主张与西方经验接轨，引入与优化独立第三方评估，改进

[①]周志忍：《公共组织绩效评估：中国实践的回顾与反思》，《兰州大学学报》2007年第1期。

[②]臧乃康：《我国地方政府绩效评估组织体系的解析与优化》，《甘肃行政学院学报》2008年第1期。

[③]地方党委（书记）既领导地方人民政府，也领导地方人民代表大会、地方检察院和法院的体制现实。

[④]郑方辉、段静：《省级"政府绩效评价"模式及比较》，《中国行政管理》2012年第3期。

[⑤]何文盛、廖玲玲、王焱：《中国地方政府绩效评估的可持续性问题研究——基于"甘肃模式"的理论反思》，《公共管理学报》2012年第2期。

绩效管理的科学性；重塑绩效系统中的公众评估主体地位，乃至由政府绩效评价走向"公共治理评价"[1]。但需要考量的是：

其一，公民外评估与政府内评估是否可以简单对立？事实上，公民评估属于政治评估，目的在于摒除代议制民主和官僚制内在弊端；政府内评估属于行政评估，体现政府自身改进管理效率的努力，二者功能各异，不可替代。[2]过度强调前者，会减弱绩效评估内动力；过度强调后者，又难以准确获知"究竟什么事对一个社区来讲最为重要"[3]。比较理想的格局或许是，"自身评估与外部评价共同内含于政府绩效管理中"[4]。但研究亦证实，引入公众参与绩效评估，会使解读评估结果的难度加大，[5]公众参与是以自由、平等和个人权利等价值观为基础的，但政府机构的功能传统上基于惯例化、等级权威、专长和非个人化，二者对接十分困难。[6]更应注意到，我国公民与地方政府当前三种距离明显，尤需审慎对待公民评估：①政策距离。地方政府普遍致力于"追赶型"发展战略，据此出台的城市化、工业化政策措施，要么"下药过猛"，要么一时间罔顾民生，经常引发民众心理不适，公民评估唱主角，会影响哪怕着眼长远的地方经济计划的顺利实施；②心理距离。区别于美国民众对政府官员认知的"距离悖论"[7]，中国公众眼中的政府通常由"仁慈中央"和"邪恶地方"组成，学者概括公众眼中的国家形象为

---

①建立公共治理评价体系的核心，是把公共治理的理念和公共服务的精神融入到社会管理中，发挥评价的监督功能和导向功能，纠正偏差的同时引导公共治理的发展方向，以持续提高社会的治理水平及和谐程度（包国宪、周云飞：《中国公共治理评价的几个问题》，《中国行政管理》2009年第2期）。

②彭勃：《当代中国地方政府绩效评估分析》，《学习与探索》2009年第4期。

③马克·霍哲：《公共部门业绩评估与改善》，《中国行政管理》2000 年第3期。

④郭庆松：《多重博弈下的中国政府绩效管理》，《国家行政学欢学报》2009年第1期。

⑤吴建南、杨宇谦：《地方政府绩效评估创新：主题、特征与障碍》，《经济社会体制比较》2009年第5期。

⑥菲利克斯·A.尼格罗：《公共行政学简明教程》，中共中央党校出版社1997年版，第203页。

⑦人们相信或者崇敬离他们近的政府官员，而认为离他们远的政府官员则是懒惰、不称职和不诚实的（乔治·弗雷德里克森：《公共行政的精神》，中国人民大学出版社2003年版，第163页）。

"闪着神奇光辉的中央+损公肥私的多数地方贪官+为民做主的少数清官"[1]，公众与地方官员心理距离如此鲜明，评估政府不免主观性过强，若对其过度依赖"具有明显的局限性"[2]；③信息距离。官僚与公众根深蒂固地存在着公务信息不对称的情况，官僚"最重要的权力手段是通过'公务机密'的概念，把公务知识变为保密知识"[3]，这一情况在我国现阶段更甚，构成公民评估的深刻难题。一言以蔽之，公民评估内在体现民主化追求，需要以"理性的政治人"的形成为条件，而我国当前很多地方尚难以具备这一条件，政府管理以公民评估结果作为参考性意见而非主导性意见或许更为可取。

假设3：地方经济赶超取向愈明显，公民与政府构成的政策距离愈大，结合较大的官民心理距离以及信息距离，如此情形下，愈会减弱公民评估的可行性。

其二，如何看待第三方评估？学者通常视其为独立性与科学性的化身，第三方也有意标榜这一点。[4]然而发展主义意识形态观照下，形成权威主义国家政治，[5]地方层面则为其翻版，独立第三方想要真正深入"戒备森严"的地方政府部门，取得官员信任和理解，获得充足、有效的评估数据，并非易事，即便第三方人员相比普通公众更擅长挖掘和分析数据。与此同时，第三方评估多由体制外专家学者实施，专家单一做出的指标设计往往过于追求全面性、超前性和公平性，与赶超诉求和有限财政资源约束下的地方政府管理未免格格不入，如此第三方评估非但难于取得政府部门的理解与配合，反而会构成评估的张力因素。再者，第三方评估行为所需花销，也经常会超出第三方能力限制，尤其是面向地方政府整体的评估行为。概括而言，如学者评价，纯粹的第三方评估是协调成本、

---

①应星：《"气"与抗争政治》，社会科学文献出版社2011年版，第149页。

②周志忍：《政府绩效评估中的公民参与：我国的实践历程与前景》，《中国行政管理》2008年第1期。

③马克斯·韦伯：《经济与社会》（下卷），商务印书馆1997年版，第789页。

④如"甘肃模式"组织机构兰州大学中国地方政府绩效评价中心即自称"非营利性学术机构"（包国宪、周云飞：《中国公共治理评价的几个问题》，《中国行政管理》2009年第2期）。

⑤郁建兴：《发展主义意识形态的反思与批判》，《马克思主义研究》2008年第11期。

信息成本等交易成本十分高昂的评估方式[1]。

假设4：地方层面引入第三方评估，更可以视作一种彼此心照不宣的理性交换行为——地方政府以第三方象征的"科学""公正"标签来强化评估的权威性；利用第三方（尤其高校学术机构）具有的人力优势来实施针对全体部门的大规模评估工作；将评估可能引发的来自部门的压力一定程度上转嫁于第三方；第三方则据此获得评估中便利——政府部门授予的必要的考核权威、评估后利益——经济酬劳[2]与专业名望，第三方需要付出的代价则是在评估方案制定与实施等方面将可能不同程度舍弃的自我"独立性"，换言之，纯粹的第三方评估当前在我国各地尚难于立足，现实的选择是和政府权威实现某种程度的妥协与结合。

总体来说，政府部门自上而下、专家学者自外而内，亦或民众自下而上开展政府绩效评估均有局限，但又各有所长，因此要避免各执一端，尽可能兼顾三者，例如杭州等地所实施的综合考评[3]。对于经济赶超任务繁重的地区，自上而下的行政权威结合第三方的外脑与人力优势，共同推动与实施评估，一段时间内"冷处理"公民评估，或许更为可取。当然，一俟经济社会发展进入调整期或稳定期后，通过公民评估检讨地方发展所可能遗漏的社会民生、公共服务等方面的问题，从而进一步提升发展质量，那就很有必要了，可"先以直接服务对象作为评估主体小范围开展对部分政府部门及部分工作绩效的测量，待积累一定的经验及评估能力之后再对评估主体及范围予以拓展"[4]。也即"政府绩效评估体系不应是静态的，而应随着政府职能调整的深化呈现动态调整，这就客观需要构建政府

---

[1]郭斌、薛莲：《地方政府绩效评估组织模式的交易成本分析》，《西北大学学报》2012年第2期。

[2]第三方实也难免有私利追求。新近对于一直以来同样制造了独立、科学神话的智库的研究亦揭示：智库首先感兴趣的是自身"帝国"的建设而不是倡导公众利益。这种情况在智库把获得捐赠或赢来合同作为最终目的时最为明显（戴安娜·斯通：《政策分析机构的三大神话——回收箱、垃圾桶还是智库？》，《国外社会科学》2014年第3期）。

[3]针对市直单位社会评价、目标考核、领导考评、创新创优相结合并且分别由不同主体来执行的考评举措。

[4]董静：《中国地方政府绩效评估模式研究——基于对24个实践案例的分析》，《东北大学学报》2013年第5期。

绩效评估体系的动态调节机制"①。

以上各项命题汇合为笔者对于当前我国地方政府绩效评估经验逻辑的一个基本判断：在发展—谈判型政府绩效评估中，这些命题且可以进一步概括，构成发展—谈判型政府绩效评估的三个基本向度：①发展律——经济赶超命题下，我国地方政府绩效评估以推动发展与提高政策执行力为根本诉求，相应采取效率取向的指标设计，可理解为发展与效率导向型评估；②交换律——地方政府经济赶超诉求越是强烈，行政主导的内评估越可能占据主导，但会基于合法性、操作性等因素考虑，采取与第三方评估理性交换与相互结合的形式进行，可谓为权力庇护型第三方评估；③谈判律——地方政府绩效评估充斥评估对象针对评估工作的谈判行为，以致对评估方向、效力与持续性构成显著影响，可称为逆向序贯博弈型评估（图7）。

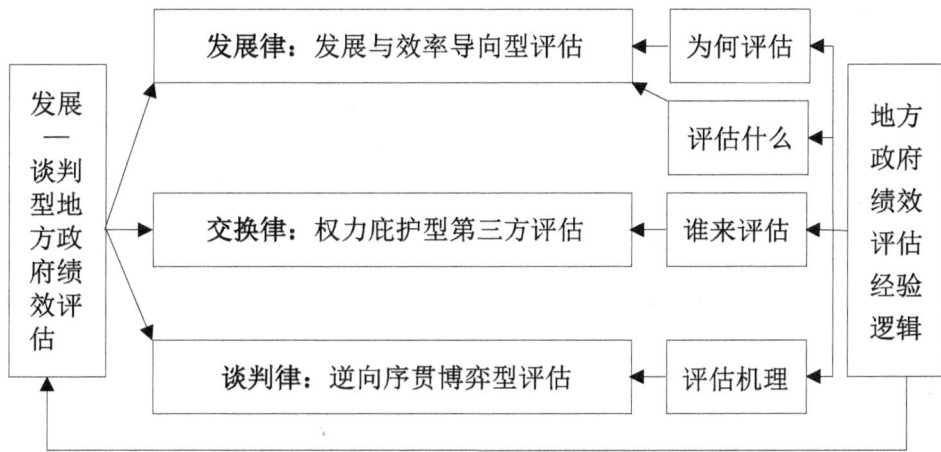

图7 地方政府绩效评估逻辑

如上命题"发展—谈判型政府绩效评估"的总体界定及其三个向度是否为经验所支持？笔者具体引入Z市即办制考核案例予以验证。

---

①唐兴霖：《中国政府绩效评估研究综述》，《学术研究》2010年第11期。

Z市即办制考核：一个案例分析（2011—2013）

（一）发展律：即办制考核的发展诉求及效率导向

Z市地处南方沿海地区，改革开放以来，资源匮乏但却富有冒险意识和商业头脑的Z市人，将别人看不上、懒得做的各种小商品销往四面八方，积攒了大量财富，形成举国闻名的民营经济模式。这一过程中，Z市公权力恰当扮演了管理角色，尊重民众首创精神，放手由其冲破规则，实现自主抱团发展，很大程度上促成了Z市民营经济的早期崛起。然而进入新世纪以来，Z市经济却呈现持续下滑迹象，2002—2011年间增速低于J省平均水平。更令人忧心的则是民间借贷危机爆发，当地企业30%以上停业或倒闭，全球金融危机使得以制造业、出口产业起家的Z市深陷其中，房地产泡沫也不断破裂。即办制考核首倡者、市委C书记正是在这一背景下赴任Z市的（确切时间为2010年7月）。Z市经济为何世纪前后形成如此强烈反差？来Z市之前已做过系统调研的C书记多个场合判断指出：

改革开放初期，Z市政府相对无为，老百姓冲破不合理规则的意识较强，形成Z市模式文化根源。随着市场经济逐步规范、成熟，城市发展需要转型升级，这种升级既需要规模效应，也需要产业链集聚，需要平台、环境引导。在市场经济高级阶段，Z市在公共品供给方面的缺位是最大问题……导致高端要素外流，导致低端要素流入……要让Z市政府成为有效率的，低投入、高产出公共品的组织，来满足Z市经济社会发展的需要[1]。

配合C书记以上谈话精神，党报《Z日报》于2010年9月15日至10月20日头版刊发名为《十问Z市发展》的系列报道（标题及发表时间如表1），鲜明体现了C书记领导的新一届政府提升政府办事效率、实现经济赶超的清醒认知与急迫心情[2]。

---

[1]见诸网站报道。

[2]作为党报的地方日报所载头版报道往往最能体现地方政府及其主要领导一段时期的施政动向，起着吹风、造势、传达的独特作用。探知地方领导的政策目标，分析地方日报的头版报道是较为便捷、直接的方法。

表1　十问Z市发展报道

标题	发表日期	标题	发表日期
一问Z市速度——为什么我们经常"慢半拍"？	2010-09-15	六问体制机制建设——为什么我们难以加快创新的步伐？	2010-09-30
二问城市形象——我拿什么吸引你的目光？	2010-09-19	七问城乡统筹发展——农村到城市到底还有多远？	2010-10-08
三问大平台建设——为什么我们难以扬帆远航？	2010-09-21	八问人才支撑——为什么人才难引更难留？	2010-10-12
四问生态建设——蓝天碧水何时回到身边？	2010-09-26	九问固定资产投资——我们的投资还有多少课要补？	2010-10-18
五问机关效能——能不能更快更好更有为？	2010-09-28	十问Z市人精神——我们每个人该为Z市发展做点什么？	2010-10-20

注：根据《Z日报》电子版整理

首篇即直截了当地提出《一问Z市速度——为什么我们经常"慢半拍"？》，其中说道：

"我们Z市的很多项目，久议不决、久建不成，困在前期工作，困在资金筹措、土地拆征上，上马落地周期一拖再拖。对定下来的许多事情，也是推来推去、磨来磨去、翻来覆去，迟迟不见成效……大家都知道很多事情再这样下去是不行的，但就是视而不见、见而不怪、怪而不理、高高挂起。Z市的事业发展也就在这漠视和无为中'慢了半拍'，甚至，又何止'半拍'？"

《五问机关效能——能不能更快更好更有为？》又指出：

"速度需要效能去推进。面对新的发展态势，机关效能怎么提速提效？顽症痼疾怎么治？如何处理好依法行政与突破常规的关系？这是当下Z市迫切需要做出回答的一系列问题。"

如何提升机关效能？考绩是抓手。在一次党代会上C书记即强调：

"从管理学来讲，任何一个组织都必须有目标，为了达成目标，必须要有举措，要评估，要奖惩，这样的组织才是方向明确、措施有力、效果明显的组织。作为一级党委和政府，更应该提高管理绩效，应该有一套管理科学的办法。"①

---

①见诸网站报道。

　　基于这样的认识，C书记为首的市委2010年下半年提出把科学发展考核评价体系改革作为"十大深化体制改革项目"之一。2011年1月，市委市政府宣布成立考绩委员会，C书记亲任主任，市长和其他市委常委分任副主任；1月下旬和3月上旬先后出台《2011年度县（市、区）考绩法》《2011年度市直单位考绩法》（并称《考绩法》）和《Z市领导干部绩擢法（试行）》（简称《绩擢法》）。两份文件惹人瞩目之处，一是明确把全市重点工作作为主要考绩内容，并大量引入投资率、新增城镇化率、房价收入比、公共绿地增加值、污水处理率等新元素、硬指标，文本层面力求一定程度的科学发展。二是考核结果全部以排名形式体现，树立凭实绩用人导向。《考绩法》规定县（市、区）和功能区绩效考核排名连续2年后2位、市直单位绩效考核排名连续2年后5位的领导干部，将被提出组织调整动议；《绩擢法》确立考绩择才、赛场挑才、挂牌招才等三种全新的干部选拔方式，即分别根据年度考绩结果或特定岗位的试岗表现来选贤任能。

　　政府效能的提高不仅寄希望于各级、各部门领导，C书记亦强调转变机关作风和干部作风，要求"形成想干、肯干、能干、干成事的良好氛围"[①]，有鉴于此，Z市"考绩新政"另一重要举措则是于2011年3月颁布《关于在全市机关单位全面推行即办制的实施意见》（下称《意见》），直接原因则是C书记视察窗口单位时，有感于机关工作推诿扯皮、办事拖拉的问题，当即提出实施"即办制"的要求，强调以其为抓手深化机关作风建设。随后，Z市直机关工委（下称"工委"）牵头制定了《意见》，其中明确即办制内涵与目标：在机关干部中培养"一日事一日毕"的良好习惯，大力推进机关工作提速提质提效，力争各类审批时限在2010年基础上压缩30%，其他事项办理时限压缩30%以上。

　　《意见》对于各单位即办制事项实则泛化处理，此即不仅包括行政审批事项，所有公务事项都要实行即办制，各部门须将其公务事项区分为三类，分别予以即办制要求：

　　一是简单事立即办。凡是属于程序简单、不需要集体研究、单个部门可以独立办理的事项，应当场或当天办结，做到当天事当天办、一日事一日毕。

　　二是复杂事限时办。凡是属于程序复杂、需要集体研究、涉及两个以上部门联合办理或需上级审核批准的事项，应立即启动办理程序，做到并联办理、限时

---

①C书记在全市党建工作会议上的讲话（2012年2月28日）。

办结。

三是特殊事紧急办。凡是属于上级部门和领导有特殊要求或情况紧急的事项，应迅速办理，做到急事急办、特事特办。

在工委和市纪委部署下，2011年4月底，Z市直各单位对本部门事项逐项梳理，明确简单事项、复杂事项、特殊事项划分及其具体流程、办事要件、办理时限、责任人员等。其中，属于单位内部事务的，本单位领导班子集体研究确定；属于行政审批事项的，市审管办审定；涉及两个以上部门联合办理的其他事项，工委和市纪委组织力量进行审核。各单位的各类事项及其办理要求最终都形成即办事项规范表，在Z市官网上向社会公开，接受群众监督，此举与英国政府"公民宪章"运动所体现的公共服务承诺制极其形似。以市统计局为例，其公开的即办事项规范表中所列事项共有23件，部分事项如表2所示：

表2 统计局事项办理要求

分类	事项名称	具体流程	办事要件	办理时限	责任处室
简单事	统计从业人员继续教育	统计人员到市统计局法规处（行政管理中心545室）填写统计从业资格继续教育报名表，缴纳培训费，办理报名登记手续，参加继续教育培训。	提供统计从业资格证书、身份证原件。	当场办理	法规处
复杂事	部门统计调查项目审批	1.到市统计局综合核算处领取或上网（Z市统计局网站）下载《地方统计调查项目（新建）审批申报表》，填写申请表并向该处室提交相关材料。2.处室经办人员按照部门申请以及提供的有关材料，对相关调查项目进行初审，并将审核情况报告处室负责人。3.处室负责人复核后，提出处理意见。同意审批的，形成书面审核意见，报局长室审定；不同意其立项的，向申请部门说明原因。局领导审定、签字后，再由局办公室盖章。4.将相关材料反馈给部门。相关材料（部门申报要求、有关补充材料和本局出具的意见等）由办公室专人保管、存档。	1.单位介绍信。2.申请审批的公函及相关资料。要求包括新建立该调查项目的背景材料、重大调查项目的研究论证材料及试点报告等。3.调查方案和表式。包括：总说明、报表目录、基层表式、综合表式、统计标准和分类目录、指标解释、逻辑关系及抽样方案（针对抽样调查）等。应明确表述调查目的、调查对象、统计范围、调查方法、调查频率、填报要求、报送渠道、时间要求等。	5个工作日	综合核算处

续表

分类	事项名称	具体流程	办事要件	办理时限	责任处室
特殊事	市委市政府布置的课题调研	任务如果涉及各处室，则根据领导安排，协调好各处室，做好调研任务分解工作；任务如果是落实在本处室，则积极做好工作安排，安排流程如下：1. 制定调查计划：确定调查项目和范围；确定调查所需要的资料（包括一手资料和二手资料）；制定抽样方案（随机抽样、非随机抽样）；2. 调查组织与实施：调查人员选聘、调查人员培训、调查实施与督导；3. 数据汇总并审核：整理并审核汇总的数据资料；4. 数据分析和报告撰写：列表分析；撰写调查报告。	领导交办，有确定的调查问题及调查目标。	按照领导要求时间办结	综合核算处

资料来源：Z市官网

　　根据《意见》精神，各单位被另外要求健全办事公开制、首问负责制、一次性告知制、AB岗工作制、重大项目行政审批代办制等配套制度，为推行即办制提供支撑；另需建立否定报备制等制度，解决有些单位办事中存在该办不办、拖延迟办、推诿扯皮等问题；推行并会、套会和半节会等会议制度，解决因会议过多过长而影响日常公务处理、影响即办制落实的问题。

　　即办制以上设计如何避免沦为虚张声势、沽名钓誉的一时之举？首先，市委同步实施《关于市领导带头执行即办制的若干规定》，要求市委、市政府班子成员带头执行即办制，C书记作为"班长"以及即办制提出者，尤其注意到身体力行，知情人称其批阅各类文件很少延误，加班到半夜一两点时常有之，Z市中小企业协会D会长谓其历任市委书记中"最勤勉的一个"；其次，市委办另行颁发《Z市违反即办制规定行为责任追究办法（试行）》，明确Z市各大机关工作人员违反即办制规定的，将被给予口头效能告诫、通报批评、书面效能告诫、停职检查甚至调离工作岗位等五种不同程度的责任追究；再次，更有意义之举则是跟进实施相关考核工作。《意见》指出，即办制执行情况，要作为"五型机关"创建考核的重要内容纳入市直单位的考绩体系。事实上,《意见》甫一出台,C书记即指示有关部门启动即办制考核相关准备工作。

（二）交换律：即办制考核权力庇护型"第三方"模式

传统政府内评估大多表现为上级考核人员到下级部门听汇报、看台账,考核程序"多定性,少定量。对一个机关的评价,往往是凭经验、凭印象、凭感情,缺乏数据支持和科学分析……由于内部评估缺乏一定的激励与制约机制,评估结论与评估主体自身的利益存在一定的关联性,它就有很大机率故意隐瞒事实真相"[1],使得考核结果难以服众,乃至造成考核方陷入被动、考核沦为形式。量化考核因其更为公允、科学的数据提取流程及处理方法,使得考核结果更可以为部门接受,而且可以相对精确地揭示部门工作软肋。C书记为此不止一次地强调科学、定量开展绩效考核的意义,事实上,以提高机关工作效率为主旨的即办制考核,为了反映部门办事快慢,也着实要用数据来说明。当然,C书记看重定量方法,与其个人因素也有关系。进入政府任职之前,其一直在企业部门工作,摸爬滚打了近二十年,对于数目字呈现的绩效和产量早已形成惯性追求;除此之外,C书记非Z市本土成长的官员,缺乏在Z市的原始权力根基,要想加强考核权威,有效调动部门工作,采取科学、中立面目示人的定量考核方法,无疑是极佳选择。

正由于此,C书记对于即办制考核既不愿沿袭封闭的政府内评估做法,实则也排除了主观性较强、科学性与量化程度较弱的公民外评估。不予考虑后者,另外也由于C书记赶超战略与民众构成的政策距离、Z官场与民众的心理距离以及信息距离均十分明显,轻率采用公民外评估,易于使得考核工作为对立性民意包围而不能自拔。以政策距离来说,C书记来Z市后,针对落后市容与土地紧张局面,大举"拆违",Z市民营企业多为改革初期无序建立,层层下压的"拆违"工作拆掉了很多作坊式工厂,一时间"得罪不少既得利益集团",C书记被坊间骂称"C拆拆",网上赞誉者亦有之,但讨伐声音十分强烈,不少人谓其"动作过大",令企业生态链破坏;再从Z市官民心理距离和信息距离来说,笔者2011年发布于Z市官网的"Z市人公共形象调查"结果可以给予说明:被调查者回答"对于Z市

---

[1]金东日:《地方政府绩效评估困境三维分析》,《理论与改革》2012年第3期。

公务员群体的总体印象如何？（多选）"，"办事不透明""庸官较多""腐败严重""待民冷漠"位列前4位（表3）。

表3 Z市人公共形象调查统计

投票选项	百分比（%）	投票数
勤政爱民	2.11	9
作风务实	4.69	20
无为而治	4.69	20
敢于创新	3.76	16
办事高效	0.7	3
热情待民	2.82	12
营私疏公	12.91	55
庸官较多	17.14	73
待民冷漠	14.32	61
腐败严重	15.49	66
办事不透明	20.19	86
其他	1.17	5

资料来源：Z市官网

既然政府内评估以及公民外评估均显得不合时宜，C书记明确表示希望由以定量方法见长的第三方来具体承担即办制考核任务。C书记有意于此，亦有他因：Z市以民营经济为主，且小微企业居多，Z市民营企业深受政府做事慢条斯理、"小鬼难缠"之苦，却又缺乏表达能力，不少企业因此"以脚投票"远离他乡。倘若仍采取内评估方式，让政府"左手"考核"右手"，这一情况难有根本改变，而由体制外第三方开展评估，更具专业性和超脱性，对于改善民营经济软环境，更显社会影响。事实上，甘肃省2004年前后急于发展非公经济，亦选择由兰州大学第三方学术机构组织考评省级部门，"评价结果公布之后，迅速引起了各地政府及有关部门领导的高度重视"[1]。

---

①包国宪等：《绩效评价:推动地方政府职能转变的科学工具——甘肃省政府绩效评价活动的实践与理论思考》，《中国行政管理》2005年第7期。

为贯彻C书记意图，市委副秘书长S率领人员考察了国内顶尖的F大学以及J大学，由于F大学相关研究机构G中心数字化绩效管理平台新颖、先进，S倾向于与这一机构合作，实施即办制考核以及市委目标考核活动。但G中心收费相对高昂，其坚持绩效管理理念，考评周期较长，节奏显慢；再者，G中心人员身处S市，赴Z市从事一年两次的考核工作来回不便，辗转之下，最终经C书记同意，落实由本土高校Z大学来承担考核任务。为显示考核工作的严肃性，工委要求Z大学立即组建专门性机构（原先没有该机构）——Z大学地方政府绩效管理研究中心（下称"中心"），之后中心和工委签订合同，后者拨付前者足额考核经费，前者则被要求赶快着手拟定考核方案，以期在2011年年底进行首次试验性考核。

中心专家研讨拿出考核方案，经与工委商定，决定考核的基本安排：每年上下半年各考核一次，对于各单位考核数据现场取样，之后做出定量处理和计算排名，相应给予各单位奖惩决定。中心基于地方政府绩效评估原初理念，设想两方面考核指标：各单位即办事项网上承诺办理时限（下称"承诺时间"）兑现率、用户满意度。前者是指各单位即办事项实际办理的平均时间与承诺时间的差距情况，后者是各单位外部用户对于该单位服务水平的评价状况。中心另外还设想了一个附加分指标：是凡各单位存在制度创新情形的，经核实后给予少量附加分。

2011年10月份，C书记与中心人员以及工委负责人员座谈，听取了中心人员的考核方案设想。C书记再次肯定了第三方评估的意义：其科学性与权威性，以及可以弥补政府部门自考核力量的不足。但中心显然没有充分领会C书记以考核推动部门提高办事效率的迫切要求，而即办制出台的初衷也正在于此，因此C书记对于服务对象满意度指标不以为然，其希望考核更具针对性，仅考即办事项办事[①]提速率指标，而这一指标也有别于中心方案所设想的部门即办事项承诺时间兑现率指标，前者按照C书记说法即是将各单位视为"黑箱"，抽样提取其办事开始到结束的时间，办事过程则不予过问，由此得出的各单位即办事项办理时间（半）年提速比率。无疑，此种考法更为简单、直接。遗憾则在于，办事提速率指标对于各

[①]对于政府部门而言，办文往往即为办事，或办事之首尾环节，对于办事起着关键作用，因此C书记这里所谓"办事"取广义，包括办文以及狭义的具体指向的办事。

部门即办事项承诺时间未予考虑，这在一定程度上背离了即办制的文本设计。然而C书记对此同样并不十分在意，其早就料到也并不讳言各部门即办事项承诺时间很多"打了埋伏""加了水份"，若将其作为依据考核部门即办事项承诺时间兑现率，反而会使得考核结果可信度大打折扣。

中心听从C书记意见，与工委商定后，最终形成的考核方案如下：

（1）成立考核组到被考核单位查阅办文、办事原始记录。按照一定比例进行抽样，计算每半年办文、办事平均时间，进行纵向比较，得出办文、办事提速率。按办文提速率40%、办事提速率60%加权，计算各单位即办事项提速率，并进行排序。

（2）办文提速率包括收文提速率和发文提速率。收文（发文）提速率为被考核单位前后半年收文（发文）办结平均时间提高幅度。收文提速率和发文提速率两项平均值即为办文提速率。办事提速率为被考核单位前后半年办事平均时间提高幅度。考核事项包括单位主要职能事项和公开承诺的即办事项。

（3）办文和办事起讫时间按以下方式计算：收文办理时间以收文时间为起始时间、文件涉及事项办结或阅处为办结时间；发文办理时间以拟稿时间为起始时间、印发时间为办结时间。办事时间以收到服务对象申请报告等文书资料为开始办理时间、以事项办结或文书资料印发时间为办结时间[①]。

2011年11月份，即办制考核面向经济发展和服务类单位（共30个）先行展开，如事先预计，由于以数据说话，取得了上下不错的反响，不少部门给予肯定意见，C书记则对于考核总结报告做出"很好"的批示，要求"建立考核长效机制，扎实推进"即办制"这一全国首创的政府工作创新制度"。为此，工委与中心商定从2012年开始，考核工作覆盖各类市直部门（共104个），由中心派出考核人员36人，成立9个考核小组分组考核之，考核工作上下半年（分别于6月、11月）各进行一次，提取数据区间分别为1-5月、6-10月，每次考核分别抽取办文（收文、发文）50件、办事50件。

尽管C书记对于即办制考核给予了领导层面的支持，但在实际考核工作中，

---

①《（Z）市委办公室市政府办公室关于印发市直单位即办制落实情况动态考核办法（试行）的通知》。

如何突破部门明里暗里阻扰，提取有效数据，以及化解部门对于考核结果所施加的各种压力，中心作为第三方仍感力不从心。工委考虑这一情况后配合采取了措施，一是数据采集方面，由市里有关领导带队，市委、市政府两办、市考绩办以及工委人员组成督察组，陪同中心人员上门考核（部分安排如表4所示），如此做法，提高了考核规格及权威；二是在Z市考核体系中赋予即办制考核结果以重要份量[1]，此举亦增强了中心人员对于部门的考核权能；三是工委在考核试运行阶段，对于考核结果不允许部门绕开工委去中心复核，减少部门对于中心的压力。

表4 督察组人员

组别	带队领导	督查组成员	中心人员	考核单位
第一组	白××（市委副秘书长、市直机关工委书记）	吴××、王××、杨××	吴××、安××、李××、何××	市委办、市府办、市纪委、市委组织部、市委宣传部、市委统战部、市委政研室、市委农办（农业局）、市发改委（物价局）、市经信委、市财政（地税）局、市住建委
第二组	林××（市纪委常委）	汪××、徐××、戴××	孙××、谢××、原××、陈××	市台办、市编委办、市直机关工委、市委党校（行政学院）、市委老干部局、市委党史研究室、市文明办、市档案局、市科技局、市国土资源局、市规划局、市交通运输局
第三组	戴××（市委宣传部副部长）	余××、潘××、刘××	王××、廖××、尹××、李××	市信访局、市审计局、市统计局、市外办、市侨办、市法制办、市人防办、市水利局、市商务局、市环保局、市林业局、市海洋与渔业局
第四组	章××（市直机关工委副书记）	陈××、陈××、陈××	陈××、陈××、蔡××、臧××	市机关事务管理局、市总工会、团市委、市妇联、市旅游局、市粮食局、市安监局、市国资委、市审管办、市经合办、市金融办、市人行
第五组	陈××（市委办副主任）	胡××、伍××、汪×	方××、季××、李××、金××	市银监分局、市国税局、市工商局、市质监局、市检验检疫局、市海关、市海事局、市电力局、市供销社、市委政法委、市中院、市检察院

资料来源：Z市官网

---

[1]《意见》明确指出："即办制执行情况，要作为'五型'机关考核的重要内容纳入市直单位的考绩体系。"在《2012年度"五型"机关创建考核办法》中给出的规定是：创建"五型"机关考核项目由日常考核、年中评估和年末考核三部分组成。考核总分值400分，其中日常考核120分、年中评估80分、年末考核200分（其中即办制年度考核100分），由此，仅即办制考核一项，其分值占"五型机关"创建考核总分值的1/4之多。

（三）谈判律：即办制考核逆向序贯博弈行为

笔者曾对Z市直部门开展"完善Z市地方政府绩效考评机制"的不完全调查①，结果显示，超7成受调者评价部门考绩任务沉重，令部门人员反而降低了工作效率，并且产生抵触情绪，对于考绩或消极应对，或弄虚作假。即办制考核中同样出现这一情况，尽管考核定量取样方法颇获部门好评，但也由于此，每每需要部门人员提前整理好半年乃至一年的台账，形成不小的工作量负担，从而对于考核工作产生怨恨情绪。即办制考核占"五型机关"创建考核分值较大，更助长了部门投机取巧、与考核人员以及工委序贯博弈的心理及行为。

1. 正式博弈

正式博弈借由两种途径，一是部门人员正式电（文）告工委及中心，强调本部门某些业务事项的特殊性，求得特殊对待。如政研、编办、体育等部门认为自身工作多属于即办制所规定的特殊事项，事项间没有可比性，无法得出提速率的条件，因此不应纳入即办制考核范围；海洋、药监等部门则希望抹除其技术事项办理过程中来自专家评定或上级审核的不可抗力时间。对此，中心汇同工委研究后，予以变通处理：不可抗力时间从办事时间中扣除；确属于特殊事项的不予考核，为此出现可考事项不足的情形，"以文代事"来考核。如此变通举措有其合理性，但也造成一些部门考核成绩显得不够真实，乃至出现有部门平均办事时间仅为一到两天的难以想象的结果，让他部门无法平心静气地接受。二是每次考核过后，中心与工委均会召集部门代表举行本轮考核工作总结座谈会，听取部门代表反馈意见，为改进下一轮考核工作提供参考，这也给予了部门施展正式博弈的机会。有部门座谈会上说到部门间职责不清，导致办事效率降低的责任不应由本部门承担；有部门认为应回归即办制本源，将即办事项实际办理时间与承诺时间比对做出考核；有部门担心即办制提速到头，提速率为零从而考核成绩垫底怎么办？同样纳入考核的市属国企、院校等部门提出其工作性质异于政府部门，理该不予考核；有部门强调更应考核部门服务对象满意度指标，而非办事提速率；有

---

①2013年5月，笔者承接Z市决策咨询委员会委托课题"完善Z市地方政府绩效考评机制研究"，从而开展了该项涉及22个市直部门的不完全调查，受调者主要为各部门办公室人员及主抓考绩的领导人员。

部门说到部门电子化办公落后，领导人仍习惯于书面阅处文件，造成部门整体办事效率下降，累及普通员工；有部门认为自身工作属执法性质，易于得罪人，难以推动，想快也快不起来；法院、药监等部门强调其专业事项就应仔细、慢速进行，以便对于公众利益负责。对于这些林林总总的意见，中心和工委在维护考核总体纪律的前提下，部分予以吸纳、体现于考核方案：跨部门复杂事项区分不同环节来分别考核所对应部门；市属国企、院校2013年上半年考核伊始不再作为考核对象；重新审核部门即办事项承诺时间，设法"挤掉水分"，从而比照这一时间来计算部门提速率；添加电子政务考核子项，倒逼部门推广电子化办公。此外，努力向部门释清提速率趋近极限（为零）、考核排名反而靠后的疑虑，强调这正是C书记所乐见其成：所有部门均无速可提，政府部门总体办事效率也就真正提高了。

2.非正式博弈

非正式博弈有这几种情况：一是有部门以请教考核方法以及如何适应考核要求、改进办事程序为名，登门拜访中心专家，或者邀请中心人员上门指导，借此熟络与中心人员关系，中心人员毕竟有着自我利益及情感，Z市又是十分注重人脉的关系型社会，此类做法有可能在一些细微方面影响到中心人员实际考核行为；二是有部门设法通过Z大学有关领导人员，向中心人员提前"打招呼"，如X局某处处长Q为Z大学F学院校友，其同窗N留校后现任F学院党总支副书记，N受Q所托，考核之前，即曾向中心人员请求对于X局"多关照"；三是叙说与考核人员乃至Z大学领导人员的渊源，形成对于考核人员的软压力。例如某部门工作人员多为前去考核的中心人员校友，该部门大谈校友情，力图打动后者；某备考部门领导G某告诉中心考核人员，其与Z大学主要领导D及其妻子H（工委书记）的不寻常关系，希望引起考核人员注意；四是有部门凭借特殊权力资源暗中施压于中心考核人员。例如考核人员L去C局考核严格执行考核标准和纪律，C局人员心生不满，由于中心来自工委的考核经费均需C局经由财政途径下达，C局人员托人提醒L应谨慎考虑这一层关系，对其部门考核更显"友好"。

3.准退出博弈

其一，部门有可能隐瞒不利数据。中心去部门考核尽管有官方权威支持，考核过程中对于样本也是按照统计方法规范提取，但也只能从部门实际所提供的办文、办事事项中提取，换言之，部门提供什么，中心人员才能考核什么，也即部门在提供办文、办事记录上有一定的选择余地，这利于隐瞒不佳的样本，转而拿出对其有利的样本供考核之用，对此，考核人员往往无可奈何，构成即办制考核硬伤所在。

其二，部门有可能提供不实数据。部门代表考核座谈会上，有部门人员直言：办文时间很容易作假，部门领导可以与收发文时间一致注明阅处时间，从而使得办文呈现一天内完结。然而这很难符合部门工作常态，文山会海和赶超压力下，部门上下多处于超负荷运行状态中，所谓"星期六保证不休息，星期天休息不保证"。在此情形下，以收文来说，从办公室收文——办公室主任阅处——领导阅处，一个流程下来，2天结束已属较快；发文也同样不轻松，尤其体现政策内容的复杂发文，常常需要数次会议研讨方可敲定。然而，尽管也洞悉其中猫腻，考核人员对于部门收发文时间有作假嫌疑者通常也只能耸肩作叹。据信电子自动化办公可以杜绝此类作假行为，2013年考核工作增加了OA考核内容，然而，由于多数部门未能健全OA办公流程，并且已有OA系统存在着技术局限，使得OA考核最终"法不责众"，一样流于形式。

其三，部门有可能消极提供数据，对于考核工作不予认真配合，三类部门会出现这一情况，一是弱势部门，人手不足，办事节奏总体偏慢，干脆自我放弃；二是强势部门，人财物或权力资源充足，不少还是直管部门，对于地方政府横向考核多有不恭，消极待之，如某军事化管理部门虽被纳入即办制考核范围，但其政委实话实说："我们参加考核，是给地方面子，考砸了也关系不大。"三是考核时段出现本部门官员违纪从而"五型机关"创建考核被"一票否决"的部门，即办制考核无论结果好坏对其已无意义，从而选择草草应付了事。

上述部门所开展的博弈行为，其形式及成效，很大程度上由部门客观的资源存量（权力能量、人员配备、物质资源）以及主观的博弈能力所决定，由于此二者在部门间分布并不均匀，由此一定程度上影响到考核结果公平。事实上，这也是各类绩效考评项目难以避免的通病：笔者主持"完善Z市地方政府绩效考评机制调查"时发现，只有36.4%部门受调者认为市里各项考绩结果起到了奖优罚劣的作用，59.1%受调者认为各类考绩过程公平合理性一般，9.1%认为考绩过程很不公平，即办制考核并非于真空中进行，无法制止这些博弈行为的发生，其公平性同样会因此受损，处于权力边缘的某市属团体领导即曾对中心人员感言："权力越小，考核越吃亏。"不过，一件始料未及的事情，使得各部门无论强弱，博弈能力尤其准退出博弈能力均显著提升，此即2013年夏，作为即办制倡导者和动力源的C书记突然去职Z市，改任省里闲职，由于这一情况，2013年末的即办制考核虽然如期进行，但在考核过程中，中心人员乃至工委明显感觉到各部门对于考核工作普遍显示的冷漠、不合作，不时与考核人员直率探询即办制考核何时叫停？不少部门还主动出击，联手要求工委取消该项考核，在部门压力下，工委只得妥协：即办制考核暂且保留，但改为一年一次，年终进行，即办制考核所占"五型机关"创建考核分值比例亦显著降低，从之前的四分之一到调整为六分之一[①]。如此形势，令中心人员亦不得不思量这项考核工作究竟还能走多远。

研究结论与思考

如有学者所指，中国政府改革具有"发展态"特征，区别于体现"稳定态"特征的西方国家政府改革[②]。中国地方政府绩效评估亦然，这一外部引入的管理举措受制于转型期行政生态，确乎呈现"发展态"，显示异于西方的经验逻辑，笔者概括而为"发展—谈判型政府绩效评估"，兼具三个基本向度：发展律——评估围绕发展这一根本指向，相应采取效率导向的指标设计；交换律——评估引入第三方模式更显务实、"客观"，但须以政府与第三方理性交换、政治权威与知识权威相结合的方式进行；谈判律——评估充斥评估对象针对上级（评估方）的序贯博弈行为，影响考核运行与持续性。笔者以Z市即办制考核为例，给予了经验层面的较好验证和说明。

引入具体案例分析我国地方政府绩效评估，明晰"发展—谈判型"的总体模式取向，是笔者以为对国内相关研究有所补益的方面，此即应可以推动相关研究的实证化与本土化，增进这一领域的经验认识与知识积累。但研究局限在于，作

---

①Z市《2013年度"五型机关"创建工作考核办法》规定："五型机关"创建考核总分值为120分，即办制考核相关分值占其中20分。

②金太军：《行政体制改革的中国特色》，《行政管理改革》2012年第10期。

为经验对象的"即办制"考核代表性较为不足，甚至与正统意义上的政府绩效评估体现出较大差距，尤其是其采取相对单一的考核指标设计。或也源于此，可以感受分权与竞争性改革下各地政府绩效评估的丰富实践，以及赶超压力下地方层面对于政府绩效评估的原生性追求。

实证方法与规范方法其实是互利的[①]。文中对于地方政府绩效评估所做的经验分析仍可显示其规范意义，以上阐述实则亦浮现出"发展—谈判型政府绩效评估"种种不合理之处，由此相应释明规范层面我国地方政府绩效评估的变革路径：其一，从发展律走向民生律。"发展仍是解决我国所有问题的关键"，但发展需能惠民，地方政府绩效评估的进一步实践应以符合民生的发展为根本诉求。即办制考核亦是如此，倘可以继续举办，就应在办事提速率指标以外适时添加服务对象满意度指标，从而推动政府部门既快又好地为民众办事。二是从交换律走向互补律。政府应明确自身考核意图，公开、竞争购买第三方评估服务，双方规范履行购买合同，第三方需要政府权力支持，但不应无原则让步，丧失对于考核工作走向与发展的话语权，以至沦为单纯的"考核劳力"角色，亦应健全第三方评估成果的验收、公布与运用制度。三是从谈判律走向协商律。较之暗流涌动、私益横流的谈判行为，考核双方民主开放、坦诚积极的协商行为更为可取，例如针对考核要求与细节进行正式、透明的沟通与协商，有益于考绩工作的健康运行以及帮助部门切实改进管理行为，简言之，即要从绩效评估迈向绩效管理。

---

①任剑涛：《试论政治学的规范研究与实证研究的关系》，《政治学研究》2008年第3期。

城市吸引力与高层次人才积聚关联解析[*]

"供给侧改革"致力于创造有效产品和服务，实质在于创新，着力点是大力发展新兴产业[①]，促进高层次人才积聚则是当务之急和前提条件。有鉴于此，当前上到中央，下到地方，人才争夺战硝烟四起。高层次人才尤受青睐，各城市着重针对这一群体纷纷出台"人才新政"，"寻找最强大脑"，城市发展逻辑有望借此从资源导向型走向人才导向型。冷静之余，城市吸引力与高层次人才积聚究竟有着怎样的关联，换言之，城市的哪些因素最可能吸引高层次人才积聚？笔者首先对于城市吸引力与高层次人才积聚关联性做作出界说，进而基于文献梳理，归纳提出城市吸引力与高层次人才积聚PEST关联因素模型，以期为各地城市强化吸引力、高层次人才积聚提供参考。

城市吸引力与高层次人才积聚关联性界说

（一）主要概念理解

1. "城市吸引力"

城市是人类历史上第三次社会大分工的产物，是人类走向成熟和文明的标志，也是人类群居生活的高级形式。城市的起源有因"城"而"市"和因"市"而"城"两种类型，前者多见于战略要地和边疆城市，如天津起源于天津卫；后者更为常见，是人类经济发展到一定阶段的产物，本质上是人类的交易中心和聚

---

*原文发表于《四川行政学院学报》2017年第3期。

①林祥：《"供给侧改革"激发创新活力》，《学习时报》2016年2月15日。

集中心。也据此可以认识，至少近代以前中外城市吸引力往往来自三个主要方面，一是提供防御力量。在因"城"而"市"的城市中，人们居留城中，从事市场交易，城市可以提供防御，保障其生命、财产安全；二是人们可以在城市市集从事规模有限的工商交易，买卖产品，获得利润以及生产、生活必需的消费品。三是城市因人口的聚集，会有一定量的公共物品提供，例如2016年夏天洪水高发时节，人们纷纷议论的江西赣州 30万居民至今仍使用着中国宋代期间修建的城市下水道，十分细密、成熟，经历900年风雨，仍作为赣州主下水道发挥作用。

在西方，近代以来，城市的出现还与资本主义的发展和新兴市民阶级希望挣脱封建束缚有关。市民阶级通过赎买或暴力方式开展"城市公社运动"，结果有的城市脱离封建领主取得某种程度的自由与特权，成为"自由城市"。一部分自由城市又取得选举市政官员、市长和设立城市法庭的权利，因而成为"自治城市"。农奴逃进城，住满一年零一天，就可取得自由人身份，原来的领主也不能迫使他回到农奴的地位。这样，城市对市民阶级和雇佣阶层具有了自由和自治权利的吸引力。

现当代社会以来，市场经济和全球化高歌猛进，人口被动或主动涌入城市，城市吸引力非但为古、近代城市所不能比拟，而且内涵逐步统领于经济层面，虽则城市吸引力仍表现为政治、经济、文化、环境等多个维度，然而城市吸引力很大程度上与其积聚经济资源、辐射经济能量的能力有关。脱离经济发展谈城市吸引力实则是无意义的，所谓的城市吸引力也是不可持续的，从发展经济学的视角来说，城市构成区域经济的"增长极"。也正是在这一意义上，城市吸引力最有意义的方面在于对各项经济资源尤其人力资本的吸纳本领，在人力资本对于经济发展发挥关键作用的今天，城市吸引力很大程度上就是吸引人才尤其高层次人才积聚的能力。

2. "高层次人才"及其"积聚"

"高层次人才"是个相对概念。比如在偏远或中小城市获评"高层次"的人才，到了大城市就可能出现迁移性贬值，层次下降；另一方面，一些学历不高的人，由于拥有某种开拓性或专有知识也可以被视为"高层次人才"。尽管如此，仍可以对高层次人才下一个排他性定义，高层次人才至少不同于普通工作人员，是受过良好的学校教育或较长时期的职业技能训练，能独自或带领团队担当起重要研发或技能工作，为部门产业或事业发展提供重要创新、带来重要机会的人才，其顶端即为通常所言的"领军人才"与"高端人才"。如果寻求相对明确的官方标准，以笔者所在的温州市为例，高层次人才的界定至少应以进入地方政府推出的"551人才工程"培养人选为底线。但这一标准也不能滥用，一是原先获得"551"及以上人才称号的一部分人才，由于疏于学习或技术升级太快超出其学习能力，从而会渐渐"落伍"乃至行将淘汰；二是大多高层次人才引进后，获得"551"及以上人才称号需要一个过程；三是"551"及以上人才称号评比学术门槛通常要高，掌握特殊或熟练技能的高层次操作性人才较难进入。一般意义上，高层次人才另可以这样来理解：凭借自身专有知识，有"以足投票"能力、能在若干个用人单位中做出选择的人。是故，用人单位对其有一定的依赖性，与其谈判的交易成本相对高昂，然而只要使用得当，其有可能释放显著的积极效应，也正由于此，用人单位乃至一个城市必须倾力吸引、积聚这一人群。

"积聚"这一语汇也值得说道。现实来看，高层次人才通常是弥散分布于各个城市之中的，即便一些较为边缘的中小城市也会拥有多少不等的高层次人才（事实上，高层次人才在这些城市的定义也较为宽松）；然而，从特定城市发展来说，也只有"积聚"了一定量和质的高层次人才，才可能起到显著的智力支撑作用，人才间也才可能形成互促互依关系，释放组合效应。

（二）城市吸引力与高层次人才积聚关联性认识

大量理论与实证分析均倾向于认为，城市吸引力与高层次人才积聚二者间紧密关联：

首先，当代城市发展与吸引力塑造需要高层次人才积聚。1960年，舒尔茨在美国经济年会上系统阐述了人力资本理论，自此之后，现代经济学理论突破了物质资本的束缚，城市作为集聚经济和知识溢出的主要场所受到经济学家重视，人力资本成为城市经济学重要关注点。先是将知识溢出纳入城市增长过程，从而开始了人力资本在城市空间的探讨[①]；之后，人力资本外部性被纳入城市内生增长过程，深刻影响经济模型中城市规模、城市体系的演变和城市化过程[①]。"人力资

---

①Lucas R E. On the mechanics of economic development.Journal of Monetary Economics,1988,2 (1): 3-42.

本"这一概念着眼于劳动者知识与技能的积累从而带来潜在的资本效应，而具有较高知识或技能水平的劳动者即为高层次人才，对于城市而言，其积聚可能带来产业发展的资本效应——提高了企业生产率，而且通过知识溢出使得人力资本密集型产业能够获得更高的收益[2]，进一步可以推动城市经济全面发展，根据美国学者夏皮罗研究推算，城市受高等教育人口每增长10%，能够带动就业机会、住房价格、工资收入增长分别为0.6%、0.7%、0.2%[3]。高层次人才积聚于城市还会产生改善城市品位的文化效应，推动城市更富创新精神与活力，带动城市文化消费和产业，提升城市居民整体文明素质。概括而言，高层次人才积聚对于提升城市规模与内涵均有着积极的意义，从而本身即构成城市吸引力的一部分，兰德利指出，人才资源，特别是具有才华、技能和创意的人才，已取代地理位置、自然资源、大同小异的劳动力大军与市场通路，成为主要的城市资源。能否有效地认清、培养、利用、提升、吸引、保有内外人才，即有效地开展人才动员，成为城市成功的重要要素之一[4]。

其次，高层次人才更中意和积聚于有吸引力的城市。步入新世纪以来，随着有意识的城市经营运动与房地产市场的超常规发展，我国城市化高歌猛进，以2006-2013年为统计区间[5]，我国城镇化速度、城镇化平均速度均明显领先于国际（表5）：

表5 我国城镇化速度、平均增长速度及国际比较（单位：%）

区域指标	中国	金砖国家	中等收入国家	中高等收入国家	G7国家
城镇化速度	1.17	0.45	0.57	0.86	0.24
城镇化平均增长速度	2.83	0.86	1.38	1.72	0.36

注：根据《中国统计年鉴（2013）》《中国统计摘要（2014）》和世界银行相关数据计算

[1]Lucas R E. Life Earnings and Rural-Urban Migration.Journal of Political Economy,2004,112 (S1): S29-S59.

[2]Rauch J E. Productivity Gains from Geographic Concentration of Human Capital: Evidence from the Cities.Journal of Urban Economics,1993,34 (3):380-400.

[3]汪怿：《城市转型发展关键时期的人才战略》，《社会科学》2011年第3期。

[4]查尔斯·兰德利：《创意城市》，清华大学出版社2009年版。

[5]张红、张毅、王春波：《我国城镇化速度、平均增长速度统计及国际比较》，《中国房地产》2015年第19期。

城镇化速度也并未依照想象中按经济位次在东部、中部、东北、西部四大经济区域间拉开梯次差距，四大经济区域的城镇化速度由高到低依次为中部地区（1.29%）、西部地区（1.16%）、东部地区（0.85%）和东北地区（0.52%）；全国城镇化进程最快的是中部地区的河南省（1.42%）（表6）。

表6 我国及其四大区域城镇化速度统计（单位：%）

指标区域	东 部				中 部				东北部				西 部				全国
	平均值	最大值	最小值	极差	平均值	最大值	最小值	极差	平均值	最大值	最小值	极差	平均值	最大值	最小值	极差	
城镇化速度	0.85	1.53	0.25	1.28	1.29	1.42	1.16	0.26	0.52	0.93	0.15	0.78	1.16	1.52	0.32	1.2	1.17

注：根据《中国统计年鉴（2013）》《中国统计摘要（2014）》和世界银行相关数据计算

但是，区域城镇化速度高低与区域内城市对人才尤其高层次人才积聚的吸引力排名之间并无关联性。2016年4月16日第十四届中国国际人才交流大会发布的2015"魅力中国——外籍人才眼中最具吸引力的十大城市"名单从一个侧面反映出这一情况。入选的10座城市依次为：上海、北京、杭州、天津、深圳、青岛、苏州、广州、厦门和济南。这些城市一是均为省会以上城市，二是均为沿海或近海城市，中西部地区以及东北地区城市竟然无一入选。《第一财经周刊》2014年出台"最具人才吸引力新一线城市TOP20"榜单中，中西部和东北的城市加总也仅为9家，不足半成，长三角地区最为显眼，共有6家，占了全部的30%[①]。由此不难推测，人才尤其高层次人才更可能积聚于范围有限的少数大城市或沿海发达城市。实证分析也能够支撑这一结论。《中国人才集聚报告（2014年）》显示（表7），高端人才总数聚集度最高的五个省级行政区依次为：北京、江苏、上海、广东、浙江，分别根据高端人才总数聚集度、人才资源总量聚集度、专门人才总量

①《全国最具人才吸引力新一线城市调查 无锡排第一》，http://jsnews.jschina.com.cn/system/2014/08/06/021556763.shtml。

聚集度三个指标衡量，居前的总共15席城市中，东部及沿海发达地区占了11席[①]。

表7 人才总量积聚度省市排名

人才分项积聚度排名										
	省域排名					城市排名				
高端人才总数积聚度	1	2	3	4	5	1	2	3	4	5
	北京	江苏	上海	广东	浙江	南京	武汉	杭州	广州	成都
人才资源总量积聚度	1	2	3	4	5	1	2	3	4	5
	广东	江苏	山东	浙江	河南	广州	武汉	成都	南京	深圳
专门人才总量积聚度	1	2	3	4	5	1	2	3	4	5
	广东	江苏	山东	浙江	河南	深圳	宁波	杭州	广州	青岛

数据来源：《中国人才集聚报告（2014）》

再次，高层次人才积聚与城市吸引力的关系也存在着复杂性。有吸引力的城市可以积聚高层次人才，高层次人才积聚则反过来有益于城市产业转型或提质增效，当一个城市专业化人力资本富集，不仅其自身的知识和技术为其人力资本提供了条件，而且通过相互的激励和学习，获得外部收益，使个人和整体的人力资本得以倍加地提高，反之亦然。然而专业化人力资本既可能产生倍增效应，也可能产生饱和效应[②]。高层次人才过密会导致一些高层次人才失去比较优势乃至相对性贬值，造成人力资源闲置或浪费；并且由于其他要素会随着人才要素而转动，会伴随知识、人才要素的流动而流动[③]，从而造成城市空间拥挤，出行成本、生活成本、创业成本等持续走高，生存与生活环境趋于恶劣，以至于城市吸引力不断削弱。例如有研究揭示中国百万人以上的50座主要城市，居民平均单行上班时间要花39分钟，北京市上班平均花费的时间最长，为52分钟，其次为广州48分钟、上海47分钟、深圳46分钟。按照人口来算，中国15座城市居民每天上班单行比欧

①《〈中国人才集聚报告（2014年）〉出炉》，http://www.holdhr.com/articleinfo/detail_5_11_528.htm。
②倪鹏飞：《城市人才竞争力与城市综合竞争力》，《中国人才》2002年第10期。
③周振华：《崛起中的全球城市——理论框架及中国模式研究》，上海人民出版社2008年版，第23页。

洲多消耗288亿分钟，折合4.8亿小时，如果按照上海每小时创造财富2亿元的标准来折算，15个城市每天损失近10亿元人民币[①]。基于这一情况，一些高层次人才会选择离开大城市或发达城市，另觅发展机会。这就为二、三线以下城市吸引一定量高层次人才积聚提供了理论上的可能。

城市吸引力与高层次人才积聚关联因素：基于文献综述

城市吸引力越高，高层次人才越可能聚集。那么城市究竟哪些因素对于高层次人才积聚更具吸引力？常见的观点是，人才也是一种商品，因而要受到劳动力价值和价格的支配。一个基本的规律是，哪里人才的劳动力价值和价格越高，哪里吸引人才的优势就越大。换言之，经济待遇很可能是高层次人才极为看重的方面[②]。高层次人才如果单纯被视为一项生产要素，经济待遇或者市场价格当然是其最值得考量的因素。然而这似乎是一概而论，不但有可能降低了高层次人才的内在"品味"，而且忽略了一个事实，只要具备一定的环境因素，高层次人才完全有可能通过自身科技产品或创造性活动获得比经济待遇更为可观的经济价值。比如针对海归人才的研究结果就表明，如果支持团队组建的人才资源支持能力缺乏、创业创新的配套服务缺乏，仅凭政府提供财政支持和优惠政策是无法实现海归创业人才集聚的目的的[③]。

"经济待遇论"又转向"经济条件论"。不论是"推力—拉力"理论，还是新古典经济学理论，均强调经济水平和可达性对人口向城市迁移的影响[④]。尤其在经济条件更为优越的大城市，对于创新取向的高层次人才更可能产生吸引力：更容易购买到专业的器械设备，更容易找到拥有不同专长的人员共同合作，更容易获得专利申请过程中的法律和咨询服务等，所有这一切都对创新发明起到重要的

①《15个城市每天上班耗时比欧洲多4.8亿小时》，http://www.rinterest.cn/topic/17。
②北京国际城市发展研究院世界城市研究课题组：《世界城市如何聚集高端人才》，《北京规划建设》2010年第4期。
③黄昱方、陈成成、陈如意：《政府支持下城市吸引海归创业人才的环境要素研究》，《科技管理研究》2014年第12期。
④朱杰：《人口迁移理论综述及研究进展》，《江苏城市规划》2008年第7期。

促进作用。城市特别是大城市之所以能够成为创新的中心，不但是因为人口规模大，更重要的原因是人均创新产出多、创新能力强，所以创新成果集中在大中城市中[1]。对海归回流人员的调研也发现，城市"经济基础"和"科技环境"两个经济条件因素对归国人员满意度起着显著的直接影响[2]。"要想富，先修路"，交通状况是城市经济条件的重要方面，有研究以高铁为例同样证实，"有"高铁情形下城市人才吸引力明显高于"无"高铁的情形，武汉市是三类城市中从高铁获益最大的城市，其次是株洲，再次是广州[3]。

将"经济条件"视作城市对高层次人才积聚的核心吸引力，未免令中等及以下城市沮丧。然而必须承认，今天世界诸多大城市或发达经济区域恰恰又是从当初名不见经传的小城市甚至小渔村发展而来的。为何其可以聚集人才资源从而脱颖而出，成为经济飞地？或者，为何同为拥有良好经济条件的大城市，高层次人才积聚程度却可能不一样。例如2006年，上海、广州两市均达到特大城市人口规模，而两市的专业技术人才区位熵分别为2.09和1.31，前者是后者的1.60倍。由此对比可知，经济因素并非影响城市技术人才集聚度的最关键或者说唯一重要因素[4]。

进一步的研究指出，高素质人才选择就业城市不仅会考虑经济机会，而且还会追求更为舒适的城市环境和更高的生活质量，此即城市更主要通过提供宽广的生活基础设施和多样的生活方式吸引人才[5]。提供就业岗位、发展机会的能力和提供宜居生活环境的能力共同构成城市人才吸引力[6]。2000年卡内基·梅隆大学一项

[1]高翔：《城市规模、人力资本与中国城市创新能力》，《社会科学》2015年第3期。

[2]宋艳涛、李燕、黄鲁成：《城市竞争力与海外人才回流关系的研究》，《山西财经大学学报》2012年第A4期。

[3]林晓言等：《高速铁路对城市人才吸引力的影响分析》，《北京交通大学学报》2015年第3期。

[4]伦蕊：《创新文化、科学精神与城市技术人才吸聚力》，《科学学研究》2009年第2期。

[5]Gottlieb, P. D., 1995, "Residential amenities, firm location and economic development", Urban Studies, 32: 1413—1436.

[6]宋鸿，张培利：《城市人才吸引力的影响因素及提升对策》，《湖北社会科学》2010年第2期。

研究就曾提醒：教育程度越高者在考虑就业时对生活质量的关注程度越高，高素质人才就业时更可能选择生活质量水平高的城市①。针对中国的研究亦证实，人才文化资本越高，经济能力越强，就越会重视城市的舒适物系统，重视度依次为：公共服务舒适物>生活舒适物>生存舒适物。大城市中公共服务舒适物发达，但房价、物价水平高，生存压力大，生活不太方便；中等城市三类舒适物均处于居中水平；而低等级城市，往往房价、物价水平低，生存压力小，但公共服务舒适物、生活舒适物很不发达②。这也正好说明了，像温州这样的中等城市，如果注意提高公共服务舒适物，生活舒适物、生存舒适物至少维持在中等以上水平，较之大城市是有其吸引高层次人才积聚优势的。当然，这并不是说中等城市无需扩展其规模，一方面，高层次人才及其附属生产要素的不断进入，城市规模必然会增大；另一方面，城市体量只有适度做大，高层次人才也才有不断进入并发现更多发展机会的可能。

从简约意义上看，从纽约、伦敦、东京等世界城市的人才状况及人才管理的情况来看，一个城市有效吸纳高端人才需要满足诸多条件，但其中决定性的因素是经济实力、社会环境和教育制度③。从放大和综合意义上，一项关于城市如何吸引海归创业人才的实证研究颇具启发，其结果显示，人才支持能力、创业创新配套服务、基本生活条件、政策制度及城市现代化这五个因素对创业创新环境产生正向影响，且影响强度依次减弱。但在政府服务质量的调节作用下，政策制度与公共服务质量成为影响创业创新环境的首要因素，对此可以解读为两点：一是城市吸引高层次人才积聚需要从这五个方面全面发力，也就是说，前述经济待遇、经济条件因素均有其意义，亦不可偏废，尤其是按照马斯洛需要层次理论，一旦高层次人才高端需要（例如公共服务舒适物的满足）实现受挫，低端的经济待遇和安全感需求有可能凸显；二是城市吸引高层次人才相关努力要分清主次，抓手

①韩宇：《美国高技术城市成功因素探析》，《厦门大学学报》2007年第4期。
②陈胜、马凌：《高素质人才的城市舒适物偏好及其就业城市选择——以信息产业中的科技人才为例》，《人文杂志》2014年第9期。
③北京国际城市发展研究院世界城市研究课题组：《世界城市如何聚集高端人才》，《北京规划建设》2010年第4期。

是创新政策与公共服务能力，首要是提高人才支持能力。尤其对于手持科研项目的科技人才，如能给予良好的初始政策与服务支持，使其项目顺利落地、投产，将更可能赢取高层次人才人心，实现事业留人。

值得关注的是，另有城市吸引力研究进一步延伸到非正式约束与文化教育等软性层面。此即城市吸引力亦可能表现于城市法治文明与管理水平、文化底蕴及社会心态等方面。一个法治昌明、管理规范而富有现代理念的城市更可能为国际化高层次人才所青睐；另一方面，即便一个城市经济实力尚无法达到高层次人才预期的地步，但其历史文化底蕴、时尚与潮流气息、社会包容度与创新开拓精神可以对于人才尤其高层次人才产生强大吸引力。例如有研究对上海、广州两市主要经济指标进行了比较，发现经济因素对城市技术人才吸聚能力并不具有充分的解释力，而城市创新文化则意义卓著。海派文化能够以更加宽容的态度对待异质文化和新事物，更重视基础科学和科学方法、科学精神，具有自由探索的纯科学倾向，因而成功实现了向现代理性主义的转变，而由来已久的弱包容性文化特质使得岭南文化能在开放契机中充分吸纳近代西方科技理性，其更重视实用技术和科学的社会功能，具有功利化倾向。正是城市文化品格的不同导致上海比广州显示出更强的人才吸引力[1]。

文化包容性体现文化广度和生命力，一个重要指标在于对外地人甚至国际人士的态度倾向。任何一个国家或地区的发展均不可能自外于其他国家或地区的人才获得发展，全球化时代尤其如此。广聚外部智力为我所用，并促进智慧碰撞和创意杂交，这是多数城市"逆袭"崛起或成功转型的一致经验，通过在市政建设、创业政策供给和本地人和外地人融合等诸多方面展现开放性品格，守护自身文化的同时又善于吸纳他域文化，从而吸引人才通畅流入，城市可以朝着更高层次跃进与更广范围伸展。在某种程度上甚或可以说：城市是包容的产物[2]。"2013中国50个重点城市包容度排名"，东莞、深圳分列1、2名，获评"中国最博大雄浑的城市"，佛山、厦门、上海、苏州、北京、广州、天津、珠海名列3—10名，

---

① 伦蕊：《创新文化、科学精神与城市技术人才吸聚力》，《科学学研究》2009年第2期。

② 张宇钟：《城市发展与包容性关系研究》，《上海行政学院学报》2010年第11期。

获评"中国强势包容城市"，无锡、乌鲁木齐、海口、嘉兴、宁波、鄂尔多斯、常州、呼和浩特、南京、杭州获评"中国主流包容城市"①，不难发现，这些大多是国内经济增长最活跃的城市，文化包容性与城市发展之关系，可窥一斑。基于全球化视野，文化包容性很大程度上更体现为对国际人才的主动、踊跃吸纳。有研究显示，未来30年各国均将不断开放国内外人才政策，推出实施吸引海外高端人才的人才计划。2000—2013年间，移民人口数量年平均增长率 2.2%。这一趋势将进一步得以延续，移民人口增长率还可能随着国家人才政策的开放而扩大。全球城市作为各个国家吸引人才、使用人才和留住人才的主要载体，将优先获取人才流动和集聚的红利，为城市经济社会发展创造良好条件②。城市管理者必须对此有充分准备，有所期待，更需有所作为。考察美国城市，一直以来的经验即是从世界各地开放引才，里根曾放言："我们是一个由外来移民组成的国家。我们的国力源于我们自己的移民传统和我们欢迎的异乡侨客。"为拓展人才移民政策通道，提升出入境通关效率，美国城市细化签证体系，比如H-1B类签证就是为了保障国外高素质人才能够留在美国服务，并且这类签证还可在最长6年有效期过后，申请永久居留签证，最大限度地挽留住科技人才，这对于中国城市出入境管理，有启发意义③。

文化厚度方面，一个攸关城市经济社会发展的重要指标是城市高等教育的发展。高校是高层次人才集散地、科研产品生产地，人才培养策源地。高校给城市带来文化品位，贡献智慧，交付人才。例如作为中国近代工业发祥地之一的杨浦，从"传统工业杨浦"向"知识创新杨浦"的历史转型，很大程度上在于激活了区域内丰富优质的高教资源，成功走出了一条大学校区、科技园区和公共社区

①《中国城市包容度排名：东莞第一》，http://news.xinhuanet.com/city/2014-06/04/c_126578194_2.htm。

②何勇、姜乾之、李凌：《未来30年全球城市人才流动与集聚的趋势预测》，《中国人力资源开发》2015年第1期。

③卞文玺：《美国人才移民政策对我国公安出入境管理的启示》，《云南警官学院学报》2011年第2期。

"三区融合、联动发展"的老城区转型之路[1]；澳大利亚以及世界各国的大多数生命科学、电子、高科技、能源企业总部或是澳大利亚（澳纽）总部都位于墨尔本城市东南部的莫纳什大学周边地区；该地区附加了多个莫纳什大学以及墨尔本大学的大型实验室，合力打造了"澳大利亚硅谷"。当然，位于加州北部的美国硅谷的经验更是如此，其发展的显著特点即是以附近的斯坦福大学、加州大学伯克利分校和加州理工大学等世界一流大学为依托。以硅谷与斯坦福大学关系为例：一方面，硅谷新企业发展对斯坦福大学教学和科研模式提出新的挑战，要求其在教育内容和教育模式方面适应硅谷新企业发展和管理的新要求；另一方面，斯坦福大学也改变传统模式，如允许教员和研究人员每周有一天到硅谷公司兼职，甚至允许其有1—2年的时间离职创业。与此同时，学校鼓励他们在校发明创造，获得知识产权及其收益，应用性成果在1年之内未向企业转移的，发明者可自主向企业转让，学校一般不再收取回报[2]。

创意城市是目前城市发展和吸引力塑造尤为重视的时新概念，其将创意、创意产业、创意人才等因素作为城市发展和吸引力营建的核心要素，高校恰恰是创意人才、创意内容的主要提供者。美国学者弗罗里达曾按创意指数对人口100万以上的美国大城市圈进行排名，结果发现旧金山、奥斯汀、波士顿居前3名，纽约、洛杉矶、芝加哥分别在第10、13和16位。这些创意城市都有一批著名的大学，如波士顿拥有哈佛大学和麻省理工学院，纽约拥有哥伦比亚大学和纽约大学，芝加哥拥有芝加哥大学和伊利诺伊大学，洛杉矶拥有加州大学洛杉矶分校和南加州大学[3]。

高校为驻地城市培养人才、进而增进城市发展活力和凸显吸引力的效应也非常明显。一般来说，高校主要集中在城市，而城市对于来自乡镇或小地方的学生就具有了吸引力。越是在地方分层体系中处于较高层级的城市，往往越是具有更

---

① 杨轩：《上海杨浦"知识创新城区"的成功经验》，http://ip.people.com.cn/GB/9979417.htm。

② 鲁向平：《科技产业聚集：美国硅谷的经验借鉴》，http://mt.sohu.com/20160603/n452718591.shtml。

③ 董成：《建设创意城市背景下的创意人才开发》，《湖南社会科学》2009年第6期。

多的高校和重点高校。这就意味着，那些来自"小地方"（在地方分层体系中处于较低层级的地方）的考生，通过异地就读的过程，不但克服了对家乡的嵌入性（依恋性和不可割舍性），而且对就读城市的适应性，引起大学生对就读城市的依恋性，从而在毕业时选择在就读地或类似的地方就业[①]。长此以往，这一现象与就读地城市吸引力打造进而就会产生互构作用，进入良性循环。

结论与思考

综上所述，城市吸引力与高层次人才之间存在着极强的关联性，所谓"良禽择木而栖，贤臣择主而事"，城市发展需要积聚高层次人才，高层次人才也往往投身有特定吸引力的城市。缺乏吸引力的城市即便可以拥有高层次人才，或则量少、流动性强，无以"积聚"，或则必须借助权力硬性干预和调节，例如计划经济时代，人才流向统一由政府调遣，但在市场经济条件下，这一做法已绝无可能，当今城市为显现竞争力，尤其后发型城市若要"异军突起"，一定要以高层次人才积聚为条件，为此就需在强化自身吸引力上做文章，将城市打造为高层次人才不请自来的"人才磁场"。

城市吸引力又是个综合概念，具有复杂内涵，根据上述文献所示城市吸引力与高层次人才积聚的关联因素，进一步归类和结合实际予以细化，借助PEST模型，可以区分为人才政策、经济基础、社会环境、科技创新等四个方面，各自内容如表8所示：

表8 基于PEST模型的城市吸引力与高层次人才积聚关联因素

类型	主要因素	细分因素
P（Policy）	人才政策	收入水平、住房支持和经济奖助；晋升（级）机会及优惠措施；人才支持能力与配套服务；人才引进和使用管理机制；国际化人才出入境管理水平；等等
E（Economy）	经济基础	产业链、经济规模与增速；区位特点与交通、物流状况；就业岗位和人才发展机会；城市规划水平与城建设施供给；多样化科研人才团队和专业科研设备配置；等等

---

①王宁：《地方分层、人才流动与城市人才吸引力》，《同济大学学报》2014年第6期。

续表

类型	主要因素	细分因素
S (Society)	社会条件	宜居生活环境；公共服务，尤其人才子女优质基础教育资源供给状况；历史文化底蕴及其包容度；社会法治风气；城市现代化与时尚氛围，等等
T (Technological)	创新环境	高等教育资源与校地合作状况；产学研平台数量、规模与管理模式；孵化器数量与专业服务能力；科技投融资环境；专利与知识产权保护；基础科学研究规模及水平；等等

当然，城市间绝不应该"千城一面"，在为高层次人才尽可能提供充分、自在的发展机会和高质量创业平台的基础上，城市吸引力塑造应凸显各自优势和特色，也即城市吸引力与高层次人才积聚的关联因素在各城市间的表现最好能有一定的区分度，面面俱到既不可能，也会使得城市吸引力趋于平庸，或许最应基于区位、独有禀赋和产业状况，将城市较为擅长的某一方面或某些吸纳高层次人才积聚的关联因素做优、做强；另一方面，高层次人才也并非匀质群体，不同的高层次人才对于特定城市吸引力因素的敏感度和满意度有可能相互有别，从而要求在引才工作中，必须精细了解人才，精准施策予以服务支持和需求满足。

后 记

　　哈佛大学费正清中国研究中心主任宋怡明（Michael Szonyi）教授曾发表感言："从国际关系和历史状况来看，中国崛起是世界历史上独一无二的大事件！"世界银行统计数据显示，1978—2014年，中国平均GDP增长率达到9.83%，在全球206个国家和地区居于第二位，人均GDP则由改革开放之初不足200美元跃升至目前近9000美元，步入中等偏上收入国家。习近平总书记在庆祝中国共产党成立95周年大会上的讲话中指出："中国这个世界上最大的发展中国家在短短30多年里摆脱贫困并跃升为世界第二大经济体，彻底摆脱被开除球籍的危险，创造了人类社会发展史上惊天动地的发展奇迹，使中华民族焕发出新的蓬勃生机。"

　　"中国崛起"或曰"中国奇迹"究竟是如何发生的？这一"大事件"目前已引发愈来愈多学者饶有趣味的探讨。笔者以为，改革开放以来此起彼伏的政府机构改革所呈现的政府治理现代化应是全部的谜底所在。持续推进的机构改革，不断推动深层的政府职能转移和调整，从而与治理与善治的全球性潮流不谋而合，所致结果是，改革前的中央高度集权体制与其构造的"总体性社会"已不复存在，一方面，纵向逐步放权于地方，重构了央地权力关系尤其财权关系，地方政府成为具有自主利益的行为主体，在经济学者周黎安所谓"政治锦标赛制"作用下，相互间展开激烈的招商比拼和发展竞争。另一方面，横向逐步还权于社会，"单位人"变为"社会人"，获得多元择业机会；"人民公社制"瓦解，农民亦成为市场主体，剩余劳力亦得以去往城市务工，非公经济体制的崛起因而获得"人口红利"，改革亦不断为其发展正名。如此，各类改革主体活力迸发，进而共同铸就了中国长达数十年，世界上独一无二的经济奇迹。

十八届三中全会通过的《中共中央关于全面深化改革若干重大问题的决定》实际上是以官方文件的形式对此做出了肯定，认为"党的十一届三中全会召开三十五年来，我们党以巨大的政治勇气，锐意推进经济体制、政治体制、文化体制、社会体制、生态文明体制和党的建设制度改革，不断扩大开放，决心之大、变革之深、影响之广前所未有，成就举世瞩目"。号召继续坚持多种所有制共同发展的方针，"毫不动摇鼓励、支持、引导非公有制经济发展"；"适合由社会组织提供的公共服务和解决的事项，交由社会组织承担，支持和发展志愿服务组织"，"行业协会商会类、科技类、公益慈善类、城乡社区服务类社会组织，成立时直接依法申请登记"；"更加注重健全民主制度、丰富民主形式，从各层次各领域扩大公民有序政治参与"……这些要求实际上也正是政府治理现代化需进一步努力的方面。为此目的，恰如《决定》指出："必须切实转变政府职能，深化行政体制改革，创新行政管理方式，增强政府公信力和执行力，建设法治政府和服务型政府。"学界针对政府治理现代化进行更为深入的探讨，也应围绕这一目标展开。

以上内容，代为后记。

王勇

2018年4月6日于陋室